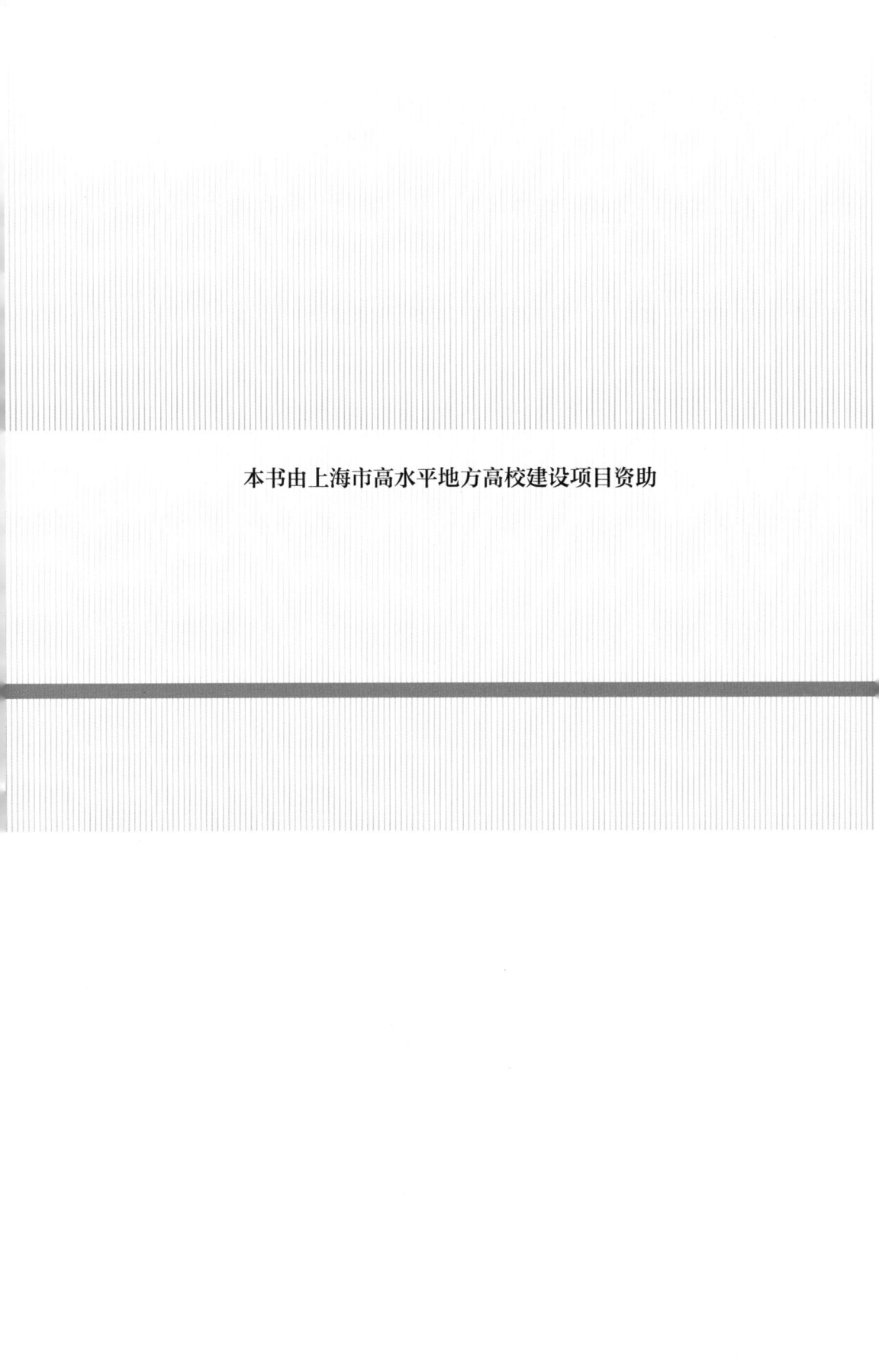

本书由上海市高水平地方高校建设项目资助

城市发展与治理创新

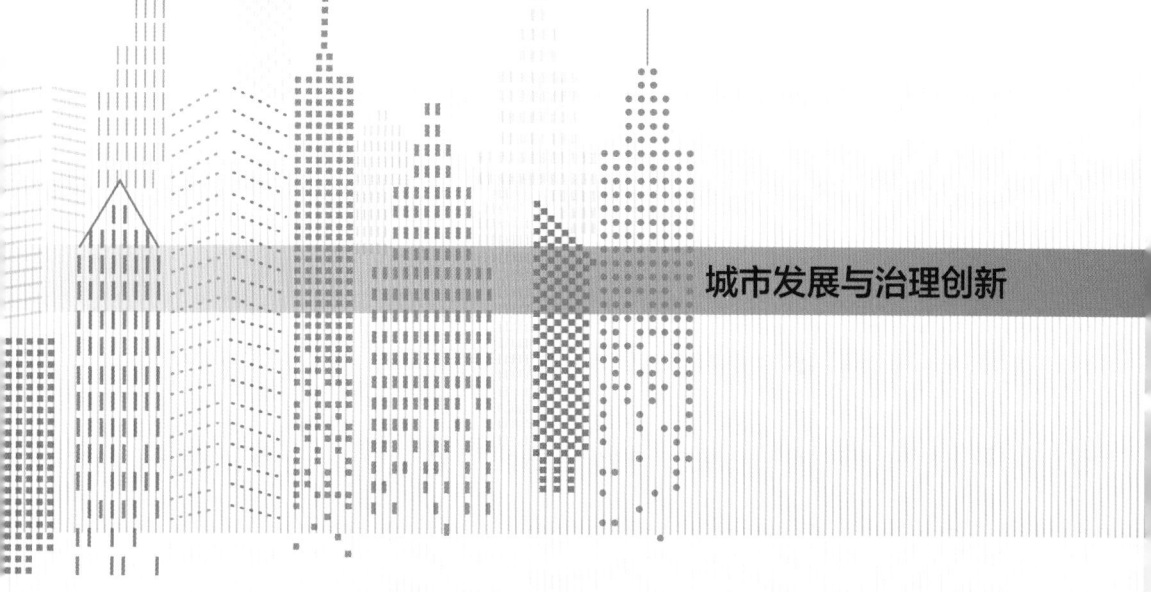

特大城市社会治理：
理论与实践

Social Governance in Megalopolises:
Theory and Practice

黄晓春 / 主编
金桥　庞保庆　项军 / 副主编

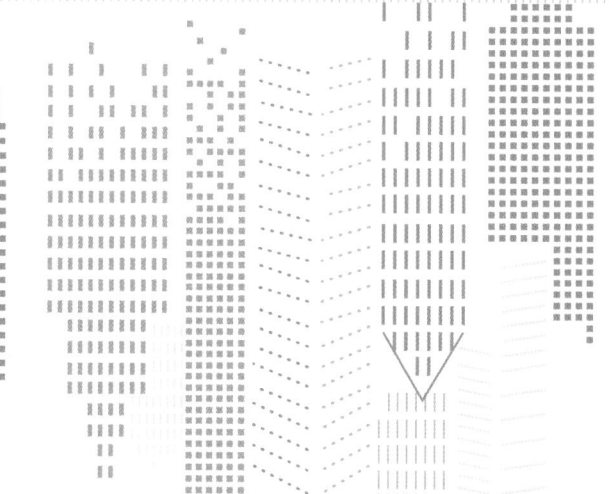

社会科学文献出版社
SOCIAL SCIENCES ACADEMIC PRESS (CHINA)

序　言

　　当代中国已进入一个城市主导的经济发展新周期。2011年末，中国城市化率即超过50%，此后中国城镇人口总量持续保持高速增长，总规模已大大超过农村人口；在国民经济中城市经济更是占较大比重。更重要的是，城市作为中国改革进一步深化的排头兵、区域经济发展的"引擎"和链接全球经济网络的结点，肩负着全面建成小康社会的重要使命。因此，适应城市经济社会发展的新特点，转变城市发展方式、完善城市治理体系，走出一条中国特色城市发展道路势在必行。

　　城市让生活更美好的同时，其在发展过程中也会因人口密度过高、发展规划不合理、治理理念滞后于城市发展的需要等而产生诸多难题，比如配套设施不足、交通拥堵、贫富分化、看病难、入学难等"城市病"，这些问题在特大城市中尤其明显。除此之外，重大传染性疾病、自然灾害的暴发也给特大城市治理带来了全新的挑战，如果无法有效解决上述难题就会让特大城市治理的风险呈指数式增长。

　　中国的快速城市化进程始于20世纪80年代，在短短四十多年的时间内走过了西方二三百年的城市化历程。"十四五"时期，我国的城市化进程进一步加快，"十四五"规划和2035年远景目标纲要中提出进一步优化提升超大城市与特大城市中心城区功能，发展壮大城市群和都市圈，分类引导大中小城市发展方向和建设重点，形成疏密有致、分工协作、功能完善的城镇化空间格局。我国特大城市和城市群的发展进入了新阶段，单纯基于西方城市发展历程提炼的治理经验无法有效解决中国在城市化进程中遇到的诸多难题，迫切需要基于中国实践经验提炼的新的智慧来应对城市治理的难题。

　　为了破解城市治理难题，习近平总书记先后提出了"城市管理应该像绣花一样精细""提高城市管理水平，要在科学化、精细化、智能化上下功夫""人民城市人民建，人民城市为人民"等城市治理的重要理念，并指示上海要"努力走出一条符合特大城市特点和规律的社会治理新路子"，希望上海持续探索，不断提高城市管理水平，加快建设社会主义现代化国际大都市。

以习近平总书记的城市治理理念为指导，各地以城市化转型、智慧城市建设为契机，在城市治理中尝试运用现代科技手段，形成了各具地方特色的城市治理经验，比如上海的"一网通办、一网统管""城市智慧大脑"，北京的"智慧城市建设"，广东的"粤智慧"，浙江的"浙里办"，等等，极大地提升了城市治理效能，增强了城市居民的幸福感和获得感。

这些治理经验亟须学术界进行归纳、总结、提炼。正是基于这一理念，上海大学社会学院于2014年发起举办了第一届中国社会学会学术年会"特大城市社会治理"分论坛，2018年开始与中国社会科学院社会发展战略研究院联合举办，至今已连续举办九届。学界同人围绕特大城市社会治理问题进行了多角度、跨学科的深度交流，形成了一批有分量的科研成果，这些成果不仅对于推进城市治理研究有重要意义，而且有助于进一步提炼中国式现代化理论话语。

为了让多年来的论坛成果结出丰硕果实，也为了更好地推进城市治理研究，我们将论坛的优秀论文集结出版。本书收录了2014~2016年三届论坛的优秀论文，其中既有对社会变迁及其治理意涵的理论思考，又有对不同城市治理实践的提炼总结，更有聚焦政府治理、社区治理、外来人口治理、社会组织发展等具体领域不同问题的精细化研究。文集旨在宣介国内学界围绕特大城市以至超大城市社会治理各领域的研究成果，记录北上广等城市的治理变迁，促进学理思考、实证研究与治理实践之间的互动交流，可为高校和研究机构的师生、研究人员，以及与城市治理相关的政府部门、社会组织、社区的工作人员提供参考借鉴。

黄晓春

上海大学社会学院院长、教授

目录

治理理论篇

上海社会阶层结构转型及其对城市社会治理的启示 …………… 仇立平 / 3
国家、工厂体制与空间营造
　　——外出农民工城市居住选择的一个理论分析框架 ……… 王　星 / 22
媒介风险与个体安全
　　——基于社会实践结构论和社会互构论的视角 …………… 戴冰洁 / 35

人口治理篇

利益威胁、文化排斥与受挫怨恨
　　——新"土客"关系下的移民排斥 ………………………… 李　煜 / 49
广州市外来人口聚居区的社会风险及其治理模式研究
　　…………………………………………………… 吴兴民　潘荣坤 / 67

政府治理篇

政府购买服务的制度选择及治理效果：项目制、单位制、
　　混合制 ………………………………………… 管　兵　夏　瑛 / 85
城市治理转型与街道办功能重组：以沈阳街道办改革为例
　　……………………………………………………………… 王庆明 / 117

城市社区服务的供需匹配：模型构建及其应用 …………… 冯　猛 / 130
国家主导的社会治理：当代中国社会治理的发展模式
　………………………………………………… 关　爽　郁建兴 / 146

社区治理篇

迈向服务型的社区治理：整体性治理与社会再组织化
　………………………………… 杨　君　徐选国　徐永祥 / 161
上海大型居住社区的特征、问题与未来发展
　——基于2014年问卷调查数据的分析 ………… 金　桥　徐佳丽 / 179
从负担到压力：理解居委会负担的微观视角 …………… 白子仙 / 195

社会组织篇

城市居民社会组织参与度及其影响因素的分析
　——基于社会质量的视角 …………………………… 杨城晨 / 213
项目制与悬浮式社会组织 …………………… 虞锦美　叶　珩 / 231

治理理论篇

上海社会阶层结构转型及其对城市社会治理的启示[*]

仇立平[**]

社会阶层结构是社会结构最主要的面向，对于中国社会结构的认识及判断主要有以下三种观点：一是认为中国正在从"金字塔型"社会结构向"洋葱型"或"橄榄型"社会结构转变，一种与现代化相适应的社会结构正在产生，庞大的中产阶层已经开始形成并得到发展（陆学艺，2002a，2002b，2003）；二是认为当代中国社会结构是"倒丁字型"社会结构，其中，一横是巨大的农村社会阶层，一竖更多的是城市社会阶层，二者将会造成持续的"社会结构紧张"（李强，2005）；三是认为中国社会阶层结构出现"断裂"或呈现"碎片化"状况。20世纪90年代中期以来，能够影响社会基本走势的主要社会力量集团开始生成并发挥作用。因此，社会分化导致一个"断裂社会"的出现，即整个社会分裂为相互隔绝、差异明显的两个部分——上层和底层（孙立平，2002）。但另一种观点认为，社会分化未导致出现界限分明的阶级或阶层，更不可能出现"断裂社会"，利益群体之间不存在不可逾越的分界线（李强，2004）。由于各个阶层并未定型稳定，因而在社会态度、阶层意识上很有可能呈现碎片化倾向（李培林，2005）。

从上述观点看，对于中国社会阶层结构处在什么样的阶段还没有一致的认识。因此，本文根据30多年来上海社会经济的发展，尝试分析上海的社会阶层结构的演变过程，以期为全国的社会阶层结构研究提供参考，进而分析社会阶层结构对社会治理的认知及其政策取向的影响。

---

[*] 本文为国家社科基金重大项目（11&ZD035）成果之一，获国家社科基金一般项目（11BSH028）资助。原文发表于《国家行政学院学报》2014年第4期。

[**] 仇立平，上海大学社会学院教授，研究方向为社会结构与分层、社会研究方法、青年研究等。曾从事家庭社会学、老年社会学研究。

一 30多年来上海社会阶层结构变迁

本文关于上海社会阶层结构的资料主要来自全国人口普查资料中有关职业调查的数据。对于国家统计局职业分类，虽然学术界有不同认识，但本文认为，其虽有瑕疵，但经过一定的技术处理仍然可以成为社会阶层结构研究的重要资料，并且具有很高的权威性。李强（2005）关于中国社会阶层结构是"倒丁字型"的重要结论就是来自对全国人口普查资料的研究。

在对社会阶层结构的具体研究中，学术界通常采用一种可操作的方法，即以职业结构表示社会阶层结构。虽然以职业作为社会阶层的指标具有一定的局限性，但是职业具有直观性，可以让人一目了然地理解一定社会的阶层状况；同时，职业作为社会分工的具体形式，可以为进一步研究奠定基础。从职业分层的意义上研究社会阶层结构，需要反映不同职业的社会地位或社会声望。相对于单一的职业声望评价方法，社会经济地位指数（SEI）更能客观、全面地反映人们的社会地位的差异。

根据国内专家对SEI的研究（李春玲，2005），对照2000年和2010年全国人口普查中类职业，虽然一些中类职业SEI值在大类职业中的排序有些混乱，如属于国家机关、党群组织、企事业单位负责人的企业负责人的SEI值要小于各类专业技术人员中的前三位中类职业，但基本上能反映出大类职业具有的社会分层特点（见表1、表2），即2000年和2010年上海职业分层中，从高到低依次为国家机关、党群组织、企事业单位负责人（3.42%、5.27%），各类专业技术人员（12.81%、15.03%），办事人员和有关人员（11.81%、13.47%），商业、服务业人员（22.44%、28.56%），生产运输设备操作人员和有关人员（38.18%、34.58%），农林牧渔水利业生产人员（11.30%、3.02%）；2000年各大类职业SEI值分别为79.38、71.23、68.61、56.79、54.64、48.28。

表1 上海市中类职业分布与社会经济地位指数（2000年）

中类职业	人数（人）	占比（%）	SEI	大类职业
中国共产党中央委员会和地方各级党组织负责人（50）	1050	0.13	85.16	国家机关、党群组织、企事业单
国家机关及其工作机构负责人（50）	974	0.12	85.16	
民主党派和社会团体及其工作机构负责人（50）	2116	0.26	85.16	

续表

中类职业	人数（人）	占比（%）	SEI	大类职业
事业单位负责人（49）	1265	0.16	83.32	位负责人 SEI = 79.38
企业负责人（45）	22319 (27724)	2.75 (3.42)	76.18	
新闻出版、文化工作人员（48）	2943	0.36	82.46	各类专业技术人员 SEI = 71.23
法律专业人员（47）	1394	0.17	81.13	
教学人员（46）	21139	2.60	78.09	
科学研究人员（44）	1860	0.23	74.50	
工程技术人员（43）	21262	2.62	73.84	
飞机和船舶技术人员（43）	1350	0.17	73.84	
其他专业技术人员（42）	478	0.06	71.59	
宗教职业者（41）	135	0.02	71.37	
卫生专业技术人员（40）	12335	1.52	70.93	
经济业务人员（37）	33277	4.10	66.85	
文学艺术工作人员（35）	1861	0.23	64.39	
体育工作人员（35）	196	0.02	64.39	
农业技术人员（34）	734	0.09	64.08	
金融业务人员（32）	4999 (103963)	0.62 (12.81)	61.71	
行政办公人员（39）	64583	7.96	70.53	办事人员和有关人员 SEI = 68.61
安全保卫和消防人员（36）	21870	2.69	65.97	
其他办事人员和有关人员（33）	5702	0.70	62.94	
邮政和电信业务人员（30）	3752 (95907)	0.46 (11.81)	59.68	
医疗卫生辅助服务人员（33）	605	0.07	62.98	商业、服务业人员 SEI = 56.79
饭店、旅游及健身娱乐场所服务人员（31）	6897	0.85	60.38	
购销人员（28）	95331	11.75	58.79	
运输服务人员（26）	8907	1.10	56.56	
仓储人员（21）	13495	1.66	55.79	
餐饮服务人员（20）	25224	3.11	55.38	
社会服务和居民生活服务人员（11）	30068	3.71	51.87	
其他商业、服务业人员（2）	1574 (182101)	0.19 (22.44)	44.47	

续表

中类职业	人数（人）	占比（%）	SEI	大类职业
广播影视制品制作、播放及文物保护作业人员（38）	525	0.06	69.25	
运输设备操作人员及有关人员（29）	41619	5.13	59.50	
药品生产人员（27）	1612	0.20	58.69	
检验、计量人员（25）	14466	1.78	56.47	
电子元器件与设备制造、装配调试及维修人员（24）	7544	0.93	56.26	
烟草及其制品加工人员（24）	199	0.02	56.23	
粮油、食品、饮料生产加工及饲料生产加工人员（24）	6209	0.77	56.23	
化工产品生产人员（23）	7112	0.88	56.06	
机械制造加工人员（22）	30546	3.76	55.92	
机电产品装配人员（19）	21158	2.61	55.11	
机械设备修理人员（19）	17854	2.20	55.10	生产运输设备操作人员和有关人员 SEI＝54.64
环境监测与废物处理人员（18）	757	0.09	54.56	
电力设备安装、运行、检修及供电人员（17）	13541	1.67	54.40	
裁剪缝纫和皮革、毛皮制品加工制作人员（16）	30137	3.71	54.19	
工艺、美术品制作人员（15）	3547	0.44	53.35	
文化教育、体育用品制作人员（15）	1794	0.22	53.35	
纺织、针织、印染人员（15）	15593	1.92	53.33	
印刷人员（15）	3653	0.45	53.31	
玻璃、陶瓷、搪瓷及其制品生产加工人员（14）	2686	0.33	53.05	
工程施工人员（13）	27307	3.36	52.60	
木材加工、人造板生产及木材制品制作人员及制浆、造纸和纸制品生产加工人员（12）	13322	1.64	52.23	
金属冶炼、轧制人员（10）	6145	0.76	51.78	
其他生产、运输设备操作人员及有关人员（9）	31170	3.84	51.32	
勘测及矿物开采人员（8）	415	0.05	49.24	
建筑材料生产加工人员（7）	3844	0.47	48.74	
橡胶和塑料制品生产人员（5）	7246（310001）	0.89（38.18）	48.22	
种植业生产人员（6）	82347	10.15	48.65	农林牧渔水利业生产人员
林业生产及野生动植物保护人员（6）	292	0.04	48.65	
水利设施管理养护人员（4）	511	0.06	46.65	
其他农、林、牧、渔、水利业生产人员（4）	517	0.06	46.65	

续表

中类职业	人数（人）	占比（%）	SEI	大类职业
渔业生产人员（3）	4441	0.55	45.21	SEI = 48.28
畜牧业生产人员（1）	3601 (91709)	0.44 (11.30)	44.07	
[不便分类的其他从业人员（27）]	[108]	[0.01]	[57.67]	
总计	811513	100		

注：职业旁括号内数字是根据社会经济地位指数划分的职业等级序号，序号越大，地位越高；每个大类职业人数栏和占比栏中括号内数字分别为该大类职业总人数和百分比。表中 SEI 值是结合李春玲（2005）的相关研究，计算对应中类职业变量的平均 SEI 值，然后对中类职业进行赋值得到的，下同。

资料来源：2000 年上海市第五次人口普查资料长表数据。

表2 上海市中类职业分布与社会经济地位指数（2010年）

中类职业	人数（人）	占比（%）	SEI	大类职业
中国共产党中央委员会和地方各级党组织负责人（50）	300	0.02	85.16	国家机关、党群组织、企事业单位负责人 SEI = 76.72
国家机关及其工作机构负责人（50）	1152	0.09	85.16	
民主党派和社会团体及其工作机构负责人（50）	1401	0.11	85.16	
事业单位负责人（49）	1426	0.11	83.32	
企业负责人（45）	61691 (65970)	4.93 (5.27)	76.18	
新闻出版、文化工作人员（48）	4205	0.34	82.46	各类专业技术人员 SEI = 71.31
法律专业人员（47）	2798	0.22	81.13	
教学人员（46）	26114	2.09	78.09	
科学研究人员（44）	2597	0.21	74.50	
工程技术人员（43）	62643	5.01	73.84	
飞机和船舶技术人员（43）	1247	0.10	73.84	
其他专业技术人员（42）	1613	0.13	71.59	
宗教职业者（41）	222	0.02	71.37	
卫生专业技术人员（40）	16889	1.35	70.93	
经济业务人员（37）	45200	3.61	66.85	
文学艺术工作人员（35）	8241	0.66	64.39	
体育工作人员（35）	251	0.02	64.39	
农业技术人员（34）	733	0.06	64.08	
金融业务人员（32）	15402 (188155)	1.23 (15.03)	61.71	

续表

中类职业	人数（人）	占比（%）	SEI	大类职业
行政办公人员（39）	111576	8.92	70.53	办事人员和有关人员 SEI=68.58
安全保卫和消防人员（36）	40734	3.25	65.97	
其他办事人员和有关人员（33）	10687	0.85	62.94	
邮政和电信业务人员（30）	5634 (168631)	0.45 (13.47)	59.68	
医疗卫生辅助服务人员（33）	1125	0.09	62.98	商业、服务业人员 SEI=56.49
饭店、旅游及健身娱乐场所服务人员（31）	14583	1.17	60.38	
购销人员（28）	180270	14.4	58.79	
运输服务人员（26）	14047	1.12	56.56	
仓储人员（21）	22304	1.78	55.79	
餐饮服务人员（20）	45023	3.60	55.38	
社会服务和居民生活服务人员（11）	74213	5.93	51.87	
其他商业、服务业人员（2）	5809 (357374)	0.46 (28.56)	44.47	
广播影视制品制作、播放及文物保护作业人员（38）	667	0.05	69.25	
运输设备操作人员及有关人员（29）	62803	5.02	59.50	
药品生产人员（27）	1628	0.13	58.69	
检验、计量人员（25）	23144	1.85	56.47	
电子元器件与设备制造、装配调试及维修人员（24）	31102	2.49	56.26	
烟草及其制品加工人员（24）	224	0.02	56.23	
粮油、食品、饮料生产加工及饲料生产加工人员（24）	6382	0.51	56.23	
化工产品生产人员（23）	7638	0.61	56.06	
机械制造加工人员（22）	49621	3.97	55.92	
机电产品装配人员（19）	37923	3.03	55.11	
机械设备修理人员（19）	16256	1.30	55.10	
环境监测与废物处理人员（18）	1013	0.08	54.56	
电力设备安装、运行、检修及供电人员（17）	13894	1.11	54.40	
裁剪缝纫和皮革、毛皮制品加工制作人员（16）	34343	2.74	54.19	
工艺、美术品制作人员（15）	3410	0.27	53.35	
文化教育、体育用品制作人员（15）	2131	0.17	53.35	
纺织、针织、印染人员（15）	9360	0.75	53.33	
印刷人员（15）	4912	0.39	53.31	

续表

中类职业	人数（人）	占比（%）	SEI	大类职业
玻璃、陶瓷、搪瓷及其制品生产加工人员（14）	2781	0.22	53.05	生产运输设备操作人员和有关人员 SEI＝54.86
工程施工人员（13）	42832	3.42	52.60	
木材加工、人造板生产及木材制品制作人员及制浆、造纸和纸制品生产加工人员（12）	19917	1.59	52.23	
金属冶炼、轧制人员（10）	6664	0.53	51.78	
其他生产、运输设备操作人员及有关人员（9）	37571	3.00	51.32	
勘测及矿物开采人员（8）	601	0.05	49.24	
建筑材料生产加工人员（7）	5612	0.45	48.74	
橡胶和塑料制品生产人员（5）	10306（432735）	0.82（34.58）	48.22	
种植业生产人员（6）	31418	2.51	48.65	农林牧渔水利业生产人员 SEI＝48.17
林业生产及野生动植物保护人员（6）	1363	0.11	48.65	
水利设施管理养护人员（4）	855	0.07	46.65	
其他农、林、牧、渔、水利业生产人员（4）	99	0.01	46.65	
渔业生产人员（3）	2422	0.19	45.21	
畜牧业生产人员（1）	1690（37847）	0.14（3.02）	44.07	
［不便分类的其他从业人员（27）］	［749］	［0.06］	［57.67］	
总计	1251461	100	59.02	

资料来源：2010年上海市第六次人口普查资料长表数据。

比较2000年和2010年上海社会阶层结构，可以发现国家机关、党群组织、企事业单位负责人，各类专业技术人员，办事人员和有关人员，商业、服务业人员占比都在增长，尤其是商业、服务业人员占比增长较快，而属于中产阶层的国家机关、党群组织、企事业单位负责人，各类专业技术人员，办事人员和有关人员占比则稳定增长；以产业工人为主的生产运输设备操作人员和有关人员与以农民为主的农林牧渔水利业生产人员占比则有较大幅度的下降，尤其是后者。总体上商业、服务业人员及以产业工人为主的生产运输设备操作人员和有关人员在社会阶层结构中占一半以上（2000年为60.62%、2010年为63.14%），虽然以产业工人为主的生产运输设备操作人员和有关人员的占比降幅较大，但由于商业、服务业人员大部分属于低端行业，尽管上海已接近完成第一次现代化，初步达到中等发达国家水平①，2010年上海处于第一次现代化向第二次现代化过渡的发展阶段，②从社会阶层结构来看，其仍然停留在工业社会阶段，两者并不同步（仇立平，2010）。

与1982年相比（见表3），2010年国家机关、党群组织、企事业单位负责人占比增加0.66倍，各类专业技术人员占比增加0.40倍，办事人员和有关人员占比增加3.35倍，商业、服务业人员占比增加1.49倍，生产运输设备操作人员和有关人员占比增加-0.27倍，农林牧渔水利业生产人员增加-0.87倍。

如果将表1、表2根据SEI指数直接分为五个等分，2000年和2010年上海五大阶层的占比如下：中上阶层（3.81%、2.99%）、中中阶层（15.38%、20.71%）、中下阶层（8.53%、9.78%）、下阶层（49.42%、50.66%）、下下阶层（22.86%、15.86%）。各阶层职业分布的特点与以职业作为分层标准所得出的结论基本一致。上海中产阶层（中上阶层、中中阶层、中下阶层）仍然由国家机关、党群组织、企事业单位负责人，各类专业技术人员，办事人员和有关人员组成，下阶层以产业工人和商业、服务业人员为主，下下阶层以农业劳动者和部分产业工人、低端服务业人员为主。其中，中产阶层增长速度并不是很快，2000年和2010年占比分别为27.72%、33.48%，增加了5.76个百分点；下阶层变化不大，分别为49.42%、50.66%；下下阶层分别为22.86%、15.86%，下下阶层占比下降了7.00个百分点。

表3 1982年、1990年、1995年、2000年、2005年、2010年上海职业分布

单位：%

职业	1982年	1990年	1995年	2000年	2005年	2010年
国家机关、党群组织、企事业单位负责人	3.2	3.7	5.9	3.4	5.0	5.3
各类专业技术人员	10.7	13.3	14.9	12.8	13.7	15.0
办事人员和有关人员	3.1	5.8	7.9	11.8	12.3	13.5
商业、服务业人员	11.5	15.2	17.4	22.4	26.6	28.6
生产运输设备操作人员和有关人员	47.7	50.4	42.4	38.2	37.3	34.6

---

① 《中国现代化报告2007》，http://tieba.baidu.com/p/167505157。
② 《中科院报告：2010年中国京港澳台进入第二次现代化》，http://www.chinanews.com/gn/2014/04-24/6103333.shtml。

续表

职业	1982年	1990年	1995年	2000年	2005年	2010年
农林牧渔水利业生产人员	23.8	11.5	11.5	11.3	5.0	3.0
总计	100.0	100.0	100.0	100.0	100.0	100.0

资料来源：1982年、1990年、2000年、2010年为上海市人口普查数据；1995年、2005年为上海市1%人口抽样调查数据。

为了形象地展现30多年来上海社会阶层结构的演变，本文绘制了1982年、1990年、1995年、2000年、2005年、2010年以职业分布为基础的上海社会阶层结构形态图（见图1至图6）。从中可以发现，改革开放以后，上海的社会阶层结构形态经历了从"土字型"（底部为长长的一横）的非标准金字塔型转变为标准金字塔型的发展过程。

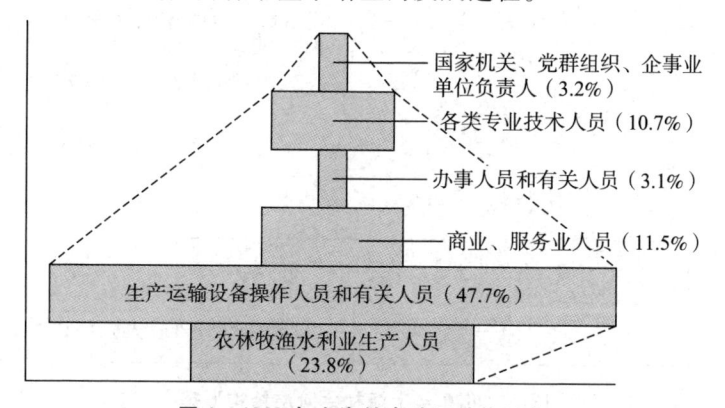

图1 1982年上海社会阶层结构形态

- 国家机关、党群组织、企事业单位负责人（3.2%）
- 各类专业技术人员（10.7%）
- 办事人员和有关人员（3.1%）
- 商业、服务业人员（11.5%）
- 生产运输设备操作人员和有关人员（47.7%）
- 农林牧渔水利业生产人员（23.8%）

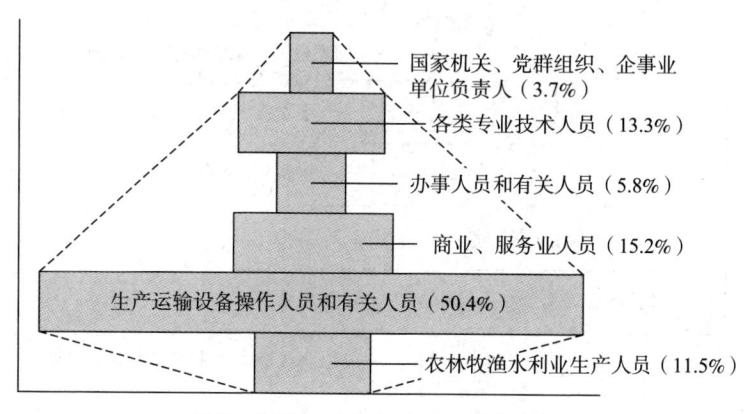

图2 1990年上海社会阶层结构形态

- 国家机关、党群组织、企事业单位负责人（3.7%）
- 各类专业技术人员（13.3%）
- 办事人员和有关人员（5.8%）
- 商业、服务业人员（15.2%）
- 生产运输设备操作人员和有关人员（50.4%）
- 农林牧渔水利业生产人员（11.5%）

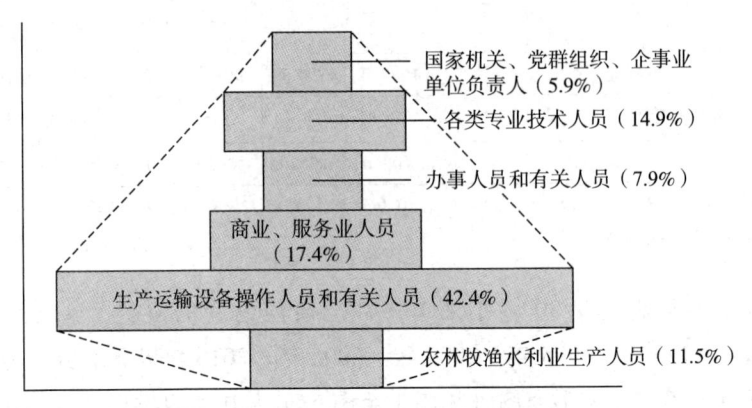

图 3　1995 年上海社会阶层结构形态

国家机关、党群组织、企事业单位负责人（5.9%）
各类专业技术人员（14.9%）
办事人员和有关人员（7.9%）
商业、服务业人员（17.4%）
生产运输设备操作人员和有关人员（42.4%）
农林牧渔水利业生产人员（11.5%）

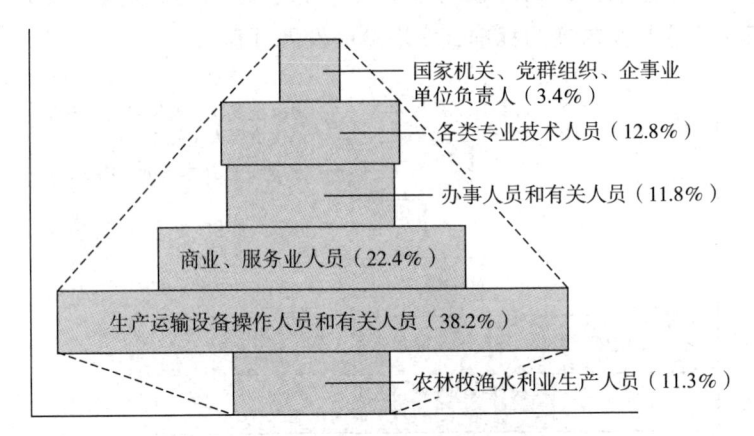

图 4　2000 年上海社会阶层结构形态

国家机关、党群组织、企事业单位负责人（3.4%）
各类专业技术人员（12.8%）
办事人员和有关人员（11.8%）
商业、服务业人员（22.4%）
生产运输设备操作人员和有关人员（38.2%）
农林牧渔水利业生产人员（11.3%）

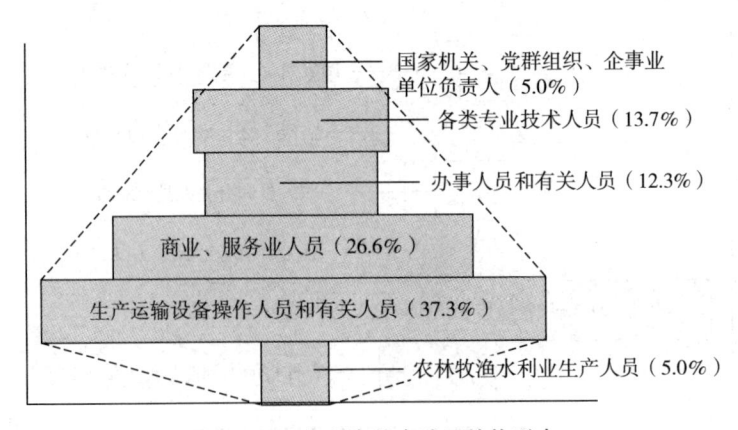

图 5　2005 年上海社会阶层结构形态

国家机关、党群组织、企事业单位负责人（5.0%）
各类专业技术人员（13.7%）
办事人员和有关人员（12.3%）
商业、服务业人员（26.6%）
生产运输设备操作人员和有关人员（37.3%）
农林牧渔水利业生产人员（5.0%）

国家机关、党群组织、企事业单位负责人（5.3%）
各类专业技术人员（15.0%）
办事人员和有关人员（13.5%）
商业、服务业人员（28.6%）
生产运输设备操作人员和有关人员（34.6%）
农林牧渔水利业生产人员（3.0%）

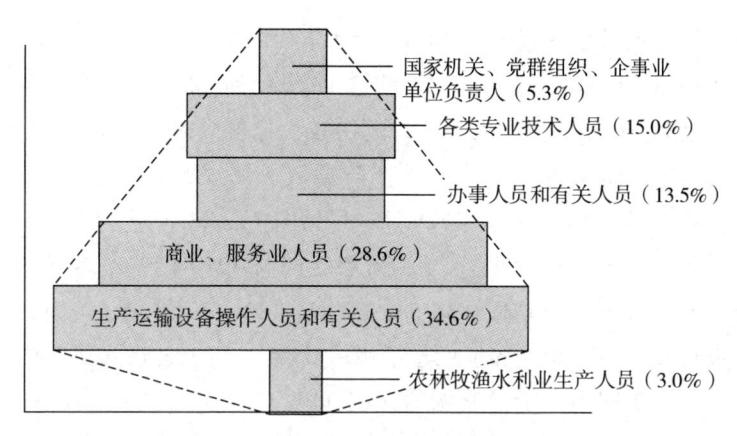

图6 2010年上海社会阶层结构形态

由图1至图6可见，上海以职业分布为基础的社会阶层结构变化具有如下特点。第一，各类专业技术人员、办事人员和有关人员占比在20世纪90年代后都得到较大的增长，但从21世纪开始基本上趋于稳定。第二，变化最大的是商业、服务业人员，以产业工人为主的生产运输设备操作人员和有关人员，以农民为主的农林牧渔水利业生产人员三大阶层。以农民为主的农林牧渔水利业生产人员占比大大减少，从1982年的23.8%下降到2010年的3.0%；商业、服务业人员占比增长最快，由1982年的11.5%上升到2010年的28.6%；以产业工人为主的生产运输设备操作人员和有关人员的占比在逐步下降，由1982年的47.7%（1990年曾达到50.4%）下降到2010年的34.6%。第三，尽管30多年来上海的职业结构发生了很大的变化，但职业分层的基本形态没有发生本质的变化，仍然是处在工业化阶段的金字塔型社会阶层结构。

因此，30多年来，以职业分布为基础的上海社会阶层结构变化的一个最大特点是，由最初的"土字型"的非标准金字塔型逐步转变为比较标准的、丰满的金字塔型；以国家机关、党群组织、企事业单位负责人，各类专业技术人员，办事人员和有关人员为代表的中产阶层得到一定的发展，商业、服务业人员占比得到很大增长，以产业工人为主的生产运输设备操作人员和有关人员占比在逐步缩小，以农民为主的农林牧渔水利业生产人员占比大大下降。

二　上海社会阶层结构接近美国20世纪50年代形态

从2008年开始，上海人均GDP就突破1万美元大关了，但经济的现代化并不意味着社会阶层结构的同步发展，如果与美国相比，2010年上海的社会阶层结构最多接近美国 20 世纪 50 年代的形态。

图 7 至图 10 反映了美国从 20 世纪 30 年代到 90 年代社会阶层结构的变化。20 世纪 30 年代美国农业人口还占较大比例（21.0%），包括服务业劳工在内的工人阶层占 36.5%，中产阶层（公务员、推销员、经理/行政官员/店主和专业技术人员）占 29.4%（见图 7）。50 年代，农业人口比例差不多下降了一半（11.8%），工人阶层比例与 30 年代差不多（37.4%），中产阶层比例得到较大提高（36.7%）（见图 8）。70 年代，美国开始进入中产阶级社会，中层阶级和上中层阶级占 53%，加上自认为属于中产阶级的工人阶级，美国中产阶层比例估计在 90% 左右（见图 9）。1996 年，美国的社会阶层结构对于上海来说是望尘莫及的，其已经形成倒金字塔型阶层结构，管理人员和专业技术人员占比接近 60%（见图 10）。2002 年，包括专家、经理、技术人员、办事人员在内的白领占 59%（克博，2012）。

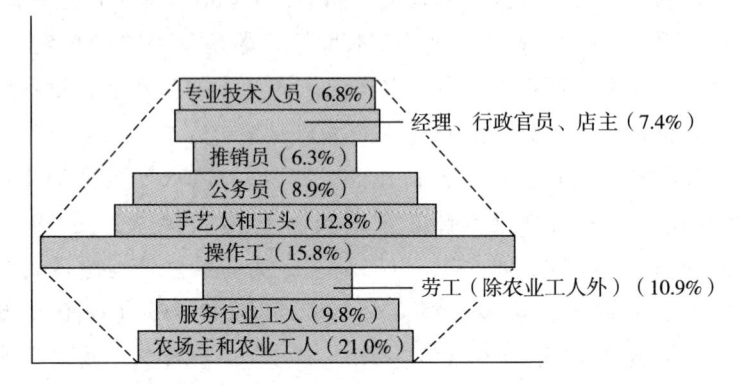

图 7　20 世纪 30 年代美国社会阶层结构

资料来源：吉尔伯特、卡尔，1992：86。

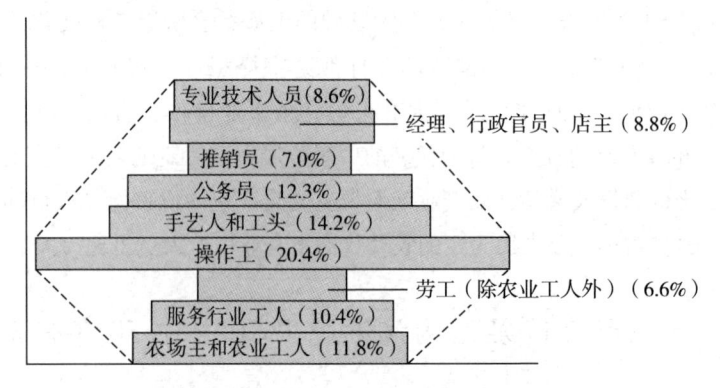

图 8　20 世纪 50 年代美国社会阶层结构

资料来源：吉尔伯特、卡尔，1992：86。

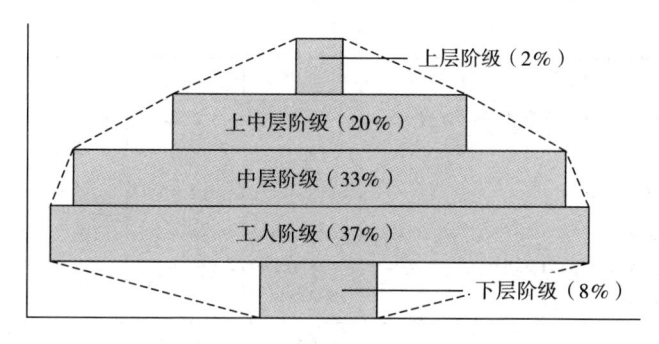

图9 20世纪70年代美国社会阶层结构

资料来源：吉尔伯特、卡尔，1992：40。

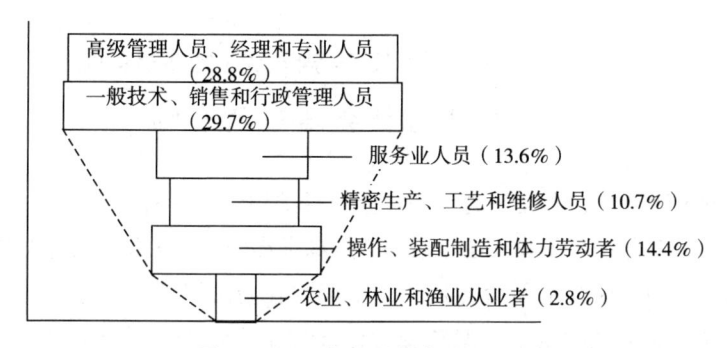

图10 1996年美国社会阶层结构

资料来源：李培林，2004：429。

如果将上海2000年、2005年、2010年社会阶层结构（见图4至图6）与美国相比，上海社会阶层结构比较接近美国20世纪30~50年代的社会阶层结构，最多达到美国50年代的水平，而且中产阶层比例还没有美国高。

上海社会阶层结构还表现出城乡分割的特点（见表4）。在城市中，中产阶层职业（国家机关、党群组织、企事业单位负责人，各类专业技术人员，办事人员和有关人员）占39.8%，在镇中占21.2%，在农村占12.0%；商业、服务业人员主要集中在城市（31.7%），以产业工人为代表的生产运输设备操作人员和有关人员主要集中在镇和农村（50.3%、56.7%）。这种社会阶层结构分布的特点意味着城市、镇和农村面对的问题会不一样。城市产生的社会问题更有可能与中产阶层特殊利益有关，更为注重个人权益的保障；镇和农村的社会问题则更可能与解决贫困和社会保障问题有关。

表4 2010年上海职业（按城市、镇、农村）分布

单位：%

职业	城市	镇	农村	（全国）
国家机关、党群组织、企事业单位负责人	6.2	3.2	1.9	(1.8)
各类专业技术人员	18.2	8.0	4.2	(6.8)
办事人员和有关人员	15.4	10.0	5.9	(4.3)
商业、服务业人员	31.7	23.2	16.0	(16.2)
生产运输设备操作人员和有关人员	28.0	50.3	56.7	(22.5)
农林牧渔水利业生产人员	0.6	5.4	15.3	(48.4)
总计	100.0	100.0	100.0	(100.0)

资料来源：2010年上海市第六次人口普查资料长表数据。

三 上海社会阶层结构转型的特殊性及其对社会治理的影响

根据上述分析，本文认为上海社会阶层结构转型具有自身的特殊性，且这种特殊性将会对上海城市社会治理产生深远影响，相关思考分述如下。

第一，中产阶层的培育与成长。上海的社会阶层结构经过30多年的变化，已经由非标准的金字塔型转变为标准的金字塔型，社会构成有可能转变为以中产阶层为主，并且中产阶层得到了较大发展，尤其是在中心城区。中产阶层的崛起对社会治理提出了更高的要求，他们更具有维护自己权利的意识。对于中国中产阶层发育，除了要关注新中产阶层以外，还应该关注旧中产阶层的发育。但是，作为中产阶层重要组成部分的旧中产阶层发育的土壤受到双重挤压。例如，在最适合个体经营者生存的商业服务领域，一方面，受到资本垄断经营的挤压，各种新的商业业态出现，如连锁经营、网络消费等已经开始吞噬传统个体经营领域；另一方面，在政府整顿市场秩序以及管理城市的过程中，小商小贩是首先被管理整治的对象。正如米尔斯（1987）所说的那样，美国中产阶级的早期历史是小企业家、老式中产阶级步入黄金时代的历史，美国中产阶级是作为一个庞大的小企业家阶层进入现代史的。在当代美国约有2500万家小企业，占美国全部企业数量的98%，是美国经济中最具活力的部分。[①] 在我国，旧中产阶

---

① 《美国扶持小企业的法》，http://ltfzs.mofcom.gov.cn/article/jingmaoxinxi/huiytj/201210/20121008390169.shtml。

层能否成功培育，主要取决于国有企业能否退出进入门槛比较低的产业领域以及形成依附大企业的产业链。

第二，上海能否率先建成一个以中产阶层为主的社会。虽然上海的中产阶层已经达到了一定的规模，但是，要真正实现这个目标，上海的社会阶层结构转型还要考虑全国社会阶层结构的影响。根据第五次和第六次全国人口普查数据，全国社会阶层结构（见图11、图12）最多相当于美国20世纪30年代的形态（见图7），还有大量的农业人口需要在城市化过程中消化。

上海是一个开放性的国际大都市，不仅向国际开放，而且也向国内开放。因此，上海社会阶层结构的现代转型绝不仅仅取决于上海本身的发展。上海虽然有可能率先转型为以中产阶层为主的社会，但是所需要的时间可能会长一些。

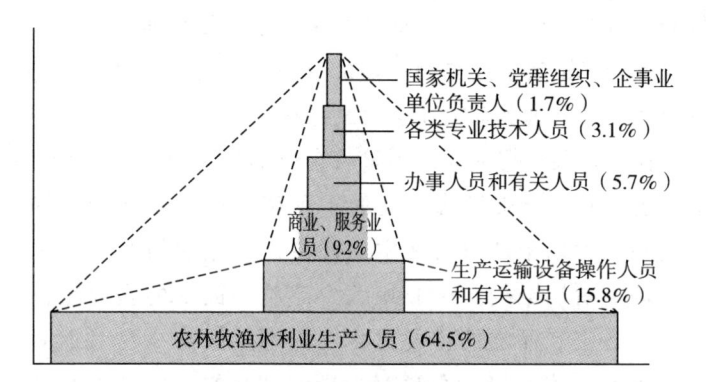

图 11　2000 年全国社会阶层结构

资料来源：2000 年第五次全国人口普查资料。

- 国家机关、党群组织、企事业单位负责人（1.7%）
- 各类专业技术人员（3.1%）
- 办事人员和有关人员（5.7%）
- 商业、服务业人员（9.2%）
- 生产运输设备操作人员和有关人员（15.8%）
- 农林牧渔水利业生产人员（64.5%）

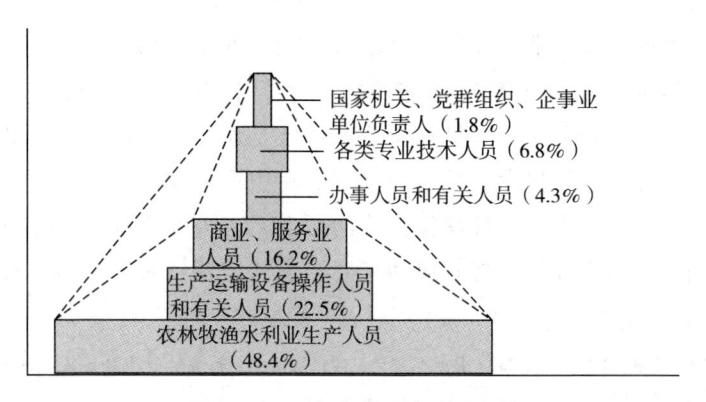

图 12　2010 年全国社会阶层结构

资料来源：2010 年第六次全国人口普查资料。

- 国家机关、党群组织、企事业单位负责人（1.8%）
- 各类专业技术人员（6.8%）
- 办事人员和有关人员（4.3%）
- 商业、服务业人员（16.2%）
- 生产运输设备操作人员和有关人员（22.5%）
- 农林牧渔水利业生产人员（48.4%）

第三，工人阶层能否由低端劳动力转变为技术性工人。从西方发达国家的经验来看，随着产业结构的调整和升级，将会出现对大批中高级技术工人的市场需求。尽管中国产业结构转型早在20世纪末就被提出，但是我们不能不看到影响产业结构转型的结构性因素和技术性因素还没有彻底消失。即使在当下，这些因素仍然困扰着包括上海在内的一些地区的产业结构转型。

从上海的劳动力流动来看，虽然在制造业等部门已经出现了技术性产业工人的增长，但低端劳动力仍然大量存在。从2000年和2010年可比行业从业人数[①]占比来看，农、林、牧、渔业分别为11.5%、2.9%，制造业分别为38.3%、35.4%，其中先进制造业含量比较高的制造业（装备工业等）从业人数分别占制造业从业总人数的24.7%、35.8%（其他可比行业从业人员比例变化不大）。根据这些数据，上海低端劳动力保守估计占劳动力总量的50%以上。[②] 人口流动主要是基于市场的配置，控制劳动力自由流动的政策最终都将引起更为激烈的反弹。因此，上海的社会治理必须面对的一个事实是低端劳动力还会大量存在。

第四，社会阶层结构变动的因素将会影响到上海的社会治理模式和策略。如前所述，上海城市经济发展的不平衡和产业结构的布局使得中心城区有可能转型为以中产阶层为主的社会，但郊区仍然是"土字型"的非标准金字塔型阶层结构。中心城区中产阶层面临的主要是自我发展问题，郊区外来务工者面临的主要是生存问题。因此，在对上海城市社会的治理中，虽然总体上都是在政府主导下进行的，但是中心城区和郊区的社会治理模式及其策略将会有较大的区别，需要实行多元化的社会治理模式和策略。

中心城区以服务业产业为主，集聚了大量的中产阶层，他们中的很多人游离于体制之外。中产阶层具有的"天然"的参与社会的特点，以及相当多的中产阶层服务于大型外资企业和民营企业，社会治理的形式以社会组织为主，使他们积极参与社会的管理。在中产阶层最为关心的问题，如教育、医疗、食品安全、环境保护等问题上，应该允许他们建立社会自组织，吸纳他们参与社会治理，成为社会治理的监督者和参与者。政府应该

---

① 2000年和2010年行业统计指标不完全一样，无法做全行业从业人数比较，只能以可比指标进行分析。

② 2010年上海中产阶层占33.48%，先进制造业从业人员占12.67%（先进制造业从业人员比例除以制造业从业人员比例）。

主动放权，使城市中产阶层能够主动、积极地参与到社会治理过程中，并在社会治理过程中实现他们的人生价值。①

另外，被学术界忽视的是，即使经历了社会主义改造，市民文化仍然对社会治理有着重要作用，个体化或个人主义仍然是影响上海市民行为和价值取向的重要因素，而且这种个体化并不完全如阎云翔（2011）研究的那样是缺少个人主义的个体化。相对而言，从上海市民具有的法律意识、规则意识来看，其已经是具有一定程度个人主义的个体化。因此，上海虽然也存在不公正不公平的现象，但很难形成大规模的具有对抗性质的集体行动。即使在计划经济和"文化大革命"时期，一般民众信奉的也是"我只要'不偷、不抢、不赌、不搞腐化（男女不正当关系）、不反党'，啥宁要侬管（谁要你管）"② 这样的行为准则。很多人认为的上海人的自私自利——"啥宁要侬管"，实际上是上海市民的口头禅和行为准则，它在一定程度上维持了即使在"文化大革命"期间也存在的相对宽松的社会空间。"不偷、不抢、不赌、不搞腐化（男女不正当关系）、不反党"实际上也规定了国家与社会的边界，即在遵守宪法和法律的条件下，社会具有相对的自由度。因此，对上海城市社会的治理，尤其是对中心城区的治理，应该基于已经形成的具有一定个人主义倾向的个体化，充分发挥上海市民参与社会治理的主动性和自觉性。从表面上看，上海市民参与社会治理的积极性不是很高，其关键原因在于，与市民直接有关的社会事务或公共事务，如教育、医疗等绝大部分都在政府的管理下，因此政府只有逐步"释放"一部分与市民生活直接相关的社会事务的管理权甚至决策权，让市民参与其中，才能在参与社会治理过程中，培养和强化市民意识。

在上海郊区，由于产业结构转型不可能在很短的时期内完成，从事低端劳动的外来务工者可能在一段时期内还会存在，这些外来务工者大多形成了集聚型的生活社区。对外来务工者社区的治理可以尝试在政府主导和社会组织指导下，让外来务工者自己管理自己，尝试建立自我组织和管理的社会治理模式。它一方面能够发挥乡土社会基于血缘、地缘的纽带作用，另一方面也能起到使不同地方外来务工者相互制衡的作用。在传统中国社会治理中，一些地方曾经实行过由当地人自己管理自己的方式，除了

---

① 例如，子女教育是中产阶层最关心的问题，但是恰恰在这个问题上，中产阶层没有自己的话语权。
② 这是早年笔者在工厂工作时，经常听到工人师傅讲的一句话。

人们熟悉的乡绅治理以外，还有民国初期提出的"湘人治湘""皖人治皖"，以及帮会组织对大批外来移民发挥的"融入"城市的积极作用等。因此，对于郊区的社会治理，要积极发挥外来务工者参与社会治理的积极性，尤其要注意到他们当中还有不少受过教育的优秀党员，充分发挥外来务工者中的优秀党员在社会治理中的积极作用，可能要比由当地政府直接治理的效果更好。政府除了要提供最基本的社会保障之外，还可以在户籍制度改革和管理、外来务工者技术培训等方面"诱导"他们参与到社会治理中来。同时，他们在工厂化的制度环境下获得"规训"，使他们成为遵纪守法的劳动者。为了有效地将外来务工者的自我组织和管理吸纳到政府主导的社会治理中，可以建立包括外来务工者群体意见领袖在内的社会组织，引导他们的维权行为走向法治化和制度化。

第五，社会治理与社会规训。[①] 我们应该认识到，当包括上海在内的中国的社会阶层结构还处在与工业社会相适应的"金字塔型"形态时，工业化、城市化的过程实际就是现代性的获得过程。从早期资本主义的发展来看，现代性的获得并不是一个"快乐"的过程，而是一个"痛苦"的过程。福柯（1999）所说的"规训"是指近代产生的特殊权力技术。我们不能不承认，没有包括法律在内的规训，现代性的获得几乎是不可能的。就如马克思（1972）在批判"半是挽歌、半是谤文；半是过去的回音，半是未来的恫吓……"的封建社会主义时所揭示的那样，资本主义文明的"残酷"相对于封建主义来说仍然是一种社会进步。

马克思（1972）用诗意的语言讴歌了资本主义文明具有的特征："一切固定的僵化的关系以及与之相适应的素被尊崇的观念和见解都被消除了，一切新形成的关系等不到固定下来就陈旧了。一切等级的和固定的东西都烟消云散了，一切神圣的东西都被亵渎了。"但是，如果没有马克思所批判的资产阶级法律和工厂制度的残酷性及其"规训"，资本主义文明和社会秩序也不可能建立。

因此，如果将社会治理看作现代性的获得，那么治理过程并不排斥社会规训。这种规训表现为工厂制度、学校制度、家庭制度、国家法律等对所有人的规训。它既可以是自觉的，也可以是不自觉的；既可以是习得的，也可以是外在强制的——社会治理并不排斥对一切违法行为的惩处。

如果福柯所说的"规训"是由上而下的、单向的，是统治者运用权力

---

① 此论将有专文论述，本文只是简单介绍。

技术对被统治者进行的规训，那么从广义上说，规训是双向的，规训的权力本身在规训中也要被规训——规训的权力和权力的规训——才有可能使社会治理真正成为现代性的获得过程，才有可能减轻规训的"痛苦"，并尽快完成这个过程。

参考文献

福柯，米歇尔，1999，《规训与惩罚》，杨远婴、刘北成译，生活·读书·新知三联书店。

吉尔伯特，丹尼斯、约瑟夫·A.卡尔，1992，《美国阶级结构》，彭华民等译，中国社会科学出版社。

克博，哈罗德·R.，2012，《社会分层与不平等：历史、比较、全球视角下的阶级冲突》，蒋超等译，上海人民出版社。

李春玲，2005，《断裂与碎片——当代中国社会阶层分化实证分析》，社会科学文献出版社。

李培林，2004，《美国近年来社会结构的变化及其原因》，载李培林等《中国社会分层》，社会科学文献出版社。

李培林，2005，《社会冲突与阶级意识：当代中国社会矛盾研究》，《社会》第1期。

李强，2004，《中国社会分层结构的新变化》，载李培林等《中国社会分层》，社会科学文献出版社。

李强，2005《"丁字型"社会结构与"结构紧张"》，《社会学研究》第2期。

陆学艺，2002a，《当代中国社会阶层研究报告》，社会科学文献出版社。

陆学艺，2002b，《全面建设小康社会：社会指标难于经济指标》，《中国经济时报》11月15日。

陆学艺，2003，《经济和社会要协调发展》，《中国经济时报》10月27日。

马克思，卡尔，1972，《共产党宣言》，《马克思恩格斯选集》第1卷，人民出版社。

米尔斯，C.赖特，1987，《白领——美国的中产阶级》，杨小冬等译，浙江人民出版社。

仇立平，2010，《非同步发展：上海现代化发展水平和社会阶层结构》，《中国社会科学报》2月23日，第11版。

孙立平，2002，《资源重新积聚背景下的底层社会形成》，《战略与管理》第1期。

闫云翔，2011，《中国社会的个体化》，陆洋等译，上海译文出版社。

国家、工厂体制与空间营造

——外出农民工城市居住选择的一个理论分析框架*

王 星**

一 问题的引出

世界任何一个国家在城市化过程中，几乎都会面临贫困流动人口的住房短缺问题。在中国，由于流动人口数量庞大，以及土地财政、制度隔离等结构因素，城市居住问题更加复杂。国家统计局 2014 年统计数据显示，2013 年全国农民工总量为 26894 万人，其中需要在城市选择居住地的外出农民工数量为 16610 万人，约占总数的 62%。这批外出农民工是城市新贫困群体的最大构成主体，在城市里处于被排斥和被边缘化的境地（Liu et al.，2013）。在这样的背景下，外出农民工在城市中居住的问题日益成为学界关注的焦点，并逐渐形成两个具体研究取向：一是关注居住生态，指出农民工被排斥在城市住房体系之外并非只是因为经济贫困，更因为制度上的隔离与公民权的二元化（陈映芳，2005；蓝宇蕴，2007；苏黛瑞，2009）；二是从应用角度，关注其居住不平等现象，并借鉴西方"贫民窟"治理经验尝试进行本土化政策创设（朱明芬，2009；杜凤娇、宁越敏，2015）。

这两个方向的研究涌现出了大量有价值的学术成果，不过在笔者看来，它们依然存在缺憾：一是现有研究一定程度上放大了城市人口与农民工在居住空间上的隔离现象，忽视了这样一个事实，即因土地制度差异，在中国城市中一般不会形成与南美洲国家和印度城市"贫民窟"（slum）

---

* 原文刊登于《北华大学学报》（社会科学版）2019 年第 5 期。
** 王星，南开大学周恩来政府管理学院教授、博士生导师，研究方向为经济社会学、技能形成。

类似的隔离居住格局①（联合国人居署，2006）；二是多渗透着一种城市精英主义式情怀，将农民工视为整体一块并对其居住选择进行价值判断，忽略了这部分群体的主体性。其实，在居住偏好选择上，不但农民工群体之间存在差异，而且即便是外来流动人口集聚的"新移民社区"②内部也存在非常大的异质性（李志刚、顾朝林，2011：219）。所以，有学者倡导应该回到行动者主体性中，关注行动者的自我选择机制（毛小平，2014）或农民工群体城市定居的意愿（叶鹏飞，2011）。本文正是一种找回农民工主体性的尝试，具体讨论两个问题：一是分析农民工城市居住选择上的行动特征；二是尝试从行为与结构互动的视角建构新理论框架以解释形塑农民工居住选择行为的因素。

二 居住选择行动背后：经济成本抑或社会资本？

城市住房问题是农民工群体实现社会融入的现实阻碍之一，在住房资源获取上，候鸟式的农民工流动人口面临"市场与政府双重失灵"的困境（王星，2013）。在这样的背景下，学界逐渐将视野聚焦于城市农民工如何在城市里"落脚"之上，基本形成了如下两条解释路径。

一是经济成本驱动论。芝加哥学派城市社会学生态理论较为系统地讨论了经济成本对城市移民居住选择的影响，认为"房租梯度"导致了居住生态区位差异，不同位置会被不同社会阶层所占据，对于城市新移民来说，一般都会寻找最便宜的房子（Spates and Macionis, 1982）。延续此解释逻辑，经济成本驱动论认为农民工城市居住选择受制于"成本－收益"曲线，便宜性和便利性是其选择行为的原则。换言之，房租成本与通勤成本是影响农民工群体选择居住地的首要因素（国家统计局，2014；王星，

---

① 无论是南美洲国家（如巴西）还是印度，城市化都导致大量贫困农民流入城市之中。由于这些国家实行土地私有制，贫困农民多是出卖土地后举家搬到城市之中的。在城市住房短缺的背景下，这些贫困流动人口只能住在便宜简陋的房屋中，如此聚集就形成了"贫民窟"。而在中国城市化进程中，大量农民工实际上在农村老家一般都有宅基地，这些土地无法出售，因而流动农民工一般不会长期定居于城市，而多是以候鸟形式往返于城市与农村之间，同时也使城市中没有形成巴西和印度那样的贫民窟。不过，中国城市中存在由于城市空间扩张而形成的"城中村"，城中村的形成机制、内部结构以及空间安排均与"贫民窟"有着很大差异。

② 这种均质性更多地体现在地缘上，而在职业结构、居住偏好、居住结构、本地人与外地人的互动关系上，不同新移民社区间存在巨大差异。

2013)。该理论认为,农民工居住地是"权衡房价和职业需要"后的理性选择结果。可是事实并非如此简单。有研究发现,相较于低廉房租来说,薄弱管控才是流动人口选择居住地更多考虑的因素(李志刚、顾朝林,2011:210)。还有学者指出,农民工居住选择与经济收入因素相关性不大,而是与其流动频率显著相关(林李月、朱宇,2008)。而且如果是单纯经济理性作用的话,那么为何在城市中会出现职业类型不同、经济收入水平差异较大的流动人口聚居区呢?"浙江村"就是典型例证。正如有些学者所言,基于地方感(sense of place)和乡土关系建立起来的社会网络才是影响流动人口城市居住选择的关键变量(Zhang,2001;项飚,2000)。

二是社会资本作用论。该理论认为,在农民工群体居住选择的过程中,基于乡土关系结成的社会网络比经济因素的影响更大。首先,在信息获取上,就业信息、房源信息乃至生产信息的共享需求推动了农民工群体选择老乡聚居。项飚在研究"浙江村"的过程中发现,浙江人是通过"链式流动"来到北京的(项飚,2000)。其次,有助于建立社会信用,压缩居住选择中的交易成本,老房客能够成为后来求租老乡的信用"预审员"(李志刚、顾朝林,2011:220)。最后,更重要的是,同乡聚居能够增强农民工居住空间内部的身份认同和凝聚力,由此产生的"邻里效应"能够在一定程度上提升社区的互助福利。在社会资本作用论者看来,农民工流动到城市,"社会场所改变了,但并没有根本上改变乡土社会网络的边界"(李培林,1996),他们选择同乡聚居不但有利于降低其"搜寻"成本,而且能够依赖"社会关系展开自己的经济行为"(张文宏,2011),增加其福利及抵御风险的能力。

笔者以为,社会资本作用论是对经济成本驱动论结构主义解释倾向的修正,如林南所言,社会资本是"行动者获取和使用嵌入在社会网络中的资源"的一种行动(林南,2005:24)。这种带入群体主体性的解释路径具有很强的解释力,尤其是对于乡土情结更为浓厚的第一代农民工群体更为适用。[①] 但是,随着城市化进程的加速,以及城市空间治理从最初的"清理隔离"逐渐向"同化疏导"转变,这种基于乡土关系形成的移民社区边界也逐渐模糊。[②] 而且,即便是在农民工群体聚居的移民社区中,社

[①] 可以说,在20世纪90年代末到21世纪初,很多城市涌现的流动人口聚居的新移民社区——"浙江村""新疆村""河南村"——就是例证,社会资本的作用逻辑在其中得到了集中体现。

[②] 如曾经是浙江人聚落的"浙江村",现在已经成为北京的商圈——大红门,原初的居住隔离现象基本消失了。

会资本的作用力也不尽相同。李志刚、顾朝林的研究指出，与"浙江村"不同，在"安徽村"内，"流动人口之间来源混杂，各操己业，来往很少，即便是来自同一乡村也不愿走得太近"（李志刚、顾朝林，2011：219），彼此间社会关系松散，多选择"散点状"独立居住。而且，现今大城市里的所谓新民社区，无论是在流动人口密度还是在本地居民置换程度上都呈现下降趋势，"小聚居、大混居"的居住格局成为主要的居住形态。在笔者看来，流动人口城市居住生态的这些新变化实质上对过去的理论解释提出了挑战，无论是经济成本驱动论还是社会资本作用论，在现今都产生了诸多盲点，理论框架创新显得尤为必要了。

三 农民工居住选择行动中的主体、工厂与国家

很多经验研究已经证明，农民工群体城市居住选择过程中，经济理性原则贯穿始终。但是经济理性的社会嵌入性同样也是不容否认的社会事实，农民工群体居住空间分布上的同乡化与同质化趋势正体现了社会资本作用。面对这样的解释困境，笔者以为只有回到农民工群体的主体性，细分居住选择行为的结构，方能调和经济成本驱动论与社会资本作用论之间矛盾之处，以更清楚地透析农民工群体落脚城市的过程。

对于农民工群体来说，其城市居住选择行为在结构上应该包括三个部分，即居住区位的选择、居住方式的选择，以及居住质量的选择。所谓居住区位，是一个带有空间社会学色彩的概念，指居住选择在空间上呈现的状态或特征。它可以指涉地理空间上分割的、主要根据功能划分的物质空间，比如开发区、制造业区等；但更主要的是指社会空间上的区位分布，即指城市空间里"具有相同或相似社会经济属性、宗族种族乃至行为心理的社会群体所占有的空间"（李志刚、顾朝林，2011：1）。空间社会学认为，农民工群体城市居住区位属于与主流社会空间分异的边缘空间，主要表现为不同的居住空间带，以工业密集的近郊和外郊为主，比如上海外来人口在空间分布上呈现倒 U 字形，集中在近郊区以环状形态分布；北京的外来人口则主要分布在外郊工业密集区（李志刚、顾朝林，2011：92、102）。所谓居住方式，是指外出农民工在城市中选择居住地的类型。与居住区位强调宏大空间规划不同，居住方式更强调与日常生活密切相关的社区空间。一般而言，所依据的划分标准不同，居住方式类型也就不同。国家统计局根据住所类型对农民工居住方式进行了分类，分为"单位宿舍、

工地工棚、生产经营场所、务工地自购房、租住房（与他人合租和独立租住）"等（国家统计局，2014）。有学者从社区类型差异角度，分为居委会社区居住和村委会社区居住。也有根据群体规模分类的，如区分为群体性居住与独立或家庭式居住模式等（侯慧丽、李春华，2013）。上述居住方式多是基于收集数据便利角度进行归类的，缺乏属性上必要的理论抽象。本文将农民工群体居住方式分为集中居住和分散混合居住两种类型。集中居住主要是指大批外出农民工聚居在一起，"宿舍体制"是典型表现；而分散混合居住则是指与城市居民共同居住在一个社区空间中，可以是购买商品房居住，也可以是租住。所谓居住质量，是指居住地的住所条件以及与居住生活相关的配套环境状况。在城市，无论是保障性住房还是商品房，政府住建部门对其均有强制性质量标准，涉及施工质量、用料质量、规划设计质量、环境质量等多方面内容。一些空间社会学者采用社会区分析和因子生态学分析方法，根据人口密度和分层、居住状况等指标计算出社会空间结构模式（Shevky and Bell，1955），从而对社区的居住质量进行定量测算。还有些社会学者根据环境质量、医疗设施、物业服务等公共设施的可达性来衡量社区的居住质量（Smith，1996）。一般而言，对于居住质量的测量多采用多指标综合评分法，根据居住面积、住所适宜度、自然环境、配套设施、公共服务、邻里关系等，通过计算可以得出每个居住社区的质量等级。在本文中，笔者将农民工群体居住质量归类为硬件质量和软件质量两个部分。硬件质量主要包括居住配套设施、住房工程、规划设计、居住密度状况、社区环保等内容；软件质量主要包括物业服务状况，政府文化体育、卫生、医疗、教育等公共服务配套状况，邻里社会关系，社区治安状况等内容。当然，除了上述的客观表征外，居住者的主观体验也是居住质量中的重要内容，比如居住满意度也是居住质量的体现。

在农民工群体选择居住地而落脚城市的过程中，居住区位、居住方式以及居住质量的选择构成了一个相对完整的选择行为结构谱系。对于农民工个体而言，居住区位、居住方式以及居住质量三个层面的选择考量会有一个先后次序：居住区位选择是第一阶段，然后是居住方式与居住质量的选择。

（一）居住区位选择中的国家

空间社会学理论认为，居住区位不是行动者能够主观随意决定的，而是受制于经济社会结构。恰如Wilson所指出的，以"去工业化"和"第三产业化"为核心内容的经济产业重构及产业转移导致城市居住空间结构分化，带来了美国城市化过程中的所谓"逆城市化"现象——中产阶层居住"郊区化"，而边缘群体则受困于内城贫困区（Wilson，1987）。经典的城市空间结构解析模型 AMM（Alonso-Mills-Muth）模型（Alonso，1964；Mills，1967；Muth，1969）在分析消费者选择居住区位时指出，由于空间不匹配现象存在，所以地租区位差异导致的居住成本与通勤成本是影响消费者居住决策的关键因素。但是 AMM 模型中竞租曲线的有效性是建立在土地私有化和竞争性住房市场前提之下的，而且该模型比较适用于消费者在"租房与买房"间进行选择权衡的情况，既没有考虑到居住区位选择背后的社会成本，也没有将国家干预因素纳入其中进行考量。

所以，虽然居住区位的"空间分割"实质是源自"社会分割"，但是在中国城市空间分化过程中，这种机理同样适用——居住分层乃是社会结构分层的象征符号（Bian and Logan，1996；李强、唐壮，2002；刘欣，2005；甘满堂、王岩，2008），但二者的区别在于，与中国农民工居住区位选择不同，西方消费者居住区位空间分化更多是市场选择的结果，是建立在"空间私有化"基础上的；而对于中国农民工而言，其居住区位选择是在国家行政主导型城市化背景下进行的，地方政府通过"空间营造"方式规划了各类生产园区，从而在空间上也将农民工群体的居住区位划定了。正如有学者指出的，这实质上是国家"再分配"力量决定了城市居住格局，是单位"体制分割"效应的延续（方长春，2014）。当然，这种"体制分割"目前主要指涉的是单位属性间差异，但同样会投射到农民工居住区位的分布上。所以与西方发达国家的城市空间营造历程不同，中国的居住郊区化主体不是中产阶层，而是边缘群体。在中国城市化空间营造过程中，地方政府能力越强，农民工的居住区位郊区化趋势越明显。

（二）居住方式选择中的工厂体制

对于农民工而言，居住方式的选择是其落脚城市社会的重要步骤。在社会资本作用论者看来，虽然农民工群体选择集中居住乃是乡土社会"三缘关系"的城市延伸，但却易导致空间封闭，故社区混合居住有助于其"弱关系"式社会资本的培育，从而促进社会融入。不过，如上文所言，有研究已经证明，即便是在同乡农民工聚居的移民社区中，异质性也非常明显，同乡交往呈现减少趋势，其居住方式选择呈现一种"散点状"分布特征（李志刚、顾朝林，2011：219）。这种情况也得到了大样本调查的证实，2013年8月对全国8个城市2000多位农民工的抽样调查发现，"邻近老乡亲友"基本上不是其选择居住方式时所考虑的因素，考虑此因素的调查对象只占6.4%。① 在农民工选择居住方式的过程中，传统乡土性社会资本功能弱化既与城市社会中介组织的发展、网络信息获取便利性增强有关，也与新一代农民工城市生活经验累积有关。尽管经济成本和社会资本与农民工居住选择行动之间均存在相关性，但笔者以为，农民工职业类型是影响其居住方式的关键变量。有学者将农民工就业状态区分为正规就业与非正规就业两种类型，以考察二者在居住选择上的差异（Liu et al.，2013）。可长期以来，非正规就业在农民工群体中是常态，即便是《劳动合同法》出台后，非正规就业在农民工密集的行业依然普遍存在。2013年全国农民工监测数据显示，与雇主或单位签订了劳动合同的农民工比重只有41.3%。但在非正规就业现象普遍存在的行业中，建筑行业与服务行业的农民工在居住方式上存在很大差异：前者普遍集中居住在工地工棚中，而后者居住选择则更为多元化（国家统计局，2014）。

在本文中，笔者将职业类型区分为加工制造业和服务业两大类型，前者属于工业范畴，后者则属于第三产业范畴。尽管这两类行业生产价值链条中有高端与低端之别，但就中国农民工群体的职业身份而言，他们从事的多是处于生产价值链低端的低技能依赖职业。可以说，中国在发展过程中基于"劳动力红利"的低成本比较优势模式极大程度上塑造了农民工城市居住空间的形态。换言之，形塑农民工居住方式的背后力量是中国的"工厂体制"（Wu，2008）。在布洛维看来，所谓"工厂体制"就是工厂生产劳动的组织机制，对"工人的理性专制"是其核心内容，它"建基于劳动力再生产与生产过程的统一"（Buraway，1985：126-148）。在"工厂体制"作用下，会形成与工厂生产方式相匹配的居住类型，比如美国的底特律，其居住格局基本上是围绕汽车产业而分布的。在中国，"工厂体制"对农民工城市居住选择的影响主要表现为如下两方面。一是在居住区位上，出现大量的工人集中聚居的空间带。各大城市建设的蓝领公

---

① 数据来源：教育部哲学社会科学研究重大课题攻关项目"流动人口管理和服务对策研究"调查。调查于2013年8月在上海、天津、广州、武汉、成都、兰州、哈尔滨七大城市同时展开，调查对象为"年龄16周岁以上，户口不在所调查城市，有工作或正在找工作，且在本地居住或企业工作一个月以上的城市流动人口"。通过配额抽样和便利抽样相结合的方式，每个城市完成500个样本，其中80%为农民工。在经过奇异值剔除和缺失值处理后，获取有效数据样本3801份，其中农民工样本为2612份。

寓就是一种代表，工业革命时代遍布全英的"工厂村"亦类似（Pollard，1965，转引自任焰、潘毅，2006）。二是在居住方式上，表现为农民工被集中安置的工厂宿舍或工厂社区，"集中居住，私人空间集体化"是典型特征。

笔者调查发现，当农民工群体面临"要工作还是要离住所较近"的两难困境时，绝大多数会改变现有居住方式而迁就工作。而且，对于农民工群体而言，虽然流动性会对其居住选择产生影响，但是只要转换的职业类型依然属于"工厂体制"下的大规模加工制造业，那么其依然倾向于选择集中居住方式。而对于从事服务业，比如家政服务、饭店服务、城市保洁等的农民工，由于用工方式和工作时间弹性化，资本无须也无兴趣为了控制和加班便利而将其集中安置，这种情况下，此类行业的农民工多会选择分散混合居住方式。① 因而，农民工城市居住方式的选择与产业类型密切相关，低技能依赖型加工制造产业规模越大，那么农民工在居住方式上集中化程度越高。

（三）居住质量选择中的农民工主体

居住质量是目前学界讨论农民工群体城市住房问题关注最多的内容。一般而言，目前的研究基本上立足于城市群体住房贫困的角度，认为农民工群体城市居住无论在质量上还是在权利上都处于被排斥和边缘化地位（刘传江、周玲，2004；任焰、梁宏，2009；郑思齐等，2011）。客观而言，农民工城市居住整体上质量低下，这不但体现在其集中居住在工厂宿舍或工棚，而且体现在农民工分散居住的地方也多属于管理薄弱、租金便宜的城市底边社区。这些社区，一般人员混杂、建筑密度大、居住面积狭小、绿化率低、公共卫生状况恶劣、住所内配套设施简陋且不齐全；而且在软件上，往往也是物业配套服务滞后、治安秩序混乱、社会管理服务不到位。可吊诡的是，尽管农民工群体的居住质量都比较低下，但他们对于在城市居住的满意度比较高，在一项调查中，选择满意或比较满意的农民工占样本总数的61%左右。② 而且，改善居住质量往往并不是农民工群体变换住所的首要动机，更多的是工作变动影响了其居住稳定性。所以，尽

---

① 有学者根据住房资源供给方，将这两种居住方式定义为资本主导型和社会主导型，具体参见任焰、梁宏（2009）。
② 数据来源：教育部哲学社会科学研究重大课题攻关项目"流动人口管理和服务对策研究"调查。

管农民工选择居住地时会考虑住所的软硬件质量，而且这或许是他们唯一能够依据自身经济支付能力而自我选择的东西，然而，这些东西却是他们在城市社会空间里居住生活时最不在乎的。虽然目前有些研究也指出，在居住质量的要求上，农民工群体内部已经显现一定的代际差异（王星，2013），但是两代农民工针对居住质量的选择行动基本上均是以服务工作为基准的，上班"便利性"原则作用始终。遗憾的是，长期以来，中国农民工群体在居住质量上的这种主体性状况并没有受到足够关注和重视，而由此推演出来的以改善居住质量为主导取向的政策实践行动不但效果不显著，反而可能导致资源的浪费。2013 年，《美国政治和社会科学年鉴》上刊发了一篇题为《制造居住隔离：住房政策是如何形塑低收入少数族裔家庭居住格局的》（"Segregating Shelter: How Housing Policies Shape the Residential Locations of Low-Income Minority Families"）的文章，该文章系统评估了美国针对贫困家庭住房补贴政策的实施效果。文中指出，为了提高贫困家庭的居住质量，美国住房政策以住房券方式补贴贫困者以鼓励其到市场上选择满足政府居住质量标准的住所。这种政策从理论上看是可行的，也是市场至上主义者一直倡导的理想救助模式。但是由于没有考虑到贫困者的主体性，在实际执行过程中，不但没有改善贫困家庭居住状况，相反，对居所严格的质量审查机制，导致这些贫困家庭为了寻求满足条件的居住地而不得不总是搬家，从而使这些家庭根本没有时间去融入当地社区。换言之，尽管政府吸纳了市场化手段，可这种忽略贫困者居住选择主体性的政策安排带有强烈的父权主义色彩，不但未能起到预期的政策效果，反而制造了新的居住隔离（Deluca et al., 2013）。对于中国农民工群体而言，在城市里落脚的时候，居住稳定性或许比居住质量更为重要。而且，由于农民工群体的流动性持久化特征，以及城市在居住资源配置上的政策排斥，他们在居住选择的过程中，意在改善居住质量的经济投入动机并不强烈，属于典型的"重生产、轻生活"情况。另外，虽然农民工整体收入水平较低，但在农民工群体内部，经济收入差距现象逐渐凸显，有技能农民工的年收入不但比无技能农民工高出55%左右，甚至比普通白领高出 30%~50%。笔者调查发现，经济支付能力不同的农民工在居住质量上并无多大差别。如果有差别的话，也仅仅体现在居住建筑的类型上，而在居住配套设施以及满意度上并没有什么差别。

四 无奈的结论：选择的可行能力在何处？

"可行能力"是著名经济学家阿马蒂亚·森提出的一个非常重要的概念，他在《贫穷和饥荒》（*Poverty and Famines*）一书中首次提出了可行能力（capability）概念，并在《以自由看待发展》（*Development as Freedom*）一书中进一步阐述了此概念。所谓"可行能力"是指社会成员"有可能实现的、各种可能的功能性活动组合……（功能性活动组合）包括吃、穿、住、行、社会参与等"，可行能力意味着有选择，而有选择的可能才意味着自由（森，2002：22~24）。据此，阿马蒂亚·森进一步指出，物质的匮乏并非造成贫困与饥荒的根源，对社会成员可行能力的剥夺才是其中的罪魁祸首。因而，在阿马蒂亚·森看来，虽然经济增长是社会发展的必要条件，但它绝不能成为目的，它只是"作为扩展社会成员享有自由的手段和方式，最终是为扩展个人实质自由服务的"，而且进步的社会发展应该是提升个人可行能力并扩展其享有的真实自由的过程。

在本文分析农民工城市居住选择的过程中，我们会发现，尽管20世纪70年代的经济自由化推动了大量农村劳动力的迁移浪潮，可是时至今日，在他们落脚城市的过程中，国家力量在城市空间营造上的主导地位以及"工厂体制"中强势的资本事实上已经规定了他们居住选择（尤其是居住区位和居住方式）的可能性。在本文中，笔者尝试找回农民工的主体性，对于农民工群体而言，城市中居住质量的提高虽然必要，但却不是他们最在乎的东西。这个颇让人无奈的结果提醒我们，在城市化进程中，政府在营造空间以及制定住房政策时，改善城市贫困流动人口居住质量固然重要，可是去除制度上的社会排斥、培养流动人口的可行能力或许更加重要。从理论上看，行动者选择主体性与结构之间的关系一直是社会学讨论的一个核心命题，经典社会学理论一般纠缠于"结构决定行动还是行动建构结构"的争论，不过，现在越来越多的研究主张将此争论悬置起来，通过解构理性的具体内容分析行动选择的情境性，进而解释不同内容的理性选择背后的成因。本文也正是这种理论视角下的具体尝试，笔者通过对农民工居住理性选择的具体内容进行分析，试图从理论上调和经济成本理论与社会资本理论之间的解释冲突，从而进一步思考抽象理性与实质理性之间的关系。当然本文只是做了一个理论解释框架的建构，还有待具体实证数据进行证明。

参考文献

陈映芳，2005，《"农民工"：制度安排与身份认同》，《社会学研究》第 3 期。

杜凤姣、宁越敏，2015，《拉美地区的城市化、城市问题及治理经验》，《国际城市规划》第 S1 期。

方长春，2014，《体制分割与中国城镇居民的住房差异》，《社会》第 3 期。

甘满堂、王岩，2008，《农民工住居边缘化与空间隔离——从城中村到城郊村》，《福建论坛》（人文社会科学版）第 1 期。

国家统计局，2014，《2013 年全国农民工监测调查报告》，国家统计局网站，http://www.stats.gov.cn/tjsj/zxfb/201405/t20140512_551585.html。

国家统计局住户调查办公室，2011，《新生代农民工的数量、结构和特点》，国家统计局网站，http://www.stats.gov.cn/ztjc/ztfx/fxbg/201103/t20110310_16148.html。

侯慧丽、李春华，2013，《梯度城市化：不同社区类型下的流动人口居住模式和住房状况》，《人口研究》第 2 期。

蓝宇蕴，2007，《我国"类贫民窟"的形成逻辑——关于城中村流动人口聚居区的研究》，《吉林大学社会科学学报》第 5 期。

李培林，1996，《流动民工的社会网络和社会地位》，《社会学研究》第 4 期。

李强，2004，《农民工与中国社会分层》，社会科学文献出版社。

李强、唐壮，2002，《城市农民工与城市中的非正规就业》，《社会学研究》第 6 期。

李星，2014，《江西农民工收入较普通白领收入高 30%～50%》，今视网，http://news.jxntv.cn/2014/0411/5160736.shtml。

李志刚、顾朝林，2011，《中国城市社会空间结构转型》，东南大学出版社。

联合国人居署，2006，《贫民窟的挑战——全球人类住区报告 2003》，于静等译，中国建筑工业出版社。

列斐伏尔，2003，《空间：社会产物与使用价值》，王志弘译，载包亚明主编《现代性与空间的生产》，上海教育出版社。

林李月、朱宇，2008，《两栖状态下流动人口的居住状态及其制约因素——以福建省为例》，《人口研究》第 3 期。

林南，2005，《社会资本——关于社会结构与行动的理论》，张磊译，上海人民出版社。

刘传江、周玲，2004，《社会资本与农民工的城市融合》，《人口研究》第 5 期。

刘欣，2005，《中国城市的住房不平等》，载《复旦社会学论坛》第 1 辑，上海三联书店。

毛小平，2014，《购房：制度变迁下的住房分层与自我选择性流动》，《社会》第 2 期。

全国总工会，2010，《全国总工会关于新生代农民工问题研究报告》。

任焰、梁宏，2009，《资本主导与社会主导——"珠三角"农民工居住状况分析》，

《人口研究》第 2 期。

任焰、潘毅,2006,《跨国劳动过程的空间政治:全球化时代的宿舍劳动体制》,《社会学研究》第 4 期。

森,阿马蒂亚,2002,《以自由看待发展》,任颐、于真译,中国人民大学出版社。

森,阿马蒂亚,2004,《贫困与饥荒》,王宇、王文玉译,商务印书馆。

苏黛瑞,2009,《在中国城市中争取公民权》,王春光等译,浙江人民出版社。

王星,2006,《城市农民工形象建构与歧视集中效应》,《学习与实践》第 11 期。

王星,2008,《调控失灵与社会的生产:以房地产业为个案及个案拓展》,《社会》第 5 期。

王星,2013,《市场与政府的双重失灵——新生代农民工住房问题的政策分析》,《江海学刊》第 1 期。

项飙,2000,《跨越边界的社区:北京"浙江村"的生活史》,生活·读书·新知三联书店。

徐月宾、张秀兰,2005,《中国政府在社会福利中的角色重建》,《中国社会科学》第 5 期。

叶鹏飞,2011,《农民工的城市定居意愿研究——基于七省(区)调查数据的实证分析》,《社会》第 2 期。

张文宏,2011,《中国社会网络与社会资本研究 30 年》(上),《江海学刊》第 2 期。

郑思齐、廖俊平、任荣荣、曹洋,2011,《农民工住房政策与经济增长》,《经济研究》第 2 期。

周飞舟,2007,《生财有道:土地开发和转让中的政府和农民》,《社会学研究》第 1 期。

朱明芬,2009,《农民工家庭人口迁移模式及影响因素分析》,《中国农村经济》第 2 期。

朱亚鹏,2007,《市场主导下的中国住房政策:问题与挑战》,《二十一世纪》(香港)第 12 期。

Alonso, William. 1964. *Location and Land Use*. Cambridge, MA and London, England: Harvard University Press.

Bian, Yanjie and Logan, J. R. 1996. "Market Transition and the Persistence of Power: The Changing Stratification System in Urban China." *American Sociological Review* 61 (5): 739–758.

Burawoy, Michael. 1985. *The Politics of Production: Factory Regimes Under Capitalism and Socialism*. London: Verso.

Chen, Aimin. 1998. "China's Urban Housing Market Development: Problems and Prospects." *Journal of Contemporay China* 7 (17): 43–60.

DeLuca, Stefanie, Philip M. E. Garboden, and Peter Rosenblatt. 2013. "Segregating Shelter: How Housing Policies Shape the Residential Locations of Low-Income Minority Families." *The ANNALS of the American Academy of Political and Social Science* 647: 268–299.

Gilbert, Neil. 2009. "Welfare Pluralism and Social Policy." In Midgley, Tracy and Livermore, Michelle (eds.), *Handbook of Social Policy*. Sage Publications.

Harsman, Björn and John M. Quigley. 1991. *Housing Markets and Housing Institutions: An International Comparison*. Dordrecht: Springer.

Johnson, Norman. 1987. *The Welfare State in Transition: The Theory and Practice of Welfare Pluralism*. Brighton: Wheatsheaf.

Liu, Zhilin, Yujun Wang, and Ran Tao. 2013. "Social Capital and Migrant Housing Experiences in Urban China: A Structural Equation Modeling Analysis." *Housing Studies* 28 (8): 1155 – 1174.

Mills, Edwin S. 1967. "An Aggregative Model of Resource Allocation in a Metropolitan Area." *American Economic Review* 57 (2): 197 – 210.

Muth, Richard F. 1969. *Cities and Housing: The Spatial Pattern of Urban Residential Land Use*. Chicago: University of Chicago Press.

Pollard, S. 1965. *Work Place: The Social Regulation of Labor Markets*. New York: Guilford.

Rose, Richard and Rei Shirtori. 1986. *The Welfare State East and West*. Oxford University Press.

Shevky, Eshref and Wendell Bell. 1955. *Social Area Analysis*. CA: Stanford University Press.

Smith, Neil. 1996. *The New Urban Frontier: Gentrification and the Revanchist City*. London: Routledge.

Spates, James L. and John Macionis. 1982. *The Sociology of Cities*. St. Martin's Press.

Wilson, W. J. 1987. *The Truly Disadvantaged: The Inner City, the Underclass, and Public Policy*. Chicago: University of Chicago Press.

Wu, Fulong. 2008. "China's Great Transformation: Neoliberalization as Establishing a Market Society." *Geoforum* 39 (3).

Zhang, Tingwei. 2001. "Restructuring and the Mechanism of Spatial Structure of Urban China in the 1990s." *Urban Planning Review* 7: 304 – 315.

媒介风险与个体安全

——基于社会实践结构论和社会互构论的视角[*]

戴冰洁[**]

当前学界普遍认为，我国已进入社会矛盾和社会问题的活跃期，社会建设和社会治理面临严峻的新形势。此种形势下的安全问题，关系着社会发展的质量，深深扎根于社会实践的结构系统和个体的主观感受，同时也被时代注入诸多新的影响变量，面临空前的挑战和不确定性。其中甚者当属互联网技术带来的媒介风险。

互联网技术的突飞猛进和日新月异，使得全球化背景下的人类社会交往名副其实地进入了"微时代"：微博、微信、微课、微小说、微电影、微旅行、微公益、微访谈、微社交、微动力、微心情……每种微产品都以"微"的谦虚姿态出现在人们生活中，在获取资讯、共享资源、沟通交流、娱乐休闲等方面给人们带来了前所未有的轻松和便捷。但是这些表面并不起眼的"微传播"和"微交流"，可能暗涌着并不微小的"大问题"，譬如网络犯罪，网络暴力，网络谣言、流言以及延伸到现实世界的各种群体性冲突事件、暴力事件等。类似的现象不断警醒着身陷互联网狂欢中的人们，微时代在带给人们上述显而易见的便捷的同时也蕴含了相当的媒介风险，个体安全的问题呼之欲出。这显然是新时期我们在进行社会建设和治理的过程中必须直面的问题。社会运行学派的实践结构论和社会互构论或能提供有效的分析框架。

---

[*] 论文原文发表在《人文杂志》2015年第2期。
[**] 戴冰洁，浙江传媒学院新闻与传播学院副教授，博士，主要研究方向为基层社会治理与媒介伦理。

一　风险景象：微时代的媒介风险

首先需要界定两个概念：何谓个体安全？何谓媒介风险？一般来说，风险和安全是一对孪生概念。个体的不安全感根源于外在的危险和风险。危险是显见的矛盾、冲突、问题，风险是潜在的可能与不确定性。社会互构论认为社会系统的安全问题最终将在个体的生活中得到表达，所谓个体安全，即"作为安全主体的个人与其外界环境及社会之间的和谐共存关系，是个人在客观上没有面临威胁、在主观上没有恐惧感受的一种状态"（杨敏、郑杭生，2007）。

指向媒介风险的个体安全意识觉醒于过去三十多年的社会实践和媒介传播，并迅速得到增强。譬如福岛核电站泄漏事故让我们惊恐于自身对技术和专家系统的过分依赖与信任；关于三聚氰胺奶粉、地沟油等食品安全问题的报道冲击着国人的神经；人肉搜索、网络暴力时时唤起置身于今日社会中的个人对安全感及强大内心的渴望；微博反腐在掀起草根民主意识和参与热情的同时，也一再拷问国人的政治信任度和道德底线……贝克关于"文明火山"的预言在过去的三十多年时间里，被一个个残酷的现实所证实，并经由强大、即时的媒体信息传播而让"风险社会"意识日益普及："我们生活在这样的一个社会里，危险更多地来自我们自己而不是外界。"（吉登斯，2001）

综合现有对网络风险、网络暴力、微时代的研究定义（谢俊贵，2010；李一，2007；姜方炳，2011；程驰、杨亚坤，2013；方兴东等，2013；邵璀菊，2013），本文将微时代的媒介风险界定为：互联网技术发展到高级时代（即时通信时代），虚拟世界的互联网技术风险和现实世界的社会风险经由个体网络行为主体的媒介信息交互行动而发生扩散、异化，由此引发个体焦虑、群体情绪异常、社会动乱不安等失范行为的可能性。这里的媒介信息交互行动，可以是微博、微信、QQ等建立在互联网即时通信技术基础上的信息平台上的传播行为（郑杭生、杨敏，2003）。

在实践结构论和社会互构论的视野下，全球范围内技术的风险、建构的风险、同情的风险以及个体化风险一同汇成微时代波澜壮阔的全球风险景观。下文将从全球化和个体化两个维度展开对媒介风险的分析。

二 媒介的全球化风险

风险是全球化的，媒介加剧并深化了全球化风险。从全球化的维度来看，随着现代性在全球的不断扩张、各种风险强度的提升和效应的加强，风险轻松跨越了国家和民族的界限，不再限定在特定的地域和人群中，形成了贝克语境中的"世界风险社会"。与此同时，全球的风险境遇与"社会的、身世的和文化的风险和不安全感相互重叠"（贝克，2004）。但是，当面临的风险与不安全感越来越显性化的时候，风险的制造者往往逃避责任，使个人被动地承担风险。

第一，就风险发生机制来说，微时代媒介风险主要是技术风险。纵观互联网的发展历程，在一轮又一轮的发展浪潮中，人类社交由传统网络走向即时网络。今日的信息沟通与昔日相比的最大差异在于由于科技的介入，"沟通"可以轻松超越时间、空间，甚至权力与阶级的围墙，实现"所有人对所有人"的自由传播。郑杭生教授在对"实践结构论"的定义中指出了当下中国社会实践发生八种结构性巨变的趋势，其中首要的就是科技创新和互联网技术的应用引发的社会信息化、符码化、数字化、网络化："这种发展趋势完全改变了传统上的时空内涵和形式，在地理限制几乎终结的同时，对时间限制的突破也达到了极致，社会事件更为频繁地从特定时空形式以及组织实体中抽脱出来，社会关系日益与'面对面'的互动情势相分离……一些不可触及的远距离事件甚至虚拟过程却越来越与我们的生活形成直接的牵扯。"（郑杭生，2006）在现实层面上，互联网时代的信息传送已经突破了传统的时空限制。在技术层面，任何信息只需在发表后六秒钟内不被删掉，就可以随时随地、不分对象和途径地传播开来。从技术网络到社会网络，现实社会与虚拟社会已然没有区别，由此实现了个人与群体、空间与时间的大串联。

建基于互联网繁荣而起的微时代媒介风险正是这种社会实践结构性巨变的形象演绎。顾名思义，"微"是这个时代的本质特征，并在内容指向、发生渠道、传播途径、作用对象方面有深刻体现。具体而言，在内容指向上，微时代的媒介风险指向"微信息"，一段文本、一张图片均可引发风险；在发生渠道上，微时代的媒介风险指向"微技术"，只需具备简单的网络信息上传、分享、评论等入门级操作技术；在传播途径上，微时代的媒介风险指向"微成本"，拥有互联网信号支持的智能手机、平板电脑、

PC 机等均可成为"微"风险的载体；在作用对象上，见"微"知"著"，微时代的媒介风险指向"微群体"背后的"大群体"，即小范围、针对性传播扩散机制背后的庞大可能人群。正是上述"微信息""微技术""微成本""微群体"，支撑起微时代现实风险和网络风险相互交织、重叠、产生破坏性共振的技术性基础，为社会建设和管理制造出潜在而巨大的风险源，使得各种互联网风险事件以及由此引发的公共危机层出不穷。

第二，就风险的发生源头来说，微时代的媒介风险主要是主观建构的风险。根据文化主义者的观点，很多风险是人为主观建构的。任何风险都是客观的风险可能和人们主观的风险认知的结合体。贝克也认为现代风险在知识里可以被改变、夸大、转化甚至削减，就此而言，它们是可以随意被社会界定和建构的。风险可能性的客观存在提供了认知基础，而相应的信息传播和主观认同则加剧了风险。现代社会的很多风险显然已经超越了民众的认知能力，并越来越呈现信息舆论主导的趋势。例如，2003 年 SARS 病毒来袭、非典肆虐的时候，中国南方各地哄抢板蓝根冲剂和口罩；再如 2011 年日本发生福岛核电站核泄漏事件之后，中国民众基于对核辐射危害的理解，掀起了抢购食盐的风潮……如此种种都是民众基于自身的认识理解和判断做出的风险应对。在一定意义上，人们对风险的认识比风险本身更加可怕。社会学有个著名的托马斯定理，即如果把一种情境定义为真实的，那么这种情境在结果上也必然是真实的。在风险社会里，很多风险即便不存在，经由民众的主观建构，也会成为事实性的风险，产生巨大的"公共化效应"（杨正联，2012）。这和传统时代的"自然风险"相比显然在风险源上更为复杂。任何恐惧、不满、不信任等情感经由微时代发达的信息传输技术得以迅速传播和扩散，便极有可能引发更大范围内的社会恐慌。

第三，就风险的传播依据来说，微时代的媒介风险主要来自情绪共鸣的风险。贝克指出："风险概念表述的是安全和毁灭之间一个特定的中间阶段的特性。在这个阶段，对有危险的风险的'感知'决定了人的思想和行为。"（贝克，2004）互联网就是一个巨大的信息生产与再生产系统，日新月异的互联网技术以及 2010 年以后迅速普及的智能手机使得原本就充斥着海量信息的网络世界迎来了更多饱含热情的个体化参与。相较于现实世界的情绪抒发对特定场所、载体等的时空要求，微时代的网络为人们提供了一个便捷、安全、易操作、可匿名的情绪宣泄场。在网络上，人们可以自由地发表意见，表达喜悦、抒发郁闷，并能在网络世界得到共鸣者的支持或好奇者的围观，网民可以产生较强的自我存在感。在这样的大背景下，社会民众空前高涨的关心公共事务的热情以微博、微信的形式诉诸网络社会，就成为必然的事情。一方面，只言片语"语录体"的即时表达符合现代人的生活节奏和习惯；另一方面，网络发言也成为民众自我娱乐、自我疏导、释放压力和情绪的有效途径。由此互联网技术使得个体的电脑和手机成为表达不满和诉求的法宝，成为弱者对抗强权的武器，但也可能引发公共危机和社会动荡。

三 媒介的个体化风险

除了全球化，风险社会理论界定风险的另一个重要维度是个体化。一方面，由于现代社会中存在多元的风险主体，而风险又具有超常规的不确定性，不仅遭遇风险者无法明确界定风险的责任主体，事实上诸多风险制造者本身也无法明确自己是否应该以及在多大程度上对风险负责，于是形成了"有组织的不负责任"，最终往往是弱小的个体被动地承担相关风险；另一方面，由于风险社会消解了工业社会中的组织和制度，"去传统的"个体化风险成为微时代风险的组成单位。在贝克看来，现代化进程使得人们从原来的社会关系规定中脱离或解放，同时失去一种传统的安全感（祛魅），然后重新被植入一种"新形式的社会义务"（贝克，2004）。正是一个个个体化的风险主体，构成了微时代背景下宏大的风险之流。

（一）微时代里被解放的个体风险

中国互联网络信息中心（CNNIC）发布的《第31次中国互联网络发展状况统计报告》和《第32次中国互联网络发展状况统计报告》显示，中国网民数已经处于高位，网民规模和互联网普及率增长都进入了相对平稳的时期。智能手机等终端设备的普及、无线网络升级等因素，促进了手机网民数的快速提升。[①]"第一时间连接人与人"，其独特的运作和传播机制把人类从不可逾越的时空限制中彻底解放出来，开启了超时空、超文本

[①] 参见中国互联网络信息中心（CNNIC），2012年1月15日，《第31次中国互联网络发展状况统计报告》；2013年7月17日，《第32次中国互联网络发展状况统计报告》。http://baike.baidu.com/link?url=Fi55n9yF4wXxE2w4syXZafkB0C9v8ROxKSHRQRjqkd1OBHi8Eo-Ll-BLYyCUw1Qjb.（因CNNIC的报告普及知晓率高，网信办官网信息更新快导致原网信办报告链接已被清理，故此处用的网址是百度百科的合并版）。

的即时互联时代。日新月异的互联网技术日益深入地把人们从传统的面对面时空沟通中解放出来,使之卷入互联网的技术世界和虚拟的网上世界,从价值观念、行为方式到生活习惯、关注议程、信息来源均突破了地域和时空的限制,实现了全球化、无障碍的海量信息冲浪。每个个体都是信息发出者,每个个体又都是信息接收者。网民之间的高频交互以及信息迅速传播扩散机制使得网上的信息世界成为一个群体匿名性显著增强、遵从性急剧减弱的"去身份"场,各种信息参差不齐、真假难辨,流言谣言夹杂着真相事实。特别是互联网市场盈利因素的天然介入,导致庞大的"专业写手""网络水军""网络推手"队伍以市场利润为导向,迎合网民偏好制造话题噱头吸引眼球,或故意炒作渲染混淆视听,甚至歪曲事实恶意中伤。由此,进入微时代的社会大众还没来得及好好享受信息解放的喜悦,"越知越无知"的痛苦,面对选择无所适从、不知所措、难辨真伪的"生存性焦虑"等各种迷茫就随之而来,反而让人怀念起当初信息流通缓慢时代"井底之蛙"的小小幸福。

(二) 微时代里丧失传统安全感的风险

在传统工业社会中,人们的传统安全感来自对家庭、民族、国家的信仰,由亲属、朋友、邻里等传统社会关系网络加以支撑。而在工业社会现代性与第二现代性的冲突中,个体化使得个体日益丧失这些传统安全感。个体化意味着个体生活对市场的全方位依赖,"个体从基于身份的阶级体系认同中解脱出来,脱离了固有的阶级和阶层模式,超越了身份和阶级,传统的社会支持网络对个体的支持和帮助丧失,人们不得不走向劳动市场,独自面对机遇和风险的挑战"(贝克,2004)。当全球资讯世界毫无保留地对个体开放,个体貌似掌握资讯发布接收的主动权时,市场法则开始取代传统信仰日益影响个体生活:一方面,人口流动性增强,血缘、地缘、亲缘关系的亲密程度日益让位于新兴的业缘、趣缘、志缘关系,后者开始逐步取代传统纽带,不断削弱着社会关系纽带的同质性;另一方面,由于微时代赋予大众无限的选择自由,个体社会关系和社会网络的形成也增添了大量的选择自主性,缔结永久性社会关系的可能性降低,人们找不到可靠的保障和长久的支持。此外,现代的公寓式居住方式和"足不出户联通世界"的"宅"现象使得个体变得越来越远离群体,加剧了内心的孤独感和不安全感。具体而言,个体化进程使得微时代里个人对社会、对政府、对他人的信仰都产生了怀疑,并由此首先在网络上衍生出大量的"生存性焦虑"。

一方面，随着网络反腐升温，政府公信力有所下降。网络舆论导向功能在惩治腐败，或通过主观建构然后抨击根本不存在的腐败来彰显正义力量方面发挥得淋漓尽致的同时，也使政府的形象受损。另一方面，伴随意见群体崛起，网民努力信息自救却遭遇困境。网民信息自救行为激增，意见群体的动员和主导作用越来越明显（张荣，2013）。微博汹涌的民意背后是改革开放三十多年来贫富差距日趋扩大的现实。从利益到主义，微博舆论规模越来越大，其关注的热点越来越深入，但在喧嚣和盲目的信息仰慕背后也实际地造成了"狂躁的少数"对"沉默的多数"的强暴。随之而来的问题是，意见群体们的出发点是不是关怀大众民生，在维护社会稳定方面是否有基本的共识。微博社交是一把"双刃剑"，它既可以成为匡扶正义的有力武器，也可以孕育或激化为可能的社会风险与公共危机。

（三）微时代里尚未能重新整合的风险

新的整合力量与形式的欠缺构成微时代风险里最大的风险。面对纷繁复杂的信息洪流，个体即便是被迫，亦唯有成为自己生活规划和实践的中心，并在此基础上产生自身认可的新的道德准则和行动规则，方能应对微时代里日常生活的不确定性。但是随之而来的是个体面临严重的"信息焦虑"。这种"信息焦虑"，来自个体深陷信息汪洋的焦虑性自觉，生怕因为错过某一重要的信息而使自身处于不利地位。具体到日常生活，表现为个体的智能手机使用强迫症（时刻不能离开手机，当手机不在身边时，就陷入焦虑，担心错过重要的电话和信息）、注意力集中困难症（即便手机在身边，也因为要时时关注网络信息，时时有更新需跟进，所以注意力不集中，工作效率不高）、粉丝（朋友圈）互动病态化（对应微时代的技术应用，点赞和评论是个体与世界他人联通的主要渠道。"今天你发帖了吗？""今天你点赞/评论了吗？"由此看来个体貌似在自主地运用媒介，事实上大多数人容易"网络沉迷""微博/信上瘾"，不知不觉地成为媒介所控制的信息终端，失去大部分的自主和自由，呈现精神的懈怠与麻木）。如此种种，都构成我国个体置身互联网发达、资讯便捷的微时代，深受现代性之全球化的长波进程和本土社会转型的特殊脉动两种力量形塑的生动体现。发达背后隐藏危机，便捷同时蕴含风险，化解当代媒介的个体化风险急需强有力规范的重构与新生。

四 维护个体安全：微时代媒介风险的治理

综上对媒介风险在全球化和个体化两个维度的体现的分析，我们可以确信，我国当前的个体安全状况与"现代性之全球化的长波进程与本土社会转型的特殊脉动"（郑杭生，2006）有着直接的联系。在一定意义上，这两股力量导致的社会问题和社会矛盾是我国个体安全问题的直接成因。

我们认为，微时代里媒介风险与个体安全的关系问题，说到底就是新型现代性背景下我国社会转型的现实经验事实与民众诉求的关系问题，媒介风险产生于个人与社会两大互动主体间的"互构共变"，也必然需要在社会关系主体的相互建塑和型构中得到解决。按照社会互构论的理路，个体和社会等关系主体在互构过程中是共时、共变的，这种共时共变并不必然意味着"完全一致、一一对应"，而是同时包含差异和冲突的过程。因而媒介发达带来的生活便利、社会进步是发展的"正向谐变"，前文里论及的媒介风险是"逆向冲突"，社会互构论主张者认为逆向冲突也是到达正向谐变的必由之路（郑杭生、杨敏，2003）。由此，我们可以进一步把"媒介风险"理解为：介于怀抱安全诉求的个体和充斥媒介风险的社会之间的，永恒的个人与社会互构主体在现代性之全球化和本土社会快速转型的特定互构时空，借由互联网技术和微博微信等传播媒介的互构形式，以信息的生产与再生产、传播与再审视的互构内容传播价值理念、表达利益诉求、匡扶社会正义或混淆信息视听、制造恶意舆论、破坏社会稳定的不同互构效应。"个体在日常生活中遇到的安全问题，往往映射出安全方面存在的深层隐患；相对于整体社会和国家安全，个体安全是真正的本体性安全；它不仅是每一个社会成员更经常、更普遍面对的问题，而且也是其他人类安全（社会安全、公共安全、国家安全）的基础和归宿。"（杨敏、郑杭生，2007）沿用社会互构论的思路，我们可以从现实性和潜在性两个角度出发，将个体生活中遭遇的不安全因素及其影响分为"现实的困境"和"未来的威胁"（杨敏、郑杭生，2007），有针对性地思考媒介风险的治理问题。

（一）政府、社会、个人协同互构，加强制度建设，治理媒介风险的现实困境

无论是从现代性之全球化的角度还是从本土社会转型的角度看，媒介

风险的根源都在于社会迅猛发展、繁荣发达的宏观现实和个体利益得不到充分尊重与维护的微观烦恼之间的矛盾、冲突。媒介全球化风险的技术原因表明目前我国社会的媒介素养和网络伦理建设远未到位；主观建构对全球化媒介风险的推波助澜显示了社会下层不满情绪的存在，如果没有相关政府部门、社会力量或群体行为的干预，此种风险势必引发更加严重的公共危机；网络情绪共鸣及其引发的媒介风险则昭示社会建设的现实与制度设计、民众期望的差距仍然较大。

就媒介风险已然造成的现实困境而言，政府是首要的治理主体，由制度性因素导致的"组织化的不负责任"现象在当前转型期的中国社会屡见不鲜。一方面是矛盾增多的转型期现实，另一方面是政府部门的各自为政。此种状况显然无益于对媒介风险的治理。因而，政府在加强制度建设方面的主动作为和长效机制是破解社会风险（包括媒介风险）现实困境的决定性力量。

与此同时，还需认识到社会是政府治理媒介风险始终的坚强依靠。媒介互联网技术发端于社会、应用于社会并最终影响社会，社会既是媒介风险的发生场又是作用场。互联网平台的开发商、运营商，互联网技术支撑部门，互联网上活跃群体与组织的媒介愿景、利益诉求等是否和社会与个人的和谐发展原则相一致，亦成为媒介风险治理的重要考量标准。如何使政府、社会、个体在协同互构的进程中达成共识，是当前治理媒介风险不可回避的问题。

（二）法制、道德、文化协同发展，培育共同价值，应对媒介风险的未来威胁

从个体化风险角度来看，媒介风险不仅仅来自个体意愿表达和行为的技术进步、情绪自觉，更与现代性之全球化对于原有工业社会中的组织和制度的消解有关，"去传统的"个体化风险已然成为微时代风险的组成单位。现代化进程使得人们从原来的社会关系规定中脱离或解放，同时又失去了传统安全感（祛魅）。当前的社会现实表明，社会与个人和谐关系的重建与再造呼唤一种"新形式的社会义务"的重新植入。这和社会运行学派对"社会共同体"和"共同价值"的倡导是一致的。

就如何应对媒介风险的未来威胁而言，社会共同价值和信仰的培育有助于构筑个体主观安全的屏障。互联网技术的发达大大增强了个体对主观风险的感知能力。一方面，现代社会里诸多的食品安全和社会治安问题在

不断削弱个体的自身安全感，但也必须看到别有用心的大众媒体、利益集团、网络个体有意建构不存在的风险来恶意强化民众对风险的主观认知。通过重构和再造社会共同价值和信仰，有助于个体明辨是非，在鱼龙混杂、泥沙俱下的信息洪流中把握真实的风险认知，避免主观建构对风险现实的加压。

另一方面，个体化风险的应对还需要在内部推进共同价值和信仰的认同。过去已然消逝，未来还没有到来，生活在今天的人们何以联合起来应对不确定性？在现代性之全球化和本土社会转型的双重力量作用下，当前社会整合的内在动力是人们对于安全感的诉求，即社会整合从需求促进团结向焦虑促进团结转变（贝克，2004）。置身微时代的个人境遇存在诸多不确定性，当人们日渐告别传统的"熟人社会"，走向"半熟人社会"以及完全的"陌生人社会"时，更新原有不适宜的社会整合方式，直面"在市场经济陌生人的世界建立社会共同体的挑战"（郑杭生，2009），在培育共同价值和信仰的同时，推进认同和实践就显得尤为迫切。

总之，媒介风险的治理指向媒介的社会属性和个体单位，也指向整个社会实践系统的完善与进步。从与社会良性运行逆向冲突的媒介风险到达真正正向谐变、与个体安全相一致的媒介繁荣，无论是政府、社会还是个人，都任重道远。

参考文献

贝克，乌尔里希，2004，《风险社会》，何博闻译，译林出版社。
程驰、杨亚坤，2013，《传统媒体试水"微时代"》，《新闻前哨》第12期。
方兴东、石现升、张笑容、张静，2013，《微信传播机制与治理问题研究》，《现代传播》（中国传媒大学学报）第6期。
吉登斯，2001，《失控的世界》，周红云译，江西人民出版社。
姜方炳，2011，《"网络暴力"：概念、根源及其应对——基于风险社会的分析视角》，《浙江学刊》第6期。
李一，2007，《网络行为失范》，社会科学文献出版社。
邵璀菊，2013，《"微浪潮"下的大学生思想政治教育》，《兰州交通大学学报》第5期。
谢俊贵，2010，《网上虚拟社会建设：必要与设想》，《社会科学研究》第6期。
薛晓源、周战超，2005，《全球化与风险社会》，社会科学文献出版社。
杨敏、郑杭生，2007，《个体安全：关于风险社会的一种反思及研究对策》，《思想战线》第 4 期。

杨正联，2012，《网络公共危机事件中的网民参与行为分析与公共管理应对》，《人文杂志》第 5 期。

张荣，2013，《从虚拟到现实：网络意见群体的舆论影响》，《人文杂志》第 5 期。

郑杭生，2006，《社会实践结构性巨变的社会意义》，《南方日报》12 月 7 日，第 A12 版。

郑杭生，2009，《促进中国社会学的"理论自觉"——我们需要什么样的中国社会学?》，《江苏社会科学》第 5 期。

郑杭生、杨敏，2003，《社会互构论的提出——对社会学学术传统的审视和快速转型期经验现实的反思》，《中国人民大学学报》第 4 期。

人口治理篇

利益威胁、文化排斥与受挫怨恨

——新"土客"关系下的移民排斥[*]

李 煜[**]

导 言

在中国的大规模快速城市化进程中，大量人口从农村和中小城镇流向大城市，城市间的流动也成为地域流动的常态，特大城市面临巨大的移民压力。据2016年国家卫生计生委流动人口司发布的《中国流动人口发展报告2016》，2015年，我国流动人口规模达2.47亿人，占总人口的18%。其中，中心城市吸收的跨省流动人口过半，流向中心城市的跨省流动人口占全国跨省流动人口的比例为54.9%。同时，家庭化流动趋势加强，流动家庭规模有所扩大。报告预测，未来一二十年，人口将继续向沿江、沿海、沿主要交通线地区聚集，特大城市人口将继续增长。

大量聚集的外来移民不但给流入地基于户籍的社会管理和公共资源配置带来了巨大挑战，也引发了本地户籍人口与外来非户籍人口之间的新"土客"之争[①]，这在超大和特大城市尤为明显。长期以来户籍管理体制所积淀形成的福利壁垒，造成大都市与移民流出地之间在社会经济水平、社会福利、社会服务和保障等方面差距较大。本地户籍人口一方面依赖于外来移民所提供的经济发展和生活便利，另一方面又因大都市本身资源承载能力不足和文化因素对移民有排斥心态，新生代移民的家庭化流动趋势也

---

[*] 论文原文发表于《学海》2017年第2期。
[**] 李煜，复旦大学社会学系教授、博士生导师，研究方向包括社会结构与社会态度、社会流动、社会研究方法、教育获得、婚姻匹配。
[①] 中国曾有"土客冲突"一说，土、客两词，是对当地不同族群按到来的先后进行的区分，本文借用这一说法来简化地指称今天城市中的本地户籍人口与外来非户籍人口这两大群体。

进一步激化了这一"土客"矛盾。为避免成为"福利洼地"、缓解"土客"矛盾,特大城市政府多以积分制度来分配社会资源和控制城市规模,有条件地为外来移民提供部分市民权益乃至最终的户籍准入。但这一政策并未能从根本上化解矛盾,在异地高考、义务教育阶段入学、福利住房分配、医疗资源配置等方面,都存在不少争议。尤其在当前特大城市控制人口总量的背景下,"土客"矛盾面临继续累积、发酵的可能。

学界对外来人口或者城市化中移民的研究很多,大多在两个方面展开并取得相当深入而丰硕的研究成果。一是从人口流动与户籍管理制度之间的矛盾入手,以维护流动人口的社会保障、公共服务以及其他各项公民权利为目标,分析现有体制弊端,探索改革路径,提出模式创新方案及未来发展走向,推进城市人口管理体制改革,促进新型城市化建设下公民权利与城市可持续发展的协调(例如,陆益龙,2006;彭希哲、郭秀云,2007;傅崇辉,2008;郑梓桢、宋健,2012)。二是围绕流动人口在流入地的社会适应、融入和认同展开研究,讨论影响流动人口社会融合的个体、社会和制度因素。在强调户籍的制度排斥作用之外,学者们认为外来人口客观社会经济状况、个人的社会网络和社会交往,以及当地社会歧视与社区参与开放程度都对移民的经济融合、文化融入、行为适应和身份认同等社会融合的各方面有重要作用(例如,任远、邬民乐,2006;王春光,2001;杨菊华,2009;张文宏、雷开春,2008;李培林,1996)。

多年来,大量研究似乎已经形成这样的共识:解决当前流动人口问题的关键在于两个方面。一是改革不适应人口流动的城市户籍人口管理体制,二是促进外来人口适应、认同、融入当地社会主流群体。但我们应该看到,阻碍国家外来人口政策和户籍制度调整的原因是多方面的,既有城市承载能力和资源的约束,也有现有体制本身的惯性和惰性,还有地方政府维护当地居民既得利益和满足民意诉求的考虑。在户籍人口既得利益和社会情绪之下,出于社会稳定的考量,政府在制定政策时不得不非常谨慎(张展新,2007;李若建,2001)。所以,流动人口融入问题不仅仅以国家和流动人口本身为行动主体,还直接与本地市民的态度有关。但城市居民对外来人口的态度、价值观念和政策偏好长期以来为学者们所忽视,客观而言,从城市居民切入的观察视角对于解决"土客"矛盾同样不可或缺(刘林平,2008;王嘉顺,2010)。

因此,为进一步推进本领域研究,我们不仅需要推进制度创新和相关政策分析,从移民的角度讨论融入,还需要加强对本地居民态度的研究,讨论如何让本地居民对移民有一个更加开放、包容、接纳的态度。只有整合政策设计、移民融入和市民接纳三方面研究，补上接纳研究这一短板，才能得以真正理解和化解新型城市化背景下的土客矛盾。本文拟在借鉴西方相关移民态度理论的基础上，以特大城市上海的实证调查资料为例，分析城市居民对移民态度的差异及其原因。

一 移民态度研究：利益威胁与文化排斥

对于作为民族大熔炉的美国，移民问题一直为其学界所重视。欧洲一体化后，欧盟内部跨国移民的迅速增加，也带来一波研究热潮。这些研究既包括移民的人员特征、动因和社会融入研究，也包括移民态度研究。移民态度研究的内容是当地人（包括本地区或本国公民）对移民及其文化持排斥还是包容的态度、人群间的态度分化和差异，以及差异的成因。具体又区分为互相关联的两个核心议题：当地民众对移民（包括非法移民）和移民政策的态度。因民众的移民态度对当地的选举、政策制定和立法有深刻影响，又与种族、民族、贫困和不平等等议题交错纠结，所以不但为政治学、社会学、人口学、心理学等多学科所重视，而且也是政府、社会和学界三方广泛而持久关注的明星话题之一。

从趋势上看，欧美民众在二战后曾经对移民持较为开放、接纳的态度，到20世纪70年代之后，社会对移民的态度逐渐趋于保守。近年来，随着欧盟一体化和全球化，在跨国移民数量迅速上升的同时，民众对移民的排斥心理日益强烈。

虽然西方学者的研究大多是针对国际移民的态度展开，但其基本原理仍然对我们国内移民的研究有很多启示。跨国移民与我们国内跨省移民虽有很多不同之处，但也有一些相似、可类比之处。如在可流动性上，因为《申根协定》取消了签证限制，欧盟内实现了跨国的自由流动，以及美国大量非法移民的事实存在，都使得边境控制这一原本最重要的移民限制措施受到了侵蚀，国际移民的流动比以往更为自由、更难以控制。从制度背景角度来看，各国拥有自己独立的财政体制。在我国地方财政"包干制"和"分税制"下，事实上也形成了地方政府只对辖区户籍居民福利负全责的格局。比较国际和国内移民，另外一个最大的不同在于，国际移民往往与当地居民之间有种族、民族、宗教、语言的差异，我国国内移民与当地居民在民族、宗教上的隔阂并不突出，但从生活习惯、方言等角度仍然可以辨别出群体差异。国际和国内移民的另一个相似之处是，大体都是经济落后地区向发达地区移民，移民主体从事体力劳务等社会地位较低的工作。

在西方移民态度研究中，要回答的核心问题是，什么样的人会更排斥、歧视外来移民。学者们做了大量的工作，从各个角度来回应这一问题。其中最主要的两种解释路径分别是利益威胁论和文化排斥论。

（一）利益威胁论

利益威胁论的核心是，社会个体及所属群体基于自利的原则，因为移民所带来的现实的、假想的或者预期的资源和利益的损失或威胁，而对移民产生排斥的情绪和态度。利益威胁论主要关注物质上、经济上的利益，假设人的利益计算和自利导向是构成移民态度的基石，并以此解释不同人口学属性或社会群体在移民态度上的不同。

利益威胁论中最有影响的假说是"劳动力市场竞争假说"。这一假说认为移民主要从事低端工作，会争夺低教育、低技能本地人的工作，降低低端工作的薪水，所以处于低端劳动力市场、职业稳定性差的本地人会排斥移民；而本地高端劳动力因低端商业、服务业和商品劳动力成本降低而获益，所以对移民持更为开放的态度（Scheve and Slaughter, 2001）。这一假说也得到了很多研究者以及跨国研究的支持（Citrin and Green, 1990; Espenshade and Calhoun, 1993; Ceobanu and Escandell, 2010），其认为劳动力市场的竞争是决定移民态度"关键而稳定"的因素（Mayda, 2005: 526）。但这一假说过于浓厚的经济学色彩也招致广泛批评，如 Hainmueller 等（2015）的研究表明移民态度不能为单一的劳动力市场位置所预测，其他的社会因素也扮演了至关重要的角色。

"资源摊薄假说"是另一个主流解释框架。这一假说认为移民的到来，势必要分享当地的社会公共服务、社会保障福利以及其他各种公共资源，涉及教育、医疗、住房、就业、养老、贫困救济等领域，也可能对本地的治安、环境、交通等公共服务和设施造成压力（Stoker, 1992）。这造成两个后果：一是本地的弱势群体对这些公共服务和社会福利保障更为倚重，大量移民的出现将令他们原有的福利和保障份额缩水或得不到应有的提升，所以社会弱势群体会对移民持更负面的态度；二是中产阶层等社会地位较高的社会成员是本地财政主要的税源，如果政府将过多税收用于保障移民，中产阶层所付税负的收益将减少，而赋税压力却不断增加。基于此的预测是，纳税越多的人将越排斥移民。

资源摊薄假说对于社会中上层成员的移民态度的假设并未得到学者们的认同。反对者强调，虽然中产阶层因为移民的增加而面临税负增长的压力，但根据劳动力市场竞争假说，移民降低了低端劳动力价格，中产阶层是受益群体。同时中产阶层一般受过高等教育，在意识形态上更倾向于自由主义，更支持自由移民，更少持有种族偏见，对移民更有同情心，所以中产阶层和受过高等教育者对移民将持更包容、正面的态度。

上述两个假说都是在微观个体层面解释移民歧视的成因和群体差异，它们都遵循经济理性人假设，强调利益的威胁是产生移民排斥的主要原因。具体而言，低收入、低受教育程度、低职业地位、非正规就业或失业者等社会经济结构地位较低的社会成员不仅因为劳动力市场的竞争，而且在日常生活中更受到移民的负面影响，所以更排斥移民；而高受教育程度、高收入的群体对移民持更正面的态度（Chandler and Tsai, 2001; Haubert and Fussell, 2006）。

学者们在上述两个假说基础上进一步延伸出"主观感知论"，认为利益和威胁不必一定是现实的、真实的，也可以仅仅是主观感知，只要在当事人的认知中存在，哪怕是猜测和臆想，也将影响其移民态度。在大众舆论、新闻传媒、政治宣传中，移民对当地福利的依赖和对社会秩序的伤害往往被夸大，成为社会问题和政策失败的替罪羊。受其影响，人们更可能会高估移民的威胁，进而强化移民排斥（Olzak, 1992）。主观感知论的另一个延伸性观点是"悲观预期假设"（pessimism hypothesis）：如果人们认为经济将要下滑，或预期自己未来社会经济地位将下降，也会防范性地产生移民排斥（Kiewiet and Rivers, 1985; Janus, 2010）。

（二）文化排斥论

文化排斥论是研究移民排斥的另一个重要范式。与利益威胁论更多的是基于个体的经济理性不同，其源起是 Blumer（1958）解释种族歧视的群体威胁论（Group Threat Theory）和社会认同理论（Social Identity Theory），分析的单位上升到了社会群体层面。移民与本地主流群体之间可辨别的行为习惯差异、文化习俗差异以及宗教差异，形塑和强化了社会群体间的边界和对本群体的认同。在当地人看来，"我们"和"他们"不仅在经济利益和社会权利上存在冲突，而且移民的涌入在社会规则、文化传统上也对本地主流文化形成冲击，威胁着本土文化和价值的保持和延续（Burns and Gimpel, 2000; Sides and Citrin, 2007; McDaniel et al., 2011），于是对外来移民的排斥似乎是捍卫当地传统文化的必然反应。

在相关文献中，文化排斥论有强弱两个版本。强版本直接与民族、国家认同相关联。移民文化被认为是异族文化，文化排斥被视为坚守国家认同、传承民族文化而获得正当性。在表现上，在西方社会除了肤色相貌，最易辨别的群体边界是语言和宗教，移民对当地语言和宗教的抗拒被视为缺乏融入的意愿和潜在的对抗（Citrin and Sides, 2008；Alba and Nee, 2003；Wright and Citrin, 2011）。而弱版的文化排斥论可以称为文化偏好观点（Hillman and Weiss, 1999），强调文化排斥是当地人维护本地文化的自然反应，特别是当本地人感到外来移民侵蚀当地的公序良俗，社会团结和社会认同受到威胁时，出于对家乡文化习俗、社会规范的坚持而自然产生的排斥情绪。基于文化排斥的预测是，外来移民在文化上与本地人差异越大，移民的数量越多、同质性越强，本地人将越能感到文化侵入的威胁，越产生排斥的态度。

在利益和文化之外，许多学者也从其他不同的角度来解释移民态度的差异，如"接触融合假说"是作为对文化排斥论的修正而提出的，希望借助"土客"两个人群的沟通交往，增进了解、降低敌意、减少排斥。这也是当前外来人口"融入论"的主要理论依据，但社会交往是否真能增强理解与包容一直处于争议中。学者们提出的"群间接触理论"认为接触的正面效应并非无条件的，虽然群体间的友谊可以降低敌意，但更重要的是本群对外群的威胁感知，如果外群威胁强烈，群间的日常接触和消极接触都可能强化偏见和不友好态度（Kanas et al., 2016）。也有学者从社区或国家的宏观层面，分析不同政策、历史传统、经济周期等对移民态度的影响，因与本文不直接相关，不再赘述。

二 特大城市的移民态度研究：指标与现状

西方移民态度形成的理论框架，其核心在于利益威胁和文化排斥两个解释逻辑。当研究的对象从国际移民转换到中国新型城镇化背景下的国内移民时，我们有三个议题有待回应和检验。首先，鉴于国际移民和国内移民的不同，在经验指标上应该做怎样的调整？回应这一问题时面临的最突出的挑战是如何在同文同种的条件下识别和区分文化认同，建构文化共同体的指标。其次，利益威胁和文化排斥的逻辑在国内移民排斥形成中是否仍然具有解释力？其强度会有怎样的变化？最后，在中国三十年改革开放、社会深刻变迁的大背景下，移民态度的形成又将有何本土特色？对于这些问题，本研究将尝试以实证调查数据为基础进行探索和初步回应。

本文所使用的调查数据来自上海社会科学院社会学研究所于2014年初完成的"上海市民社会心态调查"。该调查范围为上海市中心城区，抽样方式为分层随机入户抽样，调查对象为在沪居住3个月以上的上海常住居民，总样本量为1501，其中上海户籍居民占78.5%，非上海户籍居民占21.5%。需要说明的是，无论是否拥有上海户籍，被调查的常住居民在本文中均被视为现有上海城市居民，并进一步被区分为本地人、有上海户籍的和无上海户籍的"新上海人"（第一代移民）三类。其移民态度是针对未来的"新移民"的态度，当然这也可以在一定程度上折射已经共处一地的土客群体间的关系。

在移民态度的量化研究中，最常用的问卷测量题器会询问：对于外来移民，您希望是"增加"、"保持现有水平不变"还是"减少"？（Espenshade and Hempstead, 1996; Mayda, 2005; Citrin et al., 1997）这一测量源于长期民意调查的问卷。虽然在不同的调查中，措辞、询问方式和选项会略有差异（有时也会改为五分量表，如1994年的美国GSS，但在数据处理时通常会合并操作为三类），但语意核心不变，也经常用于时期间和跨国的比较。参考此设问方式，本文使用的调查数据的问卷设计如下。

E7.【出示示卡】对于在上海的外地人数量，您希望未来五年有何变化？

（1）可以增加一些（2）和现在差不多（3）最好减少一些（9）说不清/无所谓

结果显示，在所有被访者中只有4.9%的上海常住居民（包括非上海户籍居民）表示"可以增加一些"，36.8%的人希望"和现在差不多"，45.5%的人希望"最好减少一些"，另外有12.9%的人选择"说不清/无所谓"。整体上表现出移民排斥的倾向。

对此变量进一步的操作是，按惯例删除选择"说不清/无所谓"的被访者，同时对以上三项分别赋值[-1, 0, 1]使之成为定序变量，数值越大表明对移民越持排斥的态度。这一变量是本文核心的因变量，有效回答的样本量为1308。

在考虑多元变量分析之前，这里首先想呈现的是不同人群移民态度的差异。具体地说，即上海户籍人口与非上海户籍人口之间，上海户籍人口中的本地人与移民（新上海人）之间是否存在移民排斥及其程度的差异。这也就涉及本研究最主要的指标设计——对文化认同的操作化和测量。抽样调查是在上海实施的，所以对上海本地文化的践行是测量文化认同的核心。本研究首先以是否拥有上海户籍作为制度分割的指标，对于已经拥有上海户籍的人群，再以其母语是否为沪语来区分是否在上海文化中成长及其文化认同强弱。据此将上海常住人口区分为"上海户籍，且沪语为母语"（多出生在上海，至少为第二代移民或世居）、"上海户籍，沪语非母语"（多为第一代移民的新上海人）和"非上海户籍"三类人群，以其作为本地文化认同的指标，且程度依次递减。

表1显示了不同文化认同群体在移民态度上的差异。移民态度状况直接用移民排斥赋值的均值表示，取值在-1与+1之间，均值越大越排斥移民。表1的均值报告非常清楚地显示出，越是认同上海本地文化的群体，对外来移民的排斥感越强。而且从标准差的数值看，认同本地文化的人群，在移民排斥上的内部态度差异也较小。表1最后一列是对移民排斥的群体间差异的显著性检验，以"上海户籍，沪语非母语"的被访者为参照组，均值差异检验均显著，说明至少在描述统计的层次，文化排斥论在上海居民的移民态度形成过程中具有一定的解释力，对上海本地文化的情感、践行和认同，对移民态度有显著的负面效应，文化排斥论成立。下一步的工作是运用多元统计技术，考察利益威胁论在各个群体中是否成立。

表1 文化认同与移民排斥

	均值	标准差	样本量	均值差异检验
上海户籍，且沪语为母语	0.664	0.525	657	$t = 6.747$ ***
上海户籍，沪语非母语	0.431	0.579	404	参照组
非上海户籍	0.000	0.556	247	$t = 16.668$ ***
合计	0.466	0.601	1308	

*** $p < 0.001$。

三 利益威胁与移民排斥：模型的分析

因为因变量是定序变量，本文模型选用定序逻辑回归。模型分析的策略是在三个文化认同程度不同的子群体中分别建立检验利益威胁的移民排斥模型，以检视该理论的适用性并比较人群间的差异。这一分析策略可以避免混合异质人群所导致的统计结果含混不清。在控制当地文化认同的情况下，揭示不同群体在移民态度形成中可能的过程和不同机制（见表2）。

在模型自变量方面，本文首先考虑了两组变量。第一组是常规社会人口学控制变量，包括年龄、性别和受教育年限。本文中这些变量是作为控制变量纳入模型的，但在一些移民研究中，它们有时也作为社会地位的指标进入模型。如老年人和女性，因为处于相对弱势的地位，而且老年人可能对本地文化有更深厚的感情，预期均将有较强的移民排斥（Quillian，1995；Chandler and Tsai，2001）。为捕捉可能的曲线效应，模型也纳入了年龄的平方项。根据已有文献，年龄、性别的效应未得到一致而稳定的结果，本文仅将其作为控制变量而不做过多解释。如上文所述，已有研究在文化程度对移民态度的影响方面得到了较为一致的结果，即文化程度越高，相对职业技能越高，越得益于移民低端劳动力的服务，在政治态度上也越倾向于自由主义原则，对移民更为开放和包容。因为本文不涉及意识形态的区分，故也仅将受教育年限作为控制变量放入模型。

表2 利益威胁的移民排斥模型（定序逻辑回归）

	上海户籍		非上海户籍
	沪语为母语	沪语非母语	
性别（男=1）	0.409*	-0.144	0.202
年龄	0.121*	0.063	-0.009
年龄的平方/100	-0.155*	-0.061	0.025
受教育年限	0.050	0.003	0.010
家庭社会经济地位（自评）	-0.285*	-0.141	-0.083
家庭实际收入对数	-0.275*	-0.092	-0.057
个人纳税情况（年纳个税是否超过1000元）	-0.619**	-0.144	0.378
临界值（移民态度）			
可以增加一些	-4.005*	-2.811	-2.089
和现在差不多	-1.108	0.415	1.329
拟 R^2（Cox and Snell）	0.048	0.017	0.010
样本量	657	404	247

* $p<0.05$，** $p<0.01$。

第二组变量是以客观社会经济地位直接测量利益威胁程度的三个指标。根据利益威胁论，无论是劳动力市场竞争还是社会资源的摊薄，实际或相对受损程度较大、受损感知更为强烈的均为社会中下阶层群体。所以本文从三个方面对被访者的现实社会结构位置进行测量。一是自评家庭社会经济地位，是从"下层"到"上层"的五分量表，数值越大自评地位越高。二是家庭实际收入，取自然对数。三是个人纳税情况。现实生活中人们对间接税缺乏认知，这里直接询问的是"个人所得税"，估计有大量小额纳税者有遗忘忽略的情况，按实际填报数额计算反而不够准确，所以设置年纳个税 1000 元作为标准，区分出有实质纳税负担感知的人群（占全体样本的 24.1%）。按利益威胁论的预测，家庭社会经济地位越高、家庭收入越高，将越不排斥移民；年纳个税 1000 元以上的人群如作为较高收入群体的另外一个代表，将对移民更包容。但如果纳税人认为政府滥用资源于移民，就将对移民有更负面的态度。

表 2 报告了利益威胁对移民态度的模型非标准回归系数及其检验。结果显示，对于上海本地文化较少认同的两类人群（第一代移民为主的"非上海户籍"和"上海户籍，沪语非母语"），控制变量和测量利益威胁的各项指标均不显著，模型解释力极差。这说明对于第一代移民而言，自身的现实社会结构位置对其移民态度影响不大，我们将在下一部分讨论主观的威胁感知的影响。

对于"上海户籍，且沪语为母语"的人群，推测他们成长于上海，应该至少为第二代移民。不同于前两类人群，他们对上海有较深的文化认同和城市归属感。在单列这一群体的模型中，我们可以进一步检视在文化排斥之外，利益威胁是否对这一群体的移民排斥也起到了推波助澜的作用。表 2 的第一列是该群体的模型结果报告。不同于沪语非母语的外来移民，客观社会经济结构位置显著地影响了其对移民的态度。具体而言，家庭社会经济地位越高，对外来移民的排斥越小，系数为 -0.285，意味着家庭社会经济地位上升一级，认为移民态度倾向负面态度的优比下降幅度约为 1/4[①]。另外两个社会经济结构位置指标的影响模式相同，当家庭收入增加，或年纳个税超过 1000 元时，他们对外来移民的排斥性均有明显的下降。

下面总结已有的经验结果。首先，不同文化认同程度的群体表现出明显的文化排斥差异："上海户籍，且沪语为母语"的群体表现出最强烈的基于文化排斥的移民排斥，"上海户籍，沪语非母语"的群体次之，非上海户籍的移民排斥不明显。其次，将三个不同文化归属人群分开，以社会经济结构位置指标检验利益威胁论，发现"上海户籍，且沪语为母语"的

---

① 模型系数换算优比（odds ratio）的计算方法：exp（-0.285）≈0.752，下降约 25%。下同。

群体中效应明显，家庭社会经济地位越高，对移民排斥越弱，而其他两个群体中均未发现家庭社会经济地位对移民态度的影响。

四　过去与未来：利益威胁感知的时间维度

如上文所提及的，利益威胁可以是主观的感知和判定，并由此延伸出"悲观预期假设"，将利益威胁的感知拓展到未来的时点。受其启发，本文将被访者的主观经验进一步拓展到过去，在时间轴上包括过去和现在两个时点，并分别询问过去利益得失状况和对未来5年生活的预期。具体问卷题器如下。

C4. 总体来讲，您觉得自己在改革开放过程中是获利还是利益受到损害？
（1）获得很大利益　　　　（2）获得一些利益
（3）有得有失，总体持平　（4）利益受到一些损害
（5）利益受到很大损害　　（6）难以回答

B27. 您估计，5年后，您家的生活水平与现在相比将会：
（1）上升很多　（2）略有上升　（3）没有太大变化
（4）略有下降　（5）下降很多

在纳入模型时，根据过去利益得失状况删除选择"难以回答"的被访者，然后将两变量均以定距变量形式纳入模型。同表2分析策略，区别三类文化认同人群，分别计算模型，得到表3。

对于三类不同的文化群体，先看上海本地人（"上海户籍，且沪语为母语"）一栏。模型1在表2基础上增加了"过去利益得失状况"，该变量显著性水平很高（$p<0.001$），系数为1.035，转换为优比高达2.815倍。这说明，对于上海本地人而言，越是感到在改革开放过程中获利不多，甚至利益受损的群体，将越多地产生对外来移民的排斥。需要注意的是，当模型放入"过去利益得失状况"后，表2中客观社会经济地位变量显著性全部消失，即测量客观社会经济地位的指标均失去了预测力。这说明，客观社会经济地位指标与过去利益得失状况有较强的相关性，即那些现在处于较高社会经济地位的人群更多地认可自己在改革开放过程中获得的收益，也正是这些过去受益的人群对外来移民有较为开放、包容的态度，而那些自认为在过去未更多得益甚至利益受损的人群，对外来移民的排斥态度非常强烈。

表 3 利益威胁的移民排斥扩展模型（定序逻辑回归）

	上海户籍						非上海户籍		
	沪语为母语			沪语非母语					
	模型 1	模型 2	模型 3	模型 1	模型 2	模型 3	模型 1	模型 2	模型 3
性别（男 =1）	0.283	0.393**	0.278	-0.147	-0.173	-0.174	0.167	0.226	0.191
年龄	0.094	0.115**	0.090	0.064	0.065	0.065	0.002	-0.040	-0.029
年龄的平方/100	-0.129!	-0.150**	-0.126!	-0.062	-0.063	-0.063	0.012	0.062	0.050
受教育年限	0.009	0.048	0.009	0.004	0.002	0.002	0.007	0.003	0.000
家庭社会经济地位（自评）	-0.173	-0.243**	-0.152	-0.136	-0.060	-0.059	-0.069	0.011	0.023
家庭实际收入对数	-0.167	-0.275**	-0.166	-0.083	-0.055	-0.052	-0.054	-0.016	-0.014
个人纳税情况（年纳个税是否超过1000元）	-0.198	-0.597***	-0.189	-0.121	-0.061	-0.053	0.420	0.434	0.473
过去利益得失状况（获得很大利益=1,利益受到很大损害=5）	1.035***		1.023***	0.060		0.023	0.176		0.165
未来5年生活预期（上升很多=1,下降很多=5）		0.257!	0.157		0.373**	0.370*		0.521*	0.515**
临界值（移民态度）									
可以增加一些	-1.472	-3.438*	-1.147	-2.536	-1.412	-1.316	-1.417	-1.007	-0.391
和现在差不多	1.601	-0.538	1.925	0.692	1.838	1.934	2.012	2.468	3.095
拟 R^2（Cox and Snell）	0.136	0.053	0.138	0.017	0.029	0.030	0.014	0.029	0.032
样本量	657	657	657	404	404	404	247	247	247

! $p<0.1$, * $p<0.05$, ** $p<0.01$, *** $p<0.001$。

这一经验结果在理论上有重要的意义。首先，它在经验结果上否定了客观现实利益的威胁是上海本地人排斥外来移民的主要原因；其次，它在理论上打开了一个新的解释空间，即对过去利益，而且可能主要是与外来移民无关的政策变动中的得益、受损的感知，是影响现在移民排斥的主导因素。这一点我们将在讨论部分再行论述。

在上海本地人一栏的模型2中，增加"未来5年生活预期"变量，结果并不十分显著，原表2的客观社会经济地位指标的显著性基本不变。最后在模型3中，同时放入"过去利益得失状况"和"未来5年生活预期"进行稳健性考察，结果类似模型1，说明模型1得到的经验结论是可靠的。

对于后两类人群，即沪语非母语的"新上海人"，无论他们是否拥有上海户籍，其移民态度的模式是相同的。在表2中，他们的客观社会经济地位指标均不显著。在模型1中加入"过去利益得失状况"变量不显著，在模型2中加入"未来5年生活预期"，无论有无上海户籍均显著。这表明对这两类人群而言，过去利益得失状况不是他们移民态度的成因，而对未来状况的预判是其是否排斥移民的主要原因。如果预判以后的生活将日益艰难，他们会对移民持更为排斥的态度。模型3再次确认，"未来5年生活预期"是解释他们移民态度的主要变量。从系数上看，无上海户籍的"新上海人"受未来5年生活预期的影响更大，原因可能是他们在工作稳定性和生活水平上低于有户籍的"新上海人"，更容易受到外来移民的冲击。

在此小结表3的经验发现上海本地人的移民态度，很大程度上受对过去利益得失评估的影响；而"新上海人"的移民态度则取决于对未来生活状况的预判。

五 文化与利益：整合的模型

上述模型把人群分为三类，目的是控制文化认同的影响。虽然描述统计的表1已经显示出文化排斥的存在，但仍然有必要以全体样本为基数，在控制已有变量的前提下，确认文化排斥的存在及其独立性。表4即为总样本的回归分析全模型。

表4中模型1仅包含控制变量和文化认同的指标，以非上海户籍人群为参照组。结果正如文化排斥论所预期，随着上海本地文化认同程度的下降，三类人群的移民排斥依次减弱。最强的是沪语为母语的本地人，其次

是有上海户籍的沪语非母语人群,最弱的是参照组(非上海户籍人群)。这一文化排斥的强度模式,在模型 2 加入社会经济地位指标、模型 3 加入过去利益得失状况和未来 5 年生活预期之后,无论在强度还是显著性水平上均无明显变化。

表 4 的经验结果再次证实,即使在控制了表 2、表 3 的客观的社会经济结构位置或主观的利益感受后,文化认同对移民态度也始终存在稳定、独立的影响。文化排斥论得到了经验数据的有力支撑。

表 4　移民排斥全模型(定序逻辑回归)

	模型 1	模型 2	模型 3
性别(男 = 1)	0.147	0.161	0.096
年龄	0.035	0.082 *	0.076 !
年龄平方/100	-0.042	-0.098 !	-0.094 !
受教育年限	0.004	0.018	0.009
家庭社会经济地位(自评)		-0.200 **	-0.100
家庭实际收入对数		-0.153 !	-0.095
个人纳税情况(年纳个税是否超过 1000 元)		-0.248 !	-0.005
过去利益得失状况(获得很大利益 = 1,利益受到很大损害 = 5)			0.526 ***
未来 5 年生活预期(上升很多 = 1,下降很多 = 5)			0.260 **
文化认同			
上海户籍,且沪语为母语	2.365 ***	2.456 ***	2.419 ***
上海户籍,沪语非母语	1.468 ***	1.467 ***	1.361 ***
临界值(移民态度)			
可以增加一些	-0.813	-1.581	0.802
和现在差不多	2.360 **	1.622	4.075 ***
拟 R^2 (Cox and Snell)	0.166	0.185	0.215
样本量	1308	1308	1308

! $p < 0.1$, * $p < 0.05$, ** $p < 0.01$, *** $p < 0.001$。

六　结论与讨论

在快速发展的新城市化浪潮下,外来移民与本地居民出现了新"土客"之争,已有研究多围绕户籍制度改革和外来移民融入展开,而"土客"之争中另外一个主体——本地居民——的态度则是被忽略的。当前关于融入的研究已经数不胜数，本文试图呼吁的是，本领域的研究重心应适时从"融入"研究转向"接纳"研究。这不仅是因为市民是"土客"关系重要的关系主体之一，而且也因为政府决策的一个重要考虑因素是当地居民的民意诉求。地方政府对于户籍制度改革和外来人口政策的制定和实施，在很大程度上要顾及本地居民的民意态度和利益诉求。换言之，看似是地方政府与外来人口的矛盾，实质更多仍然是"土客"之争。在此，对本地居民进行简单的公民权宣讲或是粗暴的道德谴责，均无益于问题的解决。深入描述、分析和理解本地居民的移民态度是化解"土客"矛盾的重要基础。

本文借鉴西方移民态度理论，对上海这一特大城市居民的移民态度做了分析。经验数据结果表明，基于"土客"文化认同和差异而产生的文化排斥稳定而强烈，但以客观社会经济地位为指标的现实利益排斥则并不显著。当进一步将利益的主观感知按时间维度延伸，发现不同时间方向延展的主观感知对不同人群的移民态度有重要影响。对于本地人而言，过去的利益是否受损决定了他们排斥移民的程度，而对于沪语非母语的已定居移民（无论是否有上海户籍），对未来生活的消极预判会使他们对后来的移民更为排斥。

这一发现与现有理论并不完全相符。一方面，它支持了文化排斥论，但未支持利益威胁论。如上文所提及的，利益威胁可以是主观的感知和判定，并由此更进一步延伸出"悲观预期假设"。在这个意义上，已定居移民的态度符合"悲观预期假设"，对未来持更悲观预判的已定居移民，其移民态度更排斥，反之更包容。另一方面，对于沪语为母语的本地居民而言，影响移民态度的不是当前或未来源于移民的利益威胁，而是对改革开放过程中是否获益或受损的判断。它在很大程度上可能与移民无关，是对近二三十年来经历的总体感知，是长期积聚的社会情绪，是一种"受挫怨恨"，即社会成员在既往的生活经验中更多感受到的是利益受损、社会不公又改变无望，只好消极忍耐，这样的受挫经历会使他们积聚对他人、对社会的防范和排斥情绪，而外来移民作为"入侵"的他者群体，极易成为情绪宣泄的目标。

以上经验研究结果的价值在于以下几个方面。

首先，利益威胁不仅可以是主观的，在时间轴的两端——过去与未来——的利益威胁状况或预判，均可能对移民态度造成影响。这一假设拓展了"悲观预期假设",不但认可了对自身未来经济状况的预估会影响其移民态度,而且强调个体过去的经历,特别是过去所遭受的利益受损和不公的经验,也会对其移民态度造成影响。

其次,过去的利益受损经验,其含义不仅包括对移民涌入所造成的利益竞争的感知,还包括在社会整体不平等环境下,社会成员感受到利益受损、社会不公、投诉无门等的受挫经历,以及在此基础上积累的社会性怨恨情绪(刘能,2004)。

改革开放后,急剧的社会变迁和利益调整不可避免地使部分民众的利益受损。当这种损害不能被制度所及时调整,在数量上不断积累时,将导致心理上怨恨的产生。本研究的经验资料表明,在研究移民态度时,不仅需要考虑移民本身带来的物质利益的威胁和基于文化认同的排斥,还需要在更宏观的、历史的视野中,将移民态度视为更广泛的社会心态的子议题,结合改革开放三十多年来民众的心路变迁,才能更深入地理解本地居民的移民排斥。本文提出"受挫怨恨"这一命题,其意义也正在于此。

参考文献

傅崇辉,2008,《流动人口管理模式的回顾与思考——以深圳市为例》,《中国人口科学》第5期。

国家卫生和计划生育委员会流动人口司,2016,《中国流动人口发展报告2016》,中国人口出版社。

李培林,1996,《流动民工的社会网络和社会地位》,《社会学研究》第4期。

李若建,2001,《利益群体、组织、制度和产权对城市人口管理的影响》,《南方人口》第1期。

刘林平,2008,《交往与态度:城市居民眼中的农民工——对广州市民的问卷调查》,《中山大学学报》(社会科学版)第2期。

刘能,2004,《怨恨解释、动员结构和理性选择——有关中国都市地区集体行动发生可能性的分析》,《开放时代》第4期。

陆益龙,2006,《社会需求与户籍制度改革的均衡点分析》,《江海学刊》第3期。

彭希哲、郭秀云,2007,《权利回归与制度重构——对城市流动人口管理模式创新的思考》,《人口研究》第4期。

任远、邬民乐,2006,《城市流动人口的社会融合:文献述评》,《人口研究》第3期。

王春光,2001,《新生代农村流动人口的社会认同与城乡融合的关系》,《社会学研究》第3期。

王嘉顺，2010，《区域差异背景下的城市居民对外来人口迁入的态度研究：基于 2005 年全国综合社会调查数据》，《社会》第 6 期。

杨菊华，2009，《从隔离、选择融入到融合：流动人口社会融入问题的理论思考》，《人口研究》第 1 期。

郑梓桢、宋健，2012，《户籍改革新政与务实的城市化新路——以中山市流动人口积分制管理为例》，《人口研究》第 1 期。

张文宏、雷开春，2008，《城市新移民社会融合的结构、现状与影响因素分析》，《社会学研究》第 5 期。

张展新，2007，《从城乡分割到区域分割——城市外来人口研究新视角》，《人口研究》第 6 期。

Alba, R. and V. Nee. 2003. *Remaking the American Mainstream: Assimilation and Contemporary Immigration.* Cambridge, MA: Harvard University Press.

Blumer, H. 1958. "Race Prejudice as a Sense of Group Position." *Pacific Sociological Review* 1(1): 3-7.

Burns, P. and J. Gimpel. 2000. "Economic Insecurity, Prejudicial Stereotypes, and Public Opinion on Immigration Policy." *Political Science Quarterly* 115: 201-225.

Ceobanu, A. M. and X. Escandell. 2010. "Comparative Analyses of Public Attitudes Toward Immigrants and Immigration Using Multinational Survey Data: A Review of Theories and Research." *Annual Review of Sociology* 36: 309-328.

Chandler, C. R. and Y. M. Tsai. 2001. "Social Factors Influencing Immigration Attitudes: An Analysis of Data from the General Social Survey." *Social Science Journal* 28(2): 177-188.

Citrin, J and D. P. Green. 1990. "The Self-Interest of Motive in American Public Opinion." *Research in Micropolitics* 3(1): 1-28.

Citrin, J., D. P. Green, C. Muste, and C. Wong. 1997. "Public Opinion Toward Immigration Reform: The Role of Economic Motivations." *The Journal of Politics* 59: 858-881.

Citrin, J. and J. Sides. 2008. "Immigration and the Imagined Community in Europe and the United States." *Political Studies* 56: 33-56.

Espenshade, T. J. and C. A. Calhoun. 1993. "An Analysis of Public Opinion Toward Undocumented Immigration." *Population Research and Policy Review* 12: 189-224.

Espenshade, T. J. and Hempstead, K. 1996. "Contemporary American Attitudes Toward U.S. Immigration." *International Migration Review* 30(2): 535-570.

Hainmueller, J., M. J. Hiscox, and Y. Margalit. 2015. "Do Concerns About Labor Market Competition Shape Attitudes Toward Immigration? New Evidence." *Journal of International Economics* 97(1): 193-207.

Haubert, J. and E. Fussell. 2006. "Explaining Pro-Immigrant Sentiment in the U.S.: Social

Class, Cosmopolitanism, and Perception of Immigrants." *International Migration Review* 40 (3): 489 – 507.

Hillman, A. L. and A. Weiss. 1999. "Beyond International Factor Movements: Cultural Preferences, Endogenous Policies and the Migration of People, an Overview." In R. Faini, J. de Melo, and K. F. Zimmermann (eds.), *Migration: The Controversies and the Evidence*. Cambridge: Cambridge University Press.

Janus, A. L. 2010. "The Influence of Social Desirability Pressures on Expressed Immigration Attitudes." *Social Science Quarterly* 91 (4): 928 – 946.

Kanas, A., P. Scheepers, and C. Sterkens. 2016. "Positive and Negative Contact and Attitudes Towards the Religious Out – group: Testing the Contact Hypothesis in Conflict and Non-conflict Regions of Indonesia and the Philippines." *Social Science Research* 63: 95 – 110.

Kiewiet, D. R. and D. Rivers. 1985. "The Economic Basis of Reagan's Appeal." In John E. Chubb and Paul E. Peterson (eds.), *The New Directions in American Politics*. Washington. D. C. : The Brookings Institution.

Mayda, M. 2005. "Who Is Against Immigration? A Cross – Country Investigation of Individual Attitudes Towards Immigration." *The Review of Economics and Statistics* 88 (3): 510 – 530.

McDaniel, E. L. , I. Nooruddin, and A. F. Shortle. 2011. "Divine Boundaries: How Religion Shapes Citizens' Attitudes Toward Immigrants." *American Politics Research* 39: 205 – 233.

Olzak, S. 1992. *Dynamics of Ethnic Competition and Conflict*. Stanford: Stanford University Press.

Quillian, L. 1995. "Prejudice as a Response to Perceived Group Threat: Population Composition and Anti – Immigrant and Racial Prejudice in Europe." *American Sociological Review* 60: 586 – 611.

Scheve, F. and M. Slaughter. 2001. "Labor Market Competition and Individual Preferences Over Immigration Policy." *The Review of Economics and Statistics* 83: 133 – 145.

Stoker. L. 1992. "Interests and Ethics in Politics." *American Political Science Review* 86: 369 – 380.

Sides, J. and J. Citrin. 2007. "European Opinion About Immigration: The Role of Identities, Interests and Information." *British Journal of Political Science* 37: 477 – 504.

Wright, M. and J. Citrin. 2011. "Saved by the Stars and Stripes? Images of Protest, Salience of Threat, and Immigration Attitudes." *American Politics Research* 39: 323 – 343.

广州市外来人口聚居区的社会风险及其治理模式研究[*]

吴兴民　潘荣坤[**]

广州市外来流动人口的发展是其规模不断迅猛增长的一个过程，截止到 2013 年底，已达到 686.7 万人（张西陆，2014）。大量外来人口的涌入，使广州市已经固定成形地分布有繁多的外来人口聚居区。这些聚居区逐渐形成了外来人口在城市当中的区域特征，参与塑造着城市的文化性格，发挥着特别的社会功能，但同时作为一种不稳定的存在物，时刻给城市带来各种各样的社会风险危机，并且客观上已经超越了处于松散状态的外来人口所带来的社会风险。

一　广州市外来人口聚居区的基本状况

（一）外来人口聚居区的分布状况

为了方便描述和分析问题，本文根据最新的广州城市区划，把广州分为三个圈层：第一圈层为内城核心区（包括越秀、荔湾两区），第二圈层为内城外围区（包括海珠、天河、白云、黄埔四区），第三圈层为近远郊区（包括番禺、花都、从化、增城、南沙五区）。

按照这样的圈层划分，根据 2010 年第六次全国人口普查数据，广州市流动人口最多的区主要属于第二圈层。其中，白云区流动人口达到 149 万人，是广州市聚集流动人口最多的区。天河区为 82 万人，海珠区为 79 万人，黄埔区（包括现已合并了的萝岗区）为 50 万人。整个第二圈层的流

---

[*] 原文发表在《信访与社会矛盾问题研究》2016 年第 2 辑。
[**] 吴兴民，广东警官学院教授，研究方向为越轨社会学、社会管理学；潘荣坤，广东警官学院公共管理系讲师，研究方向为行政管理学、人力资源管理等。

动人口占广州市流动人口总量的58.58%。流动人口聚集第二多的是第一圈层，其中荔湾区达到40万人，越秀区达到35万人，共占广州市流动人口总量的12.32%。此外，位于第三圈层的番禺也吸引了大量的流动人口，数量达到86万多人。除番禺区以外的第三圈层占有广州市多数的土地面积，但是流动人口总量只约为93万人。[①]

总体来说，第一圈层属于典型的城市都会区，代表着现代城市的吸引力；第二圈层包含大量的城乡接合部，是现代都市向传统农村的过渡地带，兼具都市的魅力与乡镇的经济性；第三圈层则以集镇、乡村为主。流动人口流入的总体趋势是向城市核心不断集中。此外，在外圈层，流动人口向经济发展较好的建制镇集中的趋势十分明显。从总的流动人口流入分布来看，形成了以城乡接合部为主要聚居区的围绕城市核心地带的流动人口分布带，同时在外围又形成了以卫星城及经济发展较好的建制镇为聚居区的点状分布。

由此可见，外来人口聚居区的分布基本规律有以下两点：第一，外来人口聚居区通常集中在周边经济较为发达，经济活力较高，工厂较为密集，就业机会较多的地区；第二，外来人口聚居区基本都位于城中村较为密集的地区，例如白云区的同和，海珠区的凤阳、瑞宝，天河区的棠下，等等。因此，总体上讲，就业机会和居住成本是影响流动人口区域分布的最主要因素。

（二）外来人口聚居区的基本人口与社会特征

1. 外来人口聚居区中的人口成分特征

从外来人口的来源来讲，根据2010年第六次全国人口普查数据，在广州市流动的本省其他县市区的人口约242万人，省外的约300万人；从外省来穗的情况看，人口来穗数量最多的几个省份是湖南（80万人）、广西（41万人）、湖北（35万人）、四川（30万人）、江西（27万人）、河南（23万人）。这几个省份的来穗流动人口占所有外省来穗流动人口总量的78.3%。在广州的许多外来人口聚居区中，外来人口来自各省份，此外也有来自广东省内各县市的外来人口，因此管理难度更大。

从职业来讲，聚居区外来流动人口从事的职业主要有：（1）附近工厂、

---

① 《广州市2010年第六次全国人口普查数据》，广州市统计局网站，http://tjj.gz.gov.cn/pchb/dlerkpc，最后访问日期：2022年5月20日。

酒楼、商铺及其他单位的外来工（雇工）；（2）在聚居区中开各种小商铺、饭馆、夜市摊档的小生意人；（3）从事广告、保险、营销等第三产业的从业人员；（4）发廊从业人员；（5）司机、艺人、自由职业者等个体性质从业者；（6）部分市内三资企业或私营企业白领阶层；（7）附近高校大学生或进修生；（8）建筑工和装修人员等；（9）无固定职业，靠打散工度日的人等。此外，还有部分流浪乞讨人员。

2. 外来人口聚居区中的社会关系

外来人口流入广州的形式，大体上分为三种类型：第一，通过用工单位上门招工和流出地当地集体组织流动，可称为组织型的流动；第二，通过广州的亲友或已经流动到广州的老乡等介绍来穗，可称为经人介绍型的流动；第三，自己直接流动到广州，可称为自发型的流动。

其中，经人介绍型的流动是外来人口的主流。在广州的外来人口聚居区中，有不少同乡的流动人口在流入广州后会以地缘关系迅速建立起社会关系网络，租住和生活在一起，形成地缘同质型聚居区。但调研发现，广州外来人口聚居区更多的是外来人口以工种为纽带的聚居区，即聚居主要因素与所从事的工种相联系，可以将其称为职业同质型聚居区。此外，还有不少地理位置优越的聚居区，例如天河区的石牌村等，杂居了来自各个地区、从事各种职业、有着不同学历、从属不同阶层的外来人口，可以称其为异质型聚居区。

一般情况下，聚居区中外来人口数量显著多于本地人口。本地人口多是出租屋主。两类人口之间除了收房租时发生互动以外，很少有更多的交往。外来人口群体间的社会交往程度远深于与本地人口的交往程度。聚居区中的外来人口间基本形成独立的社会关系体系。

3. 聚居区中外来人口的生活状态

从居住情况来看，外来人口在城市中主要有三种居住形态。第一种是散租民房，租住者以装修工、小商贩、回收废品者、私营及小型企业打工者为主。散租民房多数分布在城乡接合部以及老城区的城中村。第二种是一些公司、工厂为打工人员提供的集体租住的宿舍、公寓等，也有部分是工厂内的闲置用房。第三种主要是做小生意的人租住的营业、居住混用房，主要分布在城中村的一些小型商业街上，通常一楼营业，二楼住人，面积多数都不足10平方米。此外，少数外来人口在广州有自己购置的住房。总的来讲，企业提供的宿舍各种设施会相对齐备一些，而散租民房的住房质量通常较差。聚居区中公共卫生、防火防盗等基础管理工作一般均不够完善。

在文化娱乐生活方面，由于经济收入的限制，聚居区中的文化娱乐生活非常单调。一般的娱乐项目是看电视、打麻将，有些人则"呼朋喝友"在一起喝酒聊天。聊天时一般主要关注工作、收入，以及在家乡盖房子和子女将来的出路等问题。

二 广州市外来人口聚居区的社会风险分析

广州大规模的外来人口对于城市发展无疑具有较大的积极意义。但是，规模巨大的流动人口，尤其是聚居区内大量同质或异质的外来人口群体的聚集，必然也会产生不容忽视的风险和危机。

具体而言，外来人口聚居区主要存在如下风险：第一，现实风险，这一类风险主要是显性的、表征性的风险；第二，制度风险，这一类风险主要是制度导致的风险；第三，文化风险，主要是文化冲突和亚文化的风险问题。尽管现实风险是最表面、最凸显的风险，但其存在的原因则在于制度风险和文化风险。

（一）现实风险

1. 违法犯罪风险

第一，与外来人口务工方式密切相关的侵财型违法犯罪高发。主要形式是以外来务工人员的工作为掩护或以工作领域为内容的违法犯罪多发。例如，以捡拾破烂、收购废旧生活用品为掩护，白天走街串巷"踩道"，夜晚进行偷盗活动。从事个体生意时以假乱真、强买强卖、以次充好等侵财诈骗类行为较多（李银华、张成格，1996）。

第二，与外来人口生活方式密切相关的违法犯罪多发。主要是由于当地生活环境与外来人口多年来养成的农村的思想观念、文化背景、生活习惯等形成了较为强烈的文化冲突，甚至形成基于地缘关系、亲缘关系或业缘关系的缘聚型违法犯罪群体。

第三，与外来人口"特殊经济"密切相关的违法犯罪问题较多。外来人口聚居区内的"特殊经济"主要指外来人口聚居区内由外来人口经营管理并主要向外来人口服务的各种经营活动，包括小诊所、小饭馆、小浴室、小发廊、小按摩店、小游乐休闲馆等。这类"特殊经济"常常成为外来人口各种不良行为的引发之地。

2. 公共安全事故风险

外来人口聚居区多分布在城乡接合部以及城中村，空间密集、杂乱、规范不足。城中村和城乡接合部的土地大多属于宅基地，村民拥有对宅基地的处置权，并为了实现收益的最大化，通过加建的方式挤占公共空间，于是出现了大量的"一线天""握手楼""贴面楼"等情况。

这种情况会造成严重的安全隐患。第一，救护车、消防车等车辆无法进入，造成应急救险能力降低；第二，由于公共基础设施不足，大多数外来人口使用煤气炉、酒精炉、电炉等作为主要的生活用火设备，使用随意性大，管理混乱，极易发生火灾；第三，由于片面追求空间的最大化，建筑规范、建筑材料、建筑配置等方面均被忽视或者说基本不被考虑，造成建筑质量、防震防灾等级较差；第四，聚居区内的房屋往往是住商合一，大量的易燃可燃材料存放其中，存在爆炸事故发生的隐患。

3. 公共卫生事故风险

外来人口聚居区人员高度流动，容易出现如不注重卫生习惯和生活条件、不懂各类基本疾病的基本防护等情况，"黄、赌、毒"现象也较为严重，居住环境脏乱差，公共基础设施缺乏。因此，一方面，聚居区内发生原发性公共卫生事故的可能性比较大，"土壤环境"比较易于引起这类卫生事故；另一方面，一旦有继发性的卫生事故，在聚居区内失去控制的风险非常高，控制的难度很大。

4. "土客"冲突风险

快速城市化导致人口快速从乡村向城市迁移，这一过程形成了外来人口聚居区中本地人口与外来人口之间的"土客"关系。近年来，"土客"冲突日益显现，冲突的危害凸显，仅2011年就发生了潮州市潮安县古巷镇"6·6"事件、广州增城大敦村"6·11"事件。

当前阶段"土客"冲突有几个突出的特点。一是冲突的燃点低。发生在当地人与外地人之间鸡毛蒜皮的小事均可能引发大规模的"土客"冲突。二是频率变高，事件发生速度变快。三是规模增大。"土客"冲突的规模的增大与"客"的数量庞大，只要部分参与便会形成大规模的聚集有关。四是危害加剧。"土客"冲突的危害不仅仅体现在对当下的正常工作生活秩序的冲击，更体现在其严重地损害了当地人与外地人之间的相互交流与沟通，形成了事实上的当地人社会与外地人社会共存于同一地理空间但相互割裂的奇特现象。

5. 聚居区导致劳资纠纷的易结伙性

在外来人口聚居区中，农民工被欠薪现象尤为严重，被欠薪酬往往难以讨回。在访谈中发现，被欠薪的农民工虽然不愿意通过起诉的形式去维权，但会通过法律保护自我的形式实行"群体性维权"，即农民工一旦被欠薪，常会召集一批工人、同乡或其他亲戚朋友，不打砸、不打人、不损坏东西，而是到现场以影响老板业务或其他造成影响的形式讨薪。接受访谈的农民工表示，经过多次的使用，效果比较好，基本能讨到全部或部分被欠薪酬，而且能保证不被公安机关拘留，因为他们严守法律的底线：不损坏东西、不伤人。这种通过结伙的方式进行群体性维权的形式，从积极的方面看，较之以前暴力维权具有很大的进步；但从另一方面看，结伙维权界限的把握存在很大的难度，维权群体的规模和行为往往容易突破召集人的控制。

（二）制度风险

1. 户籍及相关制度隐含的风险

中国户籍制度是计划经济时代为推行重工业优先发展的赶超战略而建立起来的一套社会经济管理制度，它通过在城乡之间实行严格的迁徙和流动限制，在支持工业化发展、稳定城市秩序、保障城市供给、控制城市规模方面发挥了重要的作用（蔡昉、林毅夫，2003：50~51）。经过几十年发展的二元化的户籍制度及附着在户籍制度上的二元公共服务，已经将城市和农村分裂为两个社会。而我国快速的城市化发展使得城市外来人口处于极度尴尬的地位：工作在城里，甚至生长在城里，却没有城市户口；接受了城市的文化，却没有城市物质和服务的支撑。隐性的风险较大。

2. 社会福利与社会保障制度隐含的风险

当前的外来人口既缺乏城市的社会福利和社会保障，又脱离了农村的土地保障，游离于城市与农村之间，既非城市人也非农村人，成为"夹生层"。这数以亿计的"夹生层"同样需要社会福利和社会保障，而现实却是这些福利与保障很薄弱，且与身边人群差距甚大，导致"夹生层"存在相对剥夺感、不公平感等不满心理，这种不满情绪积累到一定程度可能会通过行为表现出来，是不可忽视的社会风险。

3. 收入分配制度隐含的风险

广州大量外来人口从事的工作劳动强度高，工作时间长，工作环境恶劣，劳动保障措施不到位。而且，在城市居民工资呈刚性增长的同时，外来人口的工资几乎没有提高,甚至有下降的趋势。不仅超时劳动得不到应有的报酬,还会面临工资迟发、拖欠等问题(李航,2007:156)。这一矛盾和张力也形成了较大的风险隐患。

(三) 文化风险

乡村文化与城市文化的关系一如"一种文化群体的成员移民到另一种文化群体,成为其中的成员"(吴宗宪,1997:654)。只是城市外来人口是农村人员,他们临时流动到城市,定期回到农村,很难成为城市成员。这两种文化群体成员有不少交集,在不同的层面上有不同程度的冲突。尤其是在管理层也常常会有本地人口与外来人口的区分,导致管理人员有歧视的心态。

改革开放引进了新的视野和价值观,时代发展形成了新的观点和价值选择。乡村的风俗观念和城市的旧有道德体系在逐渐瓦解,这就形成了新旧文化的冲突问题。因此,传统的价值体系无法令人信服,新的价值体系多元混乱。对于进入城市寻求财富的外来人口而言,在各种冲击传统价值观的思想和行为的影响下,迅速获取财富的手段得到特别的关注,于是"高风险、高回报""捞一把就走""打一枪换一个地方"等投机、违法犯罪行为的发生概率在增加。

三 外来人口及其聚居区社会治理的几种思维模式探讨

(一) 外来人口聚居区社会治理的基本思路

对于外来人口聚居区的治理,本质上是从居住和群聚的角度对外来人口进行治理,以规避其由于群聚而形成的各种社会风险。因此,关键的问题仍然是如何把握住外来人口的基本状况并对其进行治理的问题。当前,在对外来人口聚居区的治理方面,国内外有着以下四种基本的思维模式可以参考。

1. 对立-同化

"对立-同化",是指城市秩序与乡村秩序是两种截然对立的秩序,外来人口流入城市的过程就是城市秩序同化乡村秩序的过程。正如1986年美国人 Kearney 研究 "Wirth-Redfield" 模式时提出的,人口从农村到城市的迁移就是一个移民原有人际关系解组、不断个人化，最后失去自己原有文化特征和社会关系的过程（Kearney，1986：331-361）。从本质上讲，这种思维模式否认两种秩序并存的可能性，对于外来人口的管理通常持有防范的心态。治理的基本思路则是整顿已被外来人口占据的聚居区，使其城市化；加强对流动人口的防范和控制，以减少社会犯罪。

2. 对立－联结

1967 年，美国学者 Frank 提出了发达地区与不发达地区之间形成的"中心－边缘"格局（Frank，1967：111）。根据这种理论，人口流动及其形成的聚居区事实上已经成为现代和传统、中心和边缘之间的联结体，它们把拥有不同社会形态、不同阶层构成和不同生产方式的农村和城市"联结"起来。这种"对立－联结"的思维模式同样认可城市秩序与乡村秩序的对立性，在我国这种"城乡二元对立"的格局尤其明显。但与"对立－同化"那种把外来人口聚居区看作外来人口解组自身文化、接纳城市文化的场所的观点不同，"对立－联结"模式是将外来人口聚居区看作城乡之间的联结纽带，看作城市和农村的联结点，看作农村人口城市化的一个跳板。这种思维对于管理的最大启示是必须关注外来人口聚居区中的社会关系网络。

3. 对立－共存

"对立－共存"模式来源于人们对国家及其管理理念的现代转型的深刻思考。国家开始由利益不对称、权利不对称、义务不对称的统治工具，演变为全民参与、共同管理、共同负责、共同享有的政治共同体。国家机构的设置和职能也由"以统治为主"转变为"以提供和维护共存、共同发展秩序"为主，① 国家建立的基础、国家的组织和运作方式、社会成员之间的基本关系由对立走向了共存。外来人口与本地人口之间不应当是对立的关系，而是一种共存的关系。因而，在外来人口及其聚居区的管理方面，必须掌握这样两条最基本的原则：一是认可外来人口的社会主体地位，保障他们与其他城市社会阶层的地位平等，不受歧视，不被憎恨；二是更多地考虑弱势群体的利益，以实现政策上的均衡。

4. 对立－嵌入

表面看来与城市有对立特征的外来人口其实并非如此，他们已经构成

---

① 宿正伯：《由对立到共存——从国家理念的演变看构建社会主义和谐社会》，http://www.aisixiang.com/data/6347.html，最后访问日期：2020 年 5 月 20 日。

城市生活的一个部分，已经深深地嵌入城市生活之中。城里人虽然能够从户口、住所、收入、习性、社会保障甚至衣着等方面为他们划定边界，加以区分，甚至加以歧视，但却发现在日常生活的各个领域中完全离不开他们。同样地，由于外来人口嵌入城市之中，城市的各个方面也都对其形成巨大的影响。可以说，外来人口与城市的各个领域以及本地人口之间形成了一种独特的社会网络，无论是城市还是外来人口都受到这个网络的巨大影响。

（二）模式评价及相关启示

"对立－同化"的模式，重在强调外来人口与本地人口的不同，以及由此可能带来的风险，例如，最重要的就是对当地治安的威胁。而解决这一问题的办法则是采取强制措施，例如，使用严管的办法来迫使外来人口尽快放弃他们原有的习性而接纳城市的文化。虽然强迫性如此明显和不切实际，但是这种模式是当前使用率最高的。由于欠缺人文关怀，人们已经逐渐开始反思这种模式。

"对立－联结"的模式，重在强调外来人口群体内部的社会关系网络在外来人口进入城市中的重要作用。因此，必须发挥这种社会关系网络的作用，通过适度的引导使外来人口形成自我管理的机制，促进其与城市居民之间的交流，增强责任感。其巨大的改进，就是认识到必须将"以人为本"作为外来人口治理的基本原则，改变"对立－同化"式的治理模式。尽管如此，这种模式却仍然将外来人口看作外人，只是城乡接合的一个中介。

"对立－共存"模式，重在强调外来人口的主体地位。无论他们来自哪里，以往是什么身份阶层，只要流入城市，参与城市的建设和城市的生活，就应当与城市人一样具有主体地位。因此，在对待外来人口的态度上必须发生转变，应当考虑到他们的弱势地位，采取各种措施实现利益的均衡分配以及公共服务的均等化。通过体制机制创新，营造一种城市人口和外来人口和谐相处、互惠互利的共荣局面。

"对立－嵌入"模式，强调外来人口在城市发展和城市生活中的必要性和现实性。他们不但是到城市里来"揾食"的，更重要的是他们与城市之间互为被需要者。城市改变了他们的人生，他们也成为城市稳定的日常生活的服务者。因此，对于外来人口不但不应该采取排斥的态度，而且要采取欢迎的态度，采取对"自己人"的态度。

总体来看,"对立－同化"模式代表着一种传统的,也是人们比较习以为常的管理思维,它主要着眼于治理外来人口聚居区中的现实风险,并将这些现实风险归结为外来人口的"同化度"不足。而"对立－联结""对立－共存""对立－嵌入"三种模式虽然侧重点各不相同,但都强调和关注更深层次的制度风险和文化风险,从某一个角度提出了改善外来人口及其聚居区管理的思路,是值得我们深入思考的。

四 广州市外来人口聚居区治理存在的问题及解决思路

(一)外来人口管理模式及存在的问题

广州市的流动人口治理工作经历了长期的探索和实践过程,也出台了许多相应的管理法规,并且随着对流动人口认识的不断深化,这些措施与法规也处在不断变动之中。例如在流动人口户籍管理方面,逐渐从早期的以防范违法犯罪人员、控制外地人员转移规模为目的转换到以保障流动人员权益、加强政府综合管理与服务为目的上来,即从"对立－同化"模式向"对立－共存"模式转变。2010年,广州市开始实行居住证管理制度以及积分入户制度,在打破户籍体制的城乡二元壁垒方面进行了大胆的尝试。在流动人口的治安管理方面,重心逐步从管理非本市户籍人员转移到加强出租屋管理方面,基本确立了"管好出租屋,就管好了广州治安"的认识,对外来人口聚居区给予了相当的重视。广州市在流动人口就业管理方面更是充分体现了流动人口管理观念由限制到开放的转变。概言之,就是从对流动人口就业以及用工单位招工设定门槛转变为就业管理市场化、规范化。在计生管理方面,管理思想也开始从单纯强调管理,转变为在加强管理的同时,开始重视对流动人口的权益保护和服务提供。

总体上看,广州市外来人口管理模式已经从"对立－同化"模式向"对立－共存"模式转变,并吸取了"对立－联结"模式、"对立－嵌入"模式的许多启示,正在逐步形成较为完善合理的治理体系,但仍存在一些问题。

首先,从客观方面来讲,广州市外来人口规模庞大,聚居区遍布各地,这本身就导致社会风险较高。同时,在管理上又存在流动人口登记滞后、信息不足、底数不清以及对外来人口导向调控手段不足等问题。

其次,在管理与服务体制上仍然未能打破城乡二元分割的局面,制度风险难以消除。一方面，优质服务较难惠及外来人口，使得外来人口聚居区与周边现代化的城市形成强烈的反差；另一方面，城中村管理往往自成体系，管理权限与城市其他地区不同，有些地方存在拒绝外来干涉的态度，导致各方面管理不到位。

最后，尽管已经意识到"对立－同化"模式的局限性，但长期以来形成的思维定式，以及其中存在的各种个人利益、小团体利益，使得现实的外来人口聚居区中的管理仍然停留在"对立－同化"色彩较强的模式之中。

（二）外来人口聚居区管理的"对立－融合"之道

由于外来人口聚居区中各种风险的主要来源是聚居区内存在的城乡对立、内外有别的问题，因此，解决这一问题的关键，就是尽可能使两者能够相互融合成为完整的一体，实现无差别对待，这样才能完成本应实现的社会整合。

融合的思路在"对立－共存"模式、"对立－联结"模式和"对立－嵌入"模式中已经有所体现。但是它们的着重点均不在"融合"上，而是强调在"对立"的现实情况下的"共存"、"联结"和"嵌入"，即在不解决"对立"的前提下的一种改善。为此，在吸收"对立－共存""对立－联结""对立－嵌入"等模式思路的基础上，提出"对立－融合"的治理思路，即促使城乡之间、本地人与外地人之间由对立走向融合，直到化解对立。在考虑各种社会风险治理措施的时候，必须充分贯彻"对立－融合"的治理思路，贯彻以促进外来人口与城市的"融合"为基本目标和风险化解途径的治本之策。

五 广州市外来人口聚居区的社会风险治理的对策建议

在"对立－融合"思路引导下，广州市外来人口聚居区社会风险治理应遵循如下途径。

（一）坚持新型城市化，引导外来人口聚居区的合理布局

1. 合理控制外来人口规模

外来人口聚居区的社会风险最直接的产生原因就是人口数量过多。近年来广州市人口规模急剧膨胀，对城市人口承载环境，包括公共服务、社会治

安等造成巨大负荷。2014年出台的广州市人口调控和入户政策"1+3"文件①已经明确提出了人口调控的工作目标,"到2015年,全市户籍人口控制在860万以内,常住人口控制在1500万以内。到2020年,全市户籍人口控制在1050万以内,常住人口控制在1800万以内"。根据这一目标,要通过产业调整升级、调节居住成本等途径,将外来人口规模尽可能控制在一个可接受的水平。

2. 在新型城市化发展战略指引下,合理调整外来人口聚居区的分布

首先,通过加强就业的导向性进行调整。根据产业结构调整的需要,让社会公共资源优先向职业技能型和稳定就业型劳动力倾斜,更多地将伴随经济发展而增加的城市功能型流动人口留下来。

其次,通过加强区域空间的导向性进行调整。按照广州市"优化提升一个都会区、创新发展两个新城区、扩容提质三个副中心"的城市空间发展战略,对不同功能城区分类设置条件,引导满足不同功能区就业需要的外来人口分区域稳定下来,形成合理的空间布局。

(二) 启动外来人口聚居区的生活设施改造工作

1. 探讨建设外来人口公租房制度

应当积极探索政府保障住房,或者在外来人口聚居区内由政府引导支持、市场运作,把当地居民组织起来入股经营,又或由企业、个人投资,提供符合外来人口居住特点,能满足其基本生活需要,匹配其经济承受能力的住房。

2. 加大外来人口聚居区公共资源的投入,改善相应的设施与服务

在公共资源的投入与配置方面,必须转变现有管理思路,要把外来人口当作城市主体,在采取措施稳定人员流动的基础上,考虑公共资源的实有人口配置问题。在聚居区的公共卫生、绿化、消防等方面加强改善工作,特别是在基本的用水、用电、用气等生活服务和设施方面做到与城市本地人口同质同价。

---

① 2014年2月25日,《广州市人民政府印发关于加强我市人口调控和服务管理工作的意见及配套文件的通知》(穗府〔2014〕10号)发布了广州市人口调控和入户政策"1+3"文件,分别为《关于加强我市人口调控和服务管理工作的意见》以及《广州市户口迁入管理规定》《广州市积分制入户管理办法》《广州市引进人才入户管理办法》三大配套文件。

（三）创造良好生存环境，提升外来人口的自我发展能力

1. 建立完善的公平就业机制

应当进一步强化外来人口的就业与失业登记制度，尽可能完善相应的服务，强化劳动用工备案和社会保险的协同管理。为保障城乡统筹就业管理制度的贯彻落实，应进一步建立相应的外来人口公平就业监督机制。

2. 建立安全的社会保障机制

制定细则，加强贯彻落实中央和本省有关流动人口的社会保障政策。提高流动人口参保率，扩大社会保障的覆盖面，逐步实现城乡社会保障的一体化。

3. 建立良好的教育和培训机制

尽快将外来人口的教育和培训纳入议事日程，加强探讨相关的机制。逐步建立一个以政府为主导、以企事业单位为基础、以街道和社区为纽带，农民工自身积极参与的社会支持系统。

4. 构筑高效的权益保障机制

外来人口在城市务工，合法权益受到忽视与侵害的问题较为普遍。特别是劳资纠纷的问题，外来人口大多是受害者，而这也是目前最普遍、最基本的社会风险源。为此，必须建立高效可行的维权体系。

5. 加强社会治安，构筑外来人口聚居区社会治安防控体系

外来人口既是违法犯罪主体的最大来源，又是受到违法犯罪伤害最大的人群。必须针对外来人口聚居区建立相应的社会治安防控系统。

（四）加强服务，创新管理，实现城乡社会管理一体化

1. 城乡社会管理一体化

在外来人口聚居区中实现实有人口的一体化管理，建立一种没有户籍身份限制、公共服务均等化、政府依法行政、公民依法自治的社会治理模式势在必行。为此，应重点研究打破城乡管理体制的壁垒，探索城乡政府合体的模式，进行资源和管理上的整体设置，并进一步逐步取消个体居民的农村户口和非农户口的区分。

2. 创新公共服务体系

逐步探索改革传统以地域、户籍为基础的财政转移支付方式，实现以人为核心、以居住证和社保卡为载体的财政转移方式，建立事权与财权匹配、权责利相统一的公共服务均等化财政保障机制。同时，应当细化当前

外来人口与出租屋管理工作，改变外来人口与出租屋管理工作全市统一布局的做法，逐步下放管理权限与资金等公共资源，充分发挥社区及相关社会组织的功能。

3. 提高外来人口组织化程度，建立合理的利益表达渠道

通过建立农民工协会等方式，不断提高外来人口的组织化程度，从而使他们不断提高在社区管理中的参与程度，获得合理合法的利益表达渠道。

（五）促进外来人口聚居区中多元文化的融合与共存

外来人口真正地融入城市，其标志就在于从思想上消除了与城市以及城市人之间的隔膜，并且对城市产生了强烈的归属感和认同感，即文化上的融合。

文化融合的基本前提是双方对彼此文化的包容与接纳。为此，需要有关部门做好三个方面的工作，即宣传、教育、整顿工作。在宣传方面，应有意识地为外来人口建立宣传渠道与宣传空间，积极宣扬外来人口融入城市的必要性，增进城市居民的包容性和接纳性。在教育方面，应特别开展培养外来人口融入性的教育活动。其核心内容可以分为三个层次：一是提升受教育者文化水平和职业技能素质；二是普及城市生活常识和融入性知识；三是道德和法制观念教育。在整顿方面，主要应当开展全市性的大检查，筛选出对外来人口带有歧视性的规章制度以及措施做法，加以整顿改进。其最重要的目的是彻底改变管理者对待外来人口的歧视态度。

总体而言，广州必须探索改革，最终实现外来人口"来穗有工作，上岗有培训，劳动有合同，报酬有标准，管理有参与，维权有渠道，住宿有改善，子女有教育，生活有尊严，养老有保障"，使外来人口逐步融入广州城市社会。

参考文献

蔡昉、林毅夫，2003，《中国经济》，中国财政经济出版社。
李航，2007，《我国转型期弱势群体社会风险管理探析》，西南财经大学出版社。
李银华、张成格，1996，《对北京市外来流动人口聚居地成因及问题的调查与分析》，《北京警院学报》第2期。
吴宗宪，1997，《西方犯罪学史》，警官教育出版社。

张西陆，2014，《2013 年登记在册来穗人员 686.7 万》，《南方日报》4 月 23 日，第 A03 版。

Frank, Andre G. 1967. *Capitalism and Underdevelopment in Latin America*. New York: Monthly Review Press.

Kearney, Michael. 1986. "From the Invisible Hand to Visible Feet: Anthropological Studies of Migration and Development." *Annual Review of Anthropology* 15: 331–361.

政府治理篇

政府购买服务的制度选择及治理效果：
项目制、单位制、混合制[*]

管 兵 夏 瑛[**]

  任何制度都是一种激励机制，不同的制度设计带来不同的治理效果。分税制改革以来，项目制作为一项重要的治理技术，已经超出传统的单位制模式，在政府间广为使用，成为上级政府掌控和向下级部门分配资源的组织制度模式。学者也重点关注上级政府通过项目制分配资源的方式和下级政府争取项目资源的策略。由于项目制对于上级政府十分有利，这一治理模式被各级上级政府所采纳，并被推行到各个涉及分配资源的方面。在国家与社会交界的领域，政府的逻辑也在延续，尤其是在落实社会治理和提供公共服务方面。本研究关注社会治理领域中政府向社会机构购买公共服务的制度安排。在这一领域，项目制和单位制处于同一起点，都是在新近的政府行为中付诸实践的组织模式，不存在制度性的路径依赖、存量和增量内涵不同的问题，这为在学理上探讨不同制度体系及其后果的差异提供了现实基础。本文的问题是，在社会治理领域，政府选择不同制度体系的核心差异在哪里？相比单位制，项目制可以取得什么样的治理效果？局限性在哪里？

  本研究将会关注在城市基层公共服务领域中政府采用的组织制度模式及其后果。随着执政理念向服务型政府的转型，多元治理以及公共服务供给变得越来越重要。条件优越的地区已经开始推行政府购买服务的制度试验，吸纳社会组织参与城市基层治理，以实现公共服务专业化和更有效的递送。在购买公共服务的实践中，地方政府采取了不同的制度模式。通过

---

[*] 原文发表在《管理世界》2016年第8期。
[**] 管兵，华南理工大学公共管理学院教授，研究方向为官僚体制与政府行为、公共政策过程及变迁、社会冲突与治理等；夏瑛，中山大学政治与公共事务管理学院教授、博士生导师，研究方向为政府行为与政治传播。

对三个城市的研究，我们总结了三种制度模式：项目制、单位制、混合制。进一步研究发现，三种不同的制度模式有其不同的制度选择背景，带来了不同的治理效果。

本研究的案例分别是以项目制为主的上海市社区公益服务制度与实践、以单位制为主的广州市家庭综合服务中心制度与实践、混合制的香港社区公共服务制度与实践。三个地方都是经济发达的大城市，人口众多并且密度大，都是区域内的核心城市。虽然与广州和上海相比，香港是在"一国两制"框架下实行不同的政治制度的，但在基层公共服务提供方面，其制度和实践仍然具有非常强的可比性和可复制性。

一 社会治理与制度模式

在政府治理领域，最近一些年，一方面由于中央政府财政转移支付的需要，另一方面由于要应对新出现的种种治理问题和公众需要，开始大规模地出现了区别于常规性上下级政府间任务分配和财政转移支付的新做法，其中主要的制度模式就是项目制。在此基础上，关于科层体系、制度创新、组织社会学等方面的相关研究成果层出不穷，试图探讨当代中国治理体系下不同制度模式运作的规律、内在逻辑和效果。

（一）治理体系、项目制及相关讨论

在学术界，关于治理体系或科层体系的研究，一直是非常重要的领域。从马克斯·韦伯对于科层制的研究，到关于社会主义体制的研究，积累了大量文献。单位制研究是这一研究领域非常引人注目的议题：它揭示出来中国治理体制非常独特的现象，这一现象并没有随着时代的发展而结束，持续在发挥影响。正如路风在1989年的论文中指出的那样，"单位是我国各种社会组织所普遍采取的一种特殊的组织形式，是我国政治、经济和社会体制的基础"（路风，1989）。"单位制"的普遍现象虽然随着市场经济的发展而有所收缩，但仍有广泛的存在。

市场经济深入改革之前的单位制涵盖各个领域，是国家一种基本的治理制度模式（李路路，2013）。单位的基本特点是政治、社会、自身专业分工的多种功能合一性，对于企业而言，还具有生产要素主体之间的非契约关系，单位之间的资源有不可流动性特点。单位制的活动和效率受到为维护自身利益进行扩张的动机的影响。在单位制下，只有行政机构的恶性

膨胀，而没有组织的不断创新。它带来的制度后果是：单位内人际关系非常重要，强调平均主义，要求服从权威（路风，1989），进一步形成单位内部上下延伸、平行断裂的派系权威/权力结构（李猛、周飞舟、李康，1996）。虽然由于所有制结构的变动、市场经济的发展、社会流动的加剧等因素，有学者认为单位制慢慢会过渡到新的形式，比如在基层治理领域，会从单位制、街居制转变为社区制（何海兵，2003），但较多学者认为单位制会延续，只不过所涉及的内容和权力会有所调整。渠敬东把他所研究的单位制定义为具有正式制度的稳定的科层体系。这一块的研究从韦伯就开始长期进行，一直延续到今天的组织行为学、组织社会学等学科。渠敬东认为，单位制体现了特定历史时代中总体性的结构关系，即总体社会中进行权力和资源分配的各个行政层级结构，在未有根本性改革之前，单位制的特征是延续的（渠敬东，2012）。

那么治理创新该如何进行？最近一些年学术界开始关注单位制之外的制度模式，尤其是以项目制为代表的新做法。项目制主要指中央政府或上级政府通过专项转移支付渠道，以特定项目的形式发包，限定资金用途，由地方政府最终实施的一种制度形式（折晓叶、陈婴婴，2011）。项目制起源于分税制改革，1994年实施的分税制改革深刻地改变了中央政府与地方政府的财政关系，中央政府集中财权。由中央政府占有的大量财政资源开始采取专项转移支付的方式下达到地方，这一方式占整个转移支付的比重从1994年的16%逐渐上升并稳定在30%以上（周飞舟，2012）。

项目制本身与国家治理体系研究直接相关，其中重点有着两个核心问题。第一个核心问题是，在已经存在稳定成熟的科层体系结构的情况下，为什么通过这样的机制安排来分配资源。其中就涉及项目制与单位制的比较讨论。在政府为什么会喜欢使用项目制这个问题上，渠敬东把项目制放到了与单位制相类似的位置上来探讨两者的差异和项目制的结构条件、意外后果等，认为项目制具有与单位制类似的意义。在渠敬东的研究中，项目制不单指某种具体项目的运作过程和相关管理制度，更是一种能够将国家从中央到地方的各层级关系以及社会各领域统合起来的治理模式（渠敬东，2012）。为什么在单位制之外，政府又采用项目制？渠敬东认为单位制和项目制分别处理的是存量和增量的问题。20世纪80年代的双轨制，是在保有原来存量的前提下，通过增量部分来推进改革。项目制则体现出来一种新的双轨制，渠敬东认为："项目制将行政体制内的单位制和经济体制内的市场制都作为存量来看待，并清醒认识到，单位制虽可保持结构的稳定性，却不能提供发展绩效；市场制虽可提高效率，却无法保障整体社会的包容性增长。项目制有意将自身塑造成为一种新双轨制的增量部分，通过财政上的转移支付，将民生性的公共事业尽可能辐射到广泛的社会领域之中，通过强化国家再分配体制来凸显政府在维护社会公平上的合法职能。"（渠敬东，2012：119）现有体制在没有进行深入改革之前，难以调整市场经济带来的冲突，项目制所代表的双轨制则顺应了现实的需要。与渠敬东在现实层面上研究项目制存在的客观条件和相应效果不同，也有学者从特定的视角出发，完全否定项目制的治理意义（黄宗智、龚为钢、高原，2014）。

关于项目制讨论的第二个核心问题是，这一制度模式会带来什么样的治理效果和激励什么样的地方政府行为。财政关系深刻地影响到中央政府和地方政府的行政关系和行为取向。一方面，对于中央政府而言，分税制改革极大地提高了中央政府的实际能力，这尤其表现在资源分配方面，分税制造成显著的"财权上收"的效应（周飞舟，2006）。同时，在向地方政府再分配财政资源的过程中，中央政府进一步强化了权力。项目制被广泛运用到再分配的过程中，比如，在2004年的转移支付总规模中，比较纯粹的"一般性转移支付"只占总量的7.2%，专项和"准专项"的转移支付总计则占了50.8%，成为中央对地方转移支付的主导形式（李萍，2006），从而形成"项目治国"的情况（周飞舟，2012；陈家建，2013）。另一方面，对于地方政府而言，财权上收之后，地方政府的行为被重塑。首先，地方政府必须投入更多的资源去争取上级政府的转移支付。在项目实施过程中，形成分级制度的运作机制，包括国家部门的"发包"机制、地方政府的"打包"机制、村庄的"抓包"机制。项目制诱发基层政府或村庄为获得项目进行各种博弈和投资，甚至出现集体高额负债搞建设，进行争取项目的前期投资的现象（Zhou，2012）；那些有相当财力、建设基础好、有资源动员能力的村庄，更容易引入项目，强化了村庄之间的差异（折晓叶、陈婴婴，2011）。其次，地方政府必须开源，提高财政自主性。分税制改革之后，"土地炼金术"大行其道（周飞舟，2007）。

（二）社会治理中的政社合作与制度模式

在国家治理研究中，科层体系内部的治理模式构成了重要内核，但科层体系与市场的关系、科层体系与社会的关系，都属于国家治理体系的组成部分。本文将会重点关注社会治理。一方面，这一领域不可避免地体现出来科层体系内部治理的逻辑；另一方面，由于增加了新的要素，也必然会有所不同。项目制相关研究所透视出来的逻辑，必然会在社会治理领域有所表现，但也必定有所变化。在目前，社会治理仍然是政府主导的，政府内部的制度结构和治理逻辑仍会延续，但由于社会治理相对而言是一个较新的领域，这一块必然具有较多的制度选择空间。

社会治理涉及国家与社会关系，尤其是政府与社会组织关系。本文重点关注的在城市基层进行的政府购买服务制度与实践，是社会治理的主要政策和实践领域。政府购买服务是20世纪80年代开始兴起的新公共管理的产物。相对于老的公共管理（公共行政），新公共管理强调政府应该放弃传统的行政人和管理者的定位，强调创建一些机制和激励结构进而通过私人机构和非营利机构来实现政策目标，在公共服务供给方面，政府的角色是服务，建立公共机构、非营利机构和私人机构的联盟，满足彼此都认同的需要（登哈特、登哈特，2004）。在这一过程中，国家与社会形成了治理中的多中心，建立了一种平等、参与和协作的伙伴关系（奥斯特罗姆，2012）。

由此讨论，我们可以总结在这个领域开展的项目制实践与政府上下级之间的治理模式的差异性。

第一，目前学术界关注的项目制及相关讨论主要涉及的是政府内部不同层级之间的财政关系及其相关的政府行为后果等。社会治理领域涉及的是国家与社会关系，在政府购买社区公共服务方面，涉及的主要是地方政府与社会组织之间的关系。在中国目前大政府的背景下，社会组织与政府之间的平等关系无从谈起，但两者之间的关系并不等同于政府之间的上下级的关系。在整体的政府控制社会组织的背景下（康晓光、韩恒，2005），具体购买服务的政府部门与社会组织仍然是合作的关系，而非行政隶属的关系。如果合作无法达成，双方都可以选择退出，而且政府和社会组织在这一过程中，都存在竞争性的双向选择。

第二，政府购买服务是最近一些年刚刚兴起的做法，在这一领域中，不存在政府间项目制所要解决的机构存量和增量的问题。这一领域这些年进行的制度实践无论采取何种组织模式，处理的都是增量的资源，不存在通过双轨制解决延续传统与体制创新双重任务的情况。政府购买服务领域中的不同组织制度安排，都是新生事物，落实的是相似的任务，具有极强的可比性。

虽然在这两方面社会治理与政府科层体系内部治理有着不同，但社会治理相关的制度仍然是由政府主导和执行，处理的重要问题也是财政资源的分配和绩效评估问题,所以传统的单位制和项目制的模式也成为这一领域可供参考和借鉴使用的制度体系。但又由于涉及社会力量的合作,这一领域的制度模式也有着新特点。

政府购买服务被引入中国才刚刚十几年,制度与实践都还在摸索之中。在中国的背景下,政府购买服务与西方发展出来的模式有着三点不同之处。第一,政府的角色不同,在西方国家,政府购买服务是在新公共管理整体改革的思路下开展的具体实践,政府在一系列方面进行了通盘的改革,政府在购买服务中的角色是服务的角色;中国政府在整体上还是大政府,权力是集中的而非分散的,政府购买服务是具体的实践,而非在统一一致的政府改革计划中的一环。第二,社会发育的程度不同,在西方国家,社会相对自主独立开放,社会组织和社区公共活动相对比较多元活跃;在中国,国家与社会的分离从改革开放之后才开始逐步出现,社会的发育刚刚起步,社会组织相对比较弱。第三,政府与社会的关系不同,在英美国家,政府与社会的关系是相对独立的,两者存在合作的关系,也存在对抗的关系;在中国,在政府与社会的关系当中,政府处于主导的位置,政府对社会保持控制与管理的态度,社会对政府是顺服的。由于这三种宏观的区别,政府购买服务在中国的实践必然会表现出与经典模式的差异性。对中国政府购买服务的实践,学者更多的是在总结现有经验,发现存在的问题,为进行规范的实践提出建议,使之更接近经典模式下的政府购买服务(参见韩俊魁,2009;彭浩,2010;苏明、贾西津、孙浩、韩俊魁,2010;易承志,2012;唐钧,2012;徐家良、赵挺,2013)。由于政府购买服务制度演变很快,现有文献对于不同区域的制度多样性研究仍留有较多空间。

本研究将会从两个维度来研究政府购买服务领域中的组织制度安排。第一,不同组织制度背后的政策和权力逻辑。在现有文献的讨论中,项目制显然对中央政府和上级政府更为有利,方便它们绕过现有条块部门控制资源的分配和使用。在社会治理领域,不同的组织制度选择也会涉及相关的权力逻辑。相关议题体现为:(1)是政府还是社会组织可以更自主地掌握资源?(2)政府是否能够更好地掌控社会组织?(3)社会组织能否保持自主性和专业性?

第二,不同组织制度的治理效果。在现有文献中,在项目制的治理效果方面存在讨论,正如前文所说,项目制有利于中央政府和上级政府控制资源进行民生建设,但也带来非常明显的非预期后果,比如跑项目、强化已有的不平等、村庄债务等。在政府购买服务领域,可以把治理的效果分为两类：直接效果，表现在为当地居民提供的公共服务的类别和质量；间接效果，表现在由此提高的社会组织发育程度。

虽然政府购买服务被引入中国时间不久，但在政府大力进行民生建设的背景下，仍有不少城市开展了这样的实践，并各自采取了不同的制度模式。下文将会对上海、广州和香港的制度模式与实践效果进行介绍。

二 上海：项目制社区公益服务供给模式

在《中华人民共和国政府采购法》颁布之前，上海市已经开始了政府购买服务的实践。我国内地最早的政府购买服务就发端于上海（王浦劬等，2010：4）。1995年，上海浦东新区社会发展局兴建了罗山市民会馆，通过协商，委托上海基督教青年会管理，并于1998年委托其提供养老服务，开创这一方面的先例。2000年，上海卢湾区等6个区的12个街道开展了依托养老机构开展居家养老的试点工作，邀请社会组织参与。2003年，由上海市委政法委牵头，通过组建三家社会组织（分别为上海市自强社会服务总社、上海市新航社区服务总站、上海市阳光社区青少年事务中心）的方式，按照"政府主导推动、社团自主运作、社会多方参与"总体思路，分别为药物滥用人员、社区矫正人员和"失学、失业、失管"社区青少年提供社会工作服务。[①] 上海市的禁毒、社区矫正、社区青少年事务的社会工作，通过政府购买服务的方式，由上述三家社团聘用社会工作者来承担（王浦劬等，2010：4）。2007年，国务院才首次向非政府组织购买农村扶贫服务项目（韩洁，2007）。

上海市普遍开展政府购买服务开始于2009年年中。从2009年年中到2010年5月，上海市完成了首次社区公益服务的招投标工作。上海市民政局从福利彩票公益金中划出3500万元用于此项事业。这一年度共有116个组织获得了127个项目的合同（敬乂嘉，2013）。上海市社区公益服务购买模式是以具体的项目为标的，向社会组织购买服务，由此形成项目制社区公益服务供给模式。这一体制的主要特点是每一个政府购买服务项目都是具体明确的，有特定的服务时间段、特定的服务对象、特定的要求，时间结束，进行考核，项目就终止了。

[①] 上海市自强社会服务总社网站"机构介绍"栏目，http://www.cszqss.com/about.html，最后访问日期：2013年10月3日。

本研究对上海市 2009 年以来开展的社区公益招投标项目进行了全面的整理，基于社区公益招投标网的资料，对从 2009 年到 2013 年 8 月 1 日中标的公益服务项目进行了整理和统计。四年间，上海市成功招标了 942 项社区公益服务项目，共计有 356 个组织承接这些项目。再通过上海市社会组织网，查阅这些组织的详细信息，获得较为全面的政府购买项目和社会组织资料。笔者也于 2013 年和 2014 年在上海市进行了针对社区购买服务的调查访谈。

（一）政府购买服务项目的一般情况

上海市在当时全市 19 个区县（卢湾区后来并入了黄浦区）都开展了政府购买服务项目，在上海市的整体层面上，也有购买服务项目。其中浦东新区开展的政府购买服务项目最多，达到 167 项，占到 17.73%。黄浦区和杨浦区分列第二和第三，分别有 73 项和 69 项。较少的是青浦区、金山区、崇明县，从 2009 年到 2013 年 8 月 1 日仅有 31 项、26 项、12 项（不计卢湾区）。上海市层面上有 14 项。在购买项目内容方面，主要有养老、助困、疾病救助、助残、青少年、社区发展、外来人口等不同的类别（见表 1）。每一类别下面又有具体的小的类别，基本上，每个项目的内容都非常明确具体。如表 2 所示，在每个项目的服务范围方面，大多数项目都是在一个街道提供服务，在市层面提供服务的有 14 项，在区层面提供服务的有 228 项，占比接近 25%。

表 1　政府购买服务项目具体内容

单位：项，%

项目类别		项目数量	比例
养老	养老	412	43.74
	养老　帮困	131	13.91
	痴呆老人	1	0.11
助困	帮困	30	3.18
	帮困　就业	6	0.64
	帮困　青少年　助学	58	6.16
疾病救助	癌症病人	24	2.55
	艾滋病	2	0.21
	自闭症	2	0.21

续表

项目类别		项目数量	比例
疾病救助	精神病人	9	0.96
	智障	19	2.02
	重大及慢性疾病	11	1.17
助残	助残	83	8.81
青少年	青少年	39	4.14
社区发展	帮教、边缘、戒毒	8	0.85
	便民与邻里	13	1.38
	慈善	5	0.53
	家政人员	1	0.11
	优抚	22	2.34
	家庭婚姻	11	1.17
外来人口	民工子女	26	2.76
	民工	5	0.53
	外来女性及外来媳妇	24	2.55
合计		942	100

表2 政府购买服务项目服务范围

单位：项，%

服务范围	项目数量	比例
一个街道	520	55.20
两个街道	90	9.55
三个街道	34	3.61
三个以上街道	56	5.94
区	228	24.20
市	14	1.49
合计	942	100

所有社区公益方面的政府购买项目都是通过招投标的方式进行的。上海市社区服务中对招投标的流程有着明确的制度规章。[①] 所有的招标项目

---

① 参见社区公益招投标网关于招投标工作流程的说明，http://www.gysq.org/sqgy/zj/zixun_detail.dhtml? id=53&Exp_Type_Id=1909，最后访问日期：2013年10月19日。

都在社区公益招投标网上公示，符合条件的机构都可以前来竞标，市社区服务中心组建有专门的评估审议委员会，评估审议结果也会在该网站上公示，最终通过市民政局行政审批。在实际中，仅有25.16%的项目是只有一家机构前来竞标，74.84%的项目有两家或者两家以上的机构前来竞标（见表3）。

表3 政府购买服务项目竞标组织数量

单位：项，%

同一项目竞标组织数量	项目数量	比例
1	237	25.16
2	240	25.48
3	335	35.56
4	101	10.72
5	21	2.23
6	5	0.53
7	3	0.32
总计	942	100

（二）政府购买服务中的社会组织

上海市2009年到2013年8月31日开展的942项社区公益服务项目共有356个组织承接。我们可以对中标的组织进行如下的分类：事业单位、民办非企业单位和社会团体。民办非企业单位和社会团体属于社会组织类别，两者占到了全部机构的90%以上。如表4所示，对于这356个组织而言，主管部门最多的是街道政府，有133个组织的主管部门为街道政府，占到37.36%；其次是区民政局，有118个组织，占到33.15%；市级政府部门主管的组织较少，仅有6个。每个组织承担的项目数量也有较大的差异，最多的承接项目达到32项。有接近50%的组织仅仅承担1个项目（174个组织，占比为48.88%），承担2个项目的社会组织有69个，承担3个项目的社会组织有49个，占据了全部社会组织的82%左右。承担10个以上（包括10个）项目的社会组织有13个。

表 4 中标组织主管部门

单位：个，%

主管部门	数量	比例
政府所属的传统社会团体	45	12.64
街道政府	133	37.36
区职能政府	54	15.17
区民政局	118	33.15
市职能部门	2	0.56
市民政部门	4	1.12
总计	356	100

（三）社会组织发展与公共服务供给效果

对于在西方政府与社会背景下发展出来的公私伙伴关系或者多中心治理理论和实践来说，公与私、政府与社会组织的界限是明晰的，彼此关系是相互独立的，参与各方的身份是平等的，唯有如此，才能达成真正的伙伴关系和多中心局面（奥斯特罗姆，2012：20）。在中国的国家与社会关系中，国家与社会显然是一种并非独立平等的关系，国家一直在国家与社会关系方面处于主导和控制地位。因此公私伙伴关系或者多中心治理理论背后所隐含着的西方社会的国家与社会关系和中国的国家与社会关系并不一致。

为了进一步了解政府购买服务中的社会组织与政府的关系，我们对社会组织的资料进行了进一步的挖掘。排除事业单位，我们对"民间组织"的法人背景进行了调查和统计，借助百度和谷歌搜索引擎，通过交叉比对不同信息来源的方式，争取确定更多的社会组织法人的背景。[①] 结果发现，在这些民间组织中，法人具有政府背景的民间组织占比较高，占全部民间组织的68.60%，纯粹由民间人士发起组织的民间组织占27.74%（表5中的第5～7项）。如果再考虑事业单位，那么法人具有政府背景的组织占到全部356个组织的71.07%（表5中的前四项）。所以尽管承接公益项目的

---

① 上海市社会团体管理局所属的社会组织网站（http://stj.sh.gov.cn/Index.aspx）有关于各个社会组织法人代表的信息。在确认法人代表的身份的过程中，借助搜索引擎，重点通过社会组织的官方网站、政府的公开信息及工作报告、新闻稿等，找到关于社会组织和法人身份背景的资料。

全部组织中，民间组织占到了90%以上，但实际上，如果将法人背景为公务员或退休公务员、事业单位、政府所属的传统社会团体、街道工作人员/居委会的社会组织暂且认为是政府的延伸机构，那么纯粹的民间组织仅仅占到27.74%，这些组织共承担282项项目，占全部项目的29.9%。事业单位及与政府密切相关的社会组织承担643项项目。

表5　组织法人代表背景

单位：个，%

组织法人背景	数量	比例
公务员或退休公务员	148	41.57
事业单位	75	21.07
政府所属的传统社会团体	13	3.65
街道工作人员、居委会	17	4.78
其他民间人士	60	16.85
商人	15	4.21
大学老师	16	4.49
暂缺	12	3.37
总计	356	100

通过上面的分析，我们可以看到社会组织在承接公益项目中占到92.13%，其中纯粹由民间人士成立和主导的社会组织有91个，占27.74%。按照严格的政府购买服务的定义，由民间人士成立和主导的社会组织承担公益服务项目是最符合定义的政府购买服务的形式。因为政府购买服务是公私伙伴关系的最主要形式，而公私伙伴关系处理的是公共治理与私人市场的关系，是政府与私人机构共享权力的一种方式（凯特尔，2009：157）。在所有承接政府购买项目的组织中，这91个组织是最符合社会组织的定义的，这些组织分别由大学老师、商人、其他民间人士（较多的是社会企业家）成立，相对于事业单位和其他与政府有着直接或者间接关系的社会组织，这些组织在与政府的关系中保持一定的独立性。在具体案例中，我们可以看到像上海市社会工作者协会、上海佰瑞福为老健康服务中心、上海屋里厢社区服务中心、恩派（NPI）等这样的相对具有独立性和民间色彩的社会组织在政府购买服务中也获得不错的项目，崭露头角，在民间社会组织的生态圈中非常活跃，有一些成为典范，领袖人物也

成为圈内知名人士，获得政府和社会的双重认可。

通过对社会组织的成立时间和其背景进行进一步分析，我们发现，从 2002 年开始，上海市社会组织开始迅速发展，而从 2002 年到政府购买服务开始之前的一段时间，成立的社会组织主要是政府背景社会组织，在政府购买服务开始之后，纯粹民间背景社会组织得到更好的机遇，在 2011 年和 2012 年，新成立的社会组织数量甚至接近和超过了具有政府背景社会组织的数量（见图 1）。

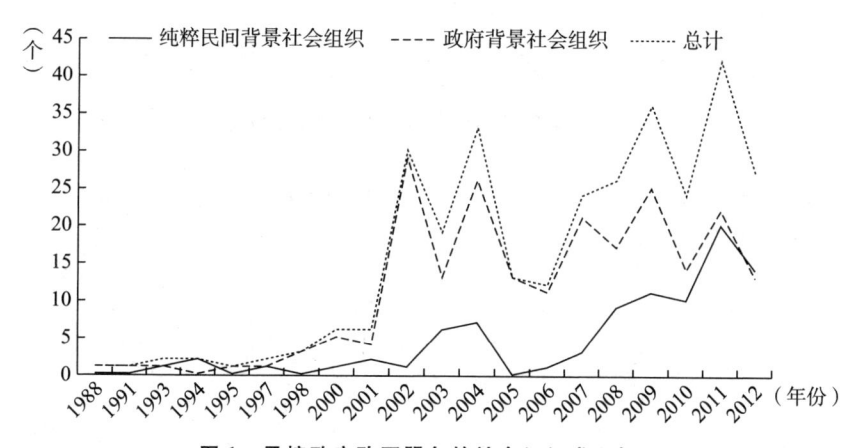

图 1 承接政府购买服务的社会组织成立年份

在上海，基层政府更倾向于向政府背景社会组织购买服务，这跟社会组织本身发展的现实基础是相关的，因为从 2002 年上海市开始由基层政府主导成立了大量的助残、养老等社区公益性质的社会组织，所以在政府购买服务开始之后，基层政府的大量项目是由这些组织承接的。而区民政系统则培育了大量的纯粹民间组织，这些社会组织往往具有较高的专业性，在承接政府购买服务项目中，也表现出较强的竞争性。从图 3 可以看出，从 2008 年开始，主管部门为区民政局的新成立的社会组织中，纯粹民间背景社会组织的数量已经不再低于政府背景社会组织的数量。而主管部门为街道的社会组织中，政府背景社会组织的数量始终高于纯粹民间背景社会组织的数量（见图 2）。

从图 1 中可以看出，上海市从 2002 年开始进入社会组织大发展阶段。这一阶段鲜明的特点是行政力量主导了社会组织的发展。绝大多数社会组织是在政府主导下成立的，具有政府背景。这一时期由政府成立的社会组织得益于政府整体的规划，主要成立的是城市社区基层的公共服务性质的社会组织，提供的服务以残疾人照料和养老为主。

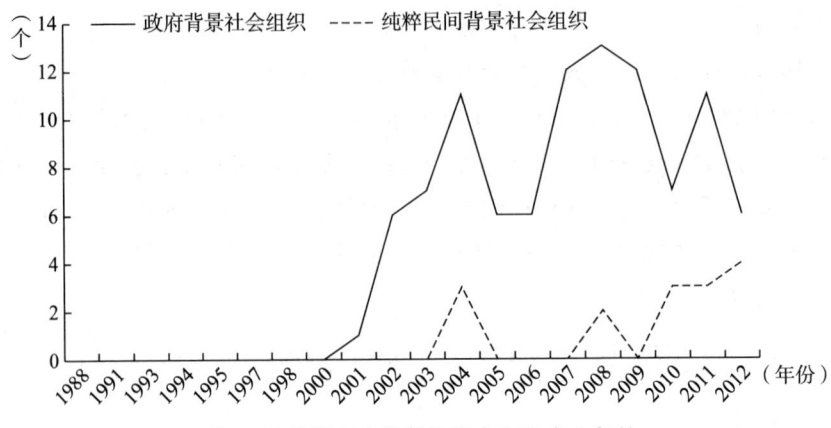

图 2　主管部门为街道的社会组织成立年份

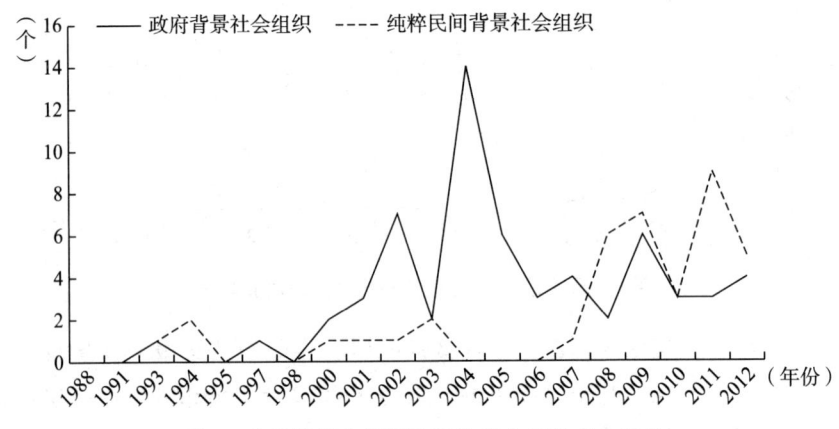

图 3　主管部门为区民政局的社会组织成立年份

从 2002 年开始推进社会组织成立工作，到 2003 年，9 个市中心城区的 80 个街道（镇）中，已成立街道老年协会的有 40 个，占 50%；10 个郊区的 3505 个居（村）委中，已建立居（村）委老年人协会的有 3478 个，占 99.2%。① 与此同时，民政部门和街道办事处开始在全市推广建立居家养老中心。自 2003 年起，全面推进社区居家养老服务，为老年人提供上门或日托形式的生活照料等服务。到 2005 年底，全市区（县）、街道（乡镇）成立了 233 个助老服务社，建立了 83 家老年人日托服务机构。② 2002

---

① 参见《上海市民政局 2004 年老龄工作开展情况总结》，http://www.shmzj.gov.cn/gb/shmzj/node8/node15/node58/node72/node99/userobject1ai4749.html，最后访问日期：2013 年 12 月 9 日。
② 参见《上海市民政局关于"十五"规划中老龄事业发展的总结》，http://mzj.sh.gov.cn/gb/shmzj/node8/node15/node55/node231/node263/userobject1ai22366.html，最后访问日期：2013 年 12 月 9 日。

年，上海市委、市政府颁发了《关于进一步推进本市民间组织参与社区建设和管理的意见》（沪委办〔2002〕16号），要求全市各街道、镇全部建立民间组织服务中心。2003年3月，上海市民政局、上海市社团局印发了《关于在本市街道（乡镇）组建社区民间组织服务中心的实施意见》，要求用三年时间逐步在有条件的区（县）、街道（乡镇）推进社区社会组织服务中心的设立工作，逐步构建社区社会组织服务和管理的网络框架。上海市在"十五"期间，按照经济发展、社会管理和公共服务的需求，优先发展了一批适应社会主义市场经济、承接政府职能转移的专业性和行业性协会，重点培育了一批社区公益性、服务性民间组织。"十五"期末，全市共有社会团体2956个，民办非企业单位4526个，基金会67个。积极配合开展民间组织党建工作，全市民间组织党建覆盖率在90%以上。① 在这一阶段，具有政府背景的公益服务组织大量产生。

从2008年开始，上海市社会组织发展进入了下一阶段，纯粹民间背景社会组织开始获得了良好的发展机会，在数量上与政府背景社会组织的差距日益缩小，到2011年、2012年，纯粹民间背景社会组织的数量已经跟政府背景社会组织的数量几乎持平了。可以预见，按照此趋势，在未来，纯粹民间背景社会组织将会获得更快的发展，并且有可能在发展速度上超过政府背景社会组织。

与上一阶段不同，纯粹民间背景社会组织相对比较多元化和专业化。大量的专业人士和社会企业家加入成立社会组织的领域。他们成立了多样的社会组织，包括关于青少年照顾、孤独症儿童康复、心理咨询、儿童理财观念培养、老年人文艺活动、健康保健、边缘少年照顾、边缘家庭照顾、老年人照顾、精神病人照顾、癌症患者照顾等的，以及专门孵化社会组织的组织等。

在这一阶段，政府的政策倾向发展了转变。政府从前一阶段直接成立社会组织转变到注重培育社会组织，给社会组织孵化提供制度和财政支持。2009年10月，上海市印发《关于鼓励本市公益性社会组织参与社区民生服务的指导意见》。对于符合条件的公益性社会组织，上海市给出了13项扶持政策，从登记注册、资金、场地、服务空间、办公条件等诸多方面提供便利。2011年5月，浦东新区出台的《关于"十二五"期间促进浦

---

① 参见《上海市民政局关于"十五"规划工作的总结》，http://www.shanghai.gov.cn/shanghai/node2314/node2319/node12344/userobject26ai9814.html，最后访问日期：2013年12月9日。

东新区社会组织发展的财政扶持意见》明确提出，对服务民生的公益性、枢纽型、支持型三类社会组织的初创期给予扶持，对入驻浦东的长三角区域、全国性行业协会、基金会，以及市行业协会、基金会加大了补贴力度。

在实践中，政府采取多种方式来培育社会组织。在这方面，浦东新区是一个突出的代表。2009年底，浦东新区成立浦东公益服务园，浦东新区民政局跟企业签订合作协议，投入了3200平方米的办公用房和公共活动空间，按照"企业提供办公用房和物业服务、政府提供财政补贴和入住标准、社会组织自我管理和服务"的运作思路，浦东新区给予补贴。[1] 2010年7月，成立了上海市社会创新孵化园，民政部部长李立国和副部长姜力参加开园仪式。该孵化园由上海市民政局立项，福利彩票公益金提供资金支持，通过政府的支持鼓励社会组织参与，计划3年内达到30个公益服务项目。[2] 2011年，上海市虹口区、闵行区等成立了社会组织孵化园。[3]

三　广州：单位制社区公益服务供给模式

在广州，政府购买社会服务起步于2007年。最初，海珠区政府出资200万元，向启创社工服务中心购买了3条街道和2所中学的青少年服务项目。紧接着，荔湾区投入100万元，向广州市大同社工服务中心、广州荔湾区逢源人家服务中心等购买服务，向该区8个试点街道的老年人、青少年、残疾人、困难群体提供服务。2012年8月，广州海珠区推出"青年地带"青少年事务社会工作专项个案服务项目。"青年地带"是由广州市民政局和海珠区政府联合购买，委托海珠区团委统筹实施的社会服务项目。市、区按照1∶2的比例出资，3年政府购买服务的总标价为1650万元。此项目服务时间从2012年9月1日开始，在海珠区共设18个"青年地带"社工站，服务全区6~30岁的青少年，项目人员共55人，服务期限为3年。

广州市在社区大力推广政府购买公共服务起始于2011年。2011年，广州市出台《关于加快街道家庭综合服务中心建设的实施办法》，提出到

---

[1] 参见浦东新区政府网页，http://invest.pudong.gov.cn/investinfo_wccy_yqjs_gy/list/list_0.htm，最后访问日期：2013年10月8日。
[2] 参见恩派网页，http://www.npi.org.cn/thenest/，最后访问日期：2013年10月8日。
[3] 参见以下网页，http://stj.sh.gov.cn/Info.aspx? ReportId = 5e836245 - 0200 - 40e1 - a0ac - 412cdfa16204；http://www.chinadevelopmentbrief.org.cn/sortinfoview.php? id = 8562，最后访问日期：2013年10月8日。

2012年上半年，全市每个街道至少建成一个家庭综合服务中心。家庭综合服务中心由政府出资购买，由社会组织承办，并接受全程跟踪评估。文件强调："加快家庭综合服务中心建设是我市进一步理顺基层社会服务管理体制、推进街道社会服务管理改革创新的重要内容，是加快政府职能转变、提升政府公共服务能力和社会管理水平的具体措施，是落成城市管理重心下移、理顺基层管理关系、促进国家中心城市和全省宜居城乡'首善之区'建设的重要途径。"时任广州市领导强调，要以"坐不住、等不起、慢不得"的精神和态度，扎实推动街道社区和镇村社会服务管理改革创新。2012年2月3日召开的广东省社会工作专业人才队伍建设工作会议决定，将投入2.6亿元帮助广州市132个街道建设家庭综合服务中心和购买社工服务，平均每个街道的投入资金规模为200万元。截至2014年7月，广州市各个街道都建成了家庭综合服务中心。由此，以单位制为主体的基层公共服务供给体系建立了起来。

（一）承接家庭综合服务中心的社会组织的情况

截止到2014年8月底，根据广州社区服务网公示的资料，[①] 笔者共整理出来147个家庭综合服务中心的信息。广州市133个街道都设立了家庭综合服务中心（其中有4个家庭综合服务中心是建立在社区层面上），另有14个镇也设立了家庭综合服务中心。通过对家庭综合服务中心的简介我们可以看出，除了个别设立在社区层面上、辖区面积小、人口少的家庭综合服务中心，设在街道层面上的家庭综合服务中心之间在辖区面积和服务人口上有着非常大的差异（见表6）。老城区的特点是辖区面积小，但人口稠密，人口密度大。郊区街道辖区面积大，其中乡镇面积尤其大，本地人口加上流动人口导致常住人口众多且分散。以镇街为单位建立的家庭综合服务中心要求每一个社会组织的岗位数是基本统一的，每个家庭综合服务中心的全部工作人员大概是20人。

表6 家庭综合服务中心情况（仅包括街道、乡镇层面的中心）

	最大值	最小值	平均值
辖区面积（平方公里）	230	0.3	18.52
辖区人口（人）	310000	5500	77704

---

① 参见广州社区服务网（http://www.96909.gd.cn/）。笔者在2014年8月对该网站公示的家庭综合服务中心的资料及相关的社会组织资料进行了详细整理。

通过对承接 147 个家庭综合服务中心的社会组织进行梳理，我们发现共有 71 个社会组织机构承接这些家庭综合服务中心的工作。平均每个社会组织大约承接 2 个家庭综合服务中心。进一步分析可以看出，有两个社会组织分别承接 8 个家庭综合服务中心，分别是由市、区两级供销社系统成立的恒福社会工作服务社和由区港澳政协委员成立的普爱社会工作服务社。有 8 个社会组织相对较大，承接了 5 个或者 5 个以上的家庭综合服务中心。有超过一半的社会组织仅仅承担 1 个家庭综合服务中心。

笔者进一步对每个社会组织成立者的背景进行了查询，查询方式跟对上海的社会组织的法人背景进行查询的方式相同。如表 7 所示，与上海的社会组织发育情况不同，广州的社会组织基本上依赖于民间力量。其中大学和大学老师作为社会组织发起人的比例最高，有 22 个社会组织属于这一类别，占到 30.99%。由在社会工作界积累了丰富经验的专业社工人士成立的社会组织有 18 个，约占 1/4。街道扶持鼓励本街道内公益人士成立的社会组织有 10 个。由传统社会团体（比如养老院、共青团、少年宫等）培育成立的社会组织有 8 个。企业成立的有 7 个。广州市和区两级供销社系统也利用政府购买服务的机会，由供销社工作人员成立了市、区两级的 4 个社会组织。另外还有街道和大学合作、区政协委员组织成立的社会组织各 1 个。这些社会组织的特点非常鲜明，大学老师、专业社工人士等具有专业素养的人士成立的机构占据了主要地位。

通过进一步分析我们可以看出，大部分的社会组织都是在政府购买服务开始之后成立的，2011 年是顶峰，这一年有 22 个社会组织成立，2012 年有 10 个，2013 年有 3 个（见表 8），可以看出，基本上这些社会组织一成立就开始承接政府购买服务的工作了。最早在 1909 年成立的基督教青年会，在政府购买服务中，也承接了 1 个家庭综合服务中心的工作。1992 年成立的社会组织是由大学教授成立的社会组织，传统上是从事扶贫工作的，在政府购买服务中也承接了家庭综合服务中心的工作。

表 7　社会组织发起人背景

单位：个，%

社会组织发起人背景	数量	所占比例
大学和大学老师	22	30.99
专业社工人士	18	25.35
街道内公益人士	10	14.08

续表

社会组织发起人背景	数量	所占比例
传统社会团体	8	11.27
企业	7	9.86
供销社	4	5.63
街道和大学合作	1	1.41
区政协委员	1	1.41
总计	71	100

表8 1909~2013年成立的社会组织

单位：个

成立时间	社会组织数量
1909年	1
1992年	1
2008年	5
2009年	12
2010年	11
2011年	22
2012年	10
2013年	3
不明	6
总计	71

（二）政府与社会组织及家庭综合服务中心互动情况

1. 家庭综合服务中心服务内容设计

每个家庭综合服务中心提供的服务基本上是相似的。由于每个街道只有一家家庭综合服务中心，所以它必须针对所有的居民提供一般性的服务。一般而言，都会包括针对家庭、老年人、青少年、残疾人、志愿者等方面的服务和工作。

比如，以越秀区东山街为例。东山街家庭综合服务中心由东山街道办事处和广州市越秀区家衡社会工作服务中心合作创办。中心以社区为依托，以居民服务需求为导向，通过"系统服务，个案关顾"，运用社会工作专业方法为社区居民提供长者服务、家庭（育龄妇女）服务、青少年服务、残障人士服务、义工发展服务等，努力构建社区综合服务支持网络，打造居民的"心灵家园"，促进社会和谐。①

再看海珠区的滨江街。滨江街家庭综合服务中心致力于社区综合服务的提供，旨在激发个体、家庭及社区的潜能，让居民建立信心、认同自我、关心家庭、和睦邻里、积极参与社区活动，共建和谐社区。中心的服务对象涵盖青少年、妇女、老人、残障人士等群体，为社区提供发展性、支援性和补救性的综合服务。②

2. 家庭综合服务中心考核内容

政府购买服务的考核标准主要是两方面：经费的使用和服务的情况。对于经费的使用，政府基本上有一个指导标准。每个街道政府购买服务经费200万元必须全部用于购买服务，不得用于设备购置、场地装修或租金等其他用途。各区、县级市要根据本区、县级市的实际情况，科学地确定200万元购买服务经费的使用和支出构成。具体指导标准为：购买服务经费的60%用于人员开支（工资、奖金、五险一金和以上支出引致的税费等）；10%用于专业支持费用（包括聘请督导费用、社工入职培训和其他专业培训费用等）；10%用于开展专业服务和活动费用（包括服务和活动产生的物料、交通、误餐、组织义工等费用）；10%用于日常办公费用（包括办公耗材、保洁、安保、水电、场地维护等）；10%用于其他杂费（包括中标费用、评估费、机构年度相关税费等）。③

服务情况的考核主要是由市、区政府组织进行。街道家庭综合服务中心的评估和日常监督工作由市民政局统筹指导并负责建立评估人员名单数据库，各区、县级市民政局和街道要积极配合。街道家庭综合服务中心的中期和末期评估由各街道家庭综合服务中心分别在到期前一个月向市民政局或区（县级市）民政局提出申请，市民政局或区（县级市）民政局须在到期前2天向街道家庭综合服务中心出示评估报告。

在中期和末期评估工作外，对街道家庭综合服务中心实行日常服务的随机抽查机制，由市民政局统筹负责，原则上每个街道家庭综合服务中心

---

① 参见广州社区网，http://www.96909.gd.cn/sqfww/sg_jt_jiben.asp?f_number=0121&f_name=东山街家庭综合服务中心，最后访问日期：2014年9月27日。
② 参见广州社区网，http://www.96909.gd.cn/sqfww/sg_jt_jiben.asp?f_number=0304&f_name=滨江街家庭综合服务中心，最后访问日期：2014年9月27日。
③ 参见广州市民政局文件《关于进一步做好街道家庭综合服务中心建设工作的函》。

在三年服务周期内必须抽查一次。①

3. 政府培育社会组织的办法

广州在推行家庭综合服务中心建设之后，相关的社会组织发育较慢，因此培育社会组织是开展这项工作的必要条件。但出于两方面的原因，培育社会组织实际上面临难题：第一，政府推行家庭综合服务中心建设的速度非常快，很短时间内在全市铺开；第二，家庭综合服务中心由于提供全方面的服务，因此实际上要求社会组织资质更好，专业覆盖更全面。

在这种情况下，出现了一些社会组织资质不足的问题。比如，一个成立于2009年的社会发展服务中心中标了黄埔区一街道的家庭综合服务中心项目，一年之后就退出了，因为该组织基本上无法提供合适的服务。也出现一些空壳机构，拿到项目才开始雇人，实际上机构并没有工作经验（龙晓庆，2012）。这一点从社会组织成立的日期也可以看出，它们大部分成立时间都很短。由于每个家庭综合服务中心涉及的政府资金数额都很大，每年有200万元，对社会组织必须有较高的素质要求，在制度设计上，实际上给社会组织设置了较高的门槛。

四 香港：混合制社区公共服务供给模式

经过一百多年，尤其是在第二次世界大战之后，香港逐步建立起具有鲜明特点的社区公共服务体系，相对于上海和广州来说，香港的社区公共服务供给模式可以定义为混合制模式。这种模式的特点是：①政府在社区公共服务领域投入了大量的财政资源；②这些财政资源主要是通过政府购买服务的方式投放给社会组织，同时，政府也直接参与社区公共服务的提供，但参与程度很低；③在社区公共服务制度安排上，在以使用专业项目制向社会组织购买服务为主导的情况下，兼顾采用单位制的模式。香港社会福利署在各区设立了65个综合家庭服务中心和2个综合服务中心，其中由社会福利署负责其中41个，社会组织负责其中26个；② 除此之外，还有社会组织承接了大量的其他类别的中心，比如儿童与青年中心、综合青

---

① 参见广州市民政局文件《关于进一步做好街道家庭综合服务中心建设工作的函》。
② 参见香港社会福利署网页，http://www.swd.gov.hk/tc/index/site_pubsvc/page_family/sub_listofserv/id_797/，最后访问日期：2014年9月23日。

少年服务中心等。①

2014~2015年度，社会福利署的开支预算总额为559亿港元。其中，391亿港元为经济援助金，119亿港元提供给非政府机构作为经常资助金，17亿港元为福利服务的其他费用，部门开支为32亿港元。在同一个年度，还有10亿港元的奖券基金，用作资助非政府机构非经常性开支的经费来源。所以在公共服务供给这一部分，政府共为非政府机构提供了129亿港元的资助，数目非常巨大，与内地各个城市远不在同一个数量级上。香港社区公共服务的具体类别见表9。

表9　香港社区公共服务类别

社会福利类别	中心或者项目	直接承接单位类别	2012~2013年度受资助单位数量
社会保障	1 综合社会保障援助 2 公共福利金计划下的高龄津贴及伤残津贴 3 暴力及执法伤亡补偿计划 4 交通意外伤害援助计划 5 紧急救济	社会福利署提供具体形式以发放现金为主	无
家庭及儿童福利服务	65个综合家庭服务中心和2个综合服务中心	社会福利署负责41个，社会组织负责26个	202家机构，另有13位社会工作者负责家务指导服务和22位社会工作者负责家务生活教育
	5个妇女庇护中心、1个危机介入及支援中心、1个家庭危机支援中心	非政府机构	
	设立露宿者综合服务队、临时收容中心及市区单身人士宿舍	非政府机构	
	24小时热线服务	专职社工或转驳到非政府机构热线	
医疗社会服务	在医疗机构设立34家医疗社会服务机构	非政府机构	33家机构
社区发展服务	13个社区中心、17项邻舍层面社区发展计划、1项边缘社群支援计划	非政府机构	30家机构
青少年服务	138个综合青少年服务中心	非政府机构	237家机构
	为469所中学提供学校社工服务	34家非政府机构	
	19支青少年外展队和18支深宵外展服务队	非政府机构	
	社区志愿服务计划、滥用精神药物者辅导中心、戒毒辅导服务中心	非政府机构	

---

① 截至2014年8月，共有108个综合青少年服务中心；截至2012年11月，共有23个儿童与青年中心。参见香港社会福利署网页，http://www.swd.gov.hk/tc/index/site_pubsvc/page_young/sub_centreserv/，最后访问日期：2014年9月23日。

续表

社会福利类别	中心或者项目	直接承接单位类别	2012~2013年度受资助单位数量
康复服务	为残疾儿童提供照顾和训练的早期教育及训练中心、特殊幼儿中心和幼稚园暨幼儿中心兼收弱能儿童计划	非政府机构	889家机构提供28个类别的服务
	为残疾成人提供训练和职业康复服务的展能中心、庇护工场、辅助就业服务、综合职业康复服务中心、综合职业训练中心、残疾人士在职培训计划、"阳光路上"培训计划、延展照顾计划及职业康复延展计划等	非政府机构	
	为残疾人士及其家人提供续顾/支援服务，包括日间及住宿暂顾服务、精神健康综合社区中心、残疾人士地区支援中心、残疾人士社区支援计划、严重残疾人士日间照顾服务、严重残疾人士家居照顾服务、日间社区康复中心、四肢瘫痪病人过渡期护理支援中心、残疾人士社交及康乐中心、家长/亲属资源中心、社区康复网络及康乐会等	非政府机构	
安老服务	长者地区中心、长者邻舍中心、长者活动中心、长者日间护理中心/单位、改善家居及社区照顾服务、综合家居照顾服务、家务助理服务、长者支援服务队	社会福利署、非政府机构	493家机构和126支服务队
	资助长者宿舍、安老院、护理安老院、护养院、合约院舍等	非政府机构	
违法者服务	7家感化及社会服务令办事处、1家高等及区域法院感化办事处、1家针对青少年违法者的综合院舍	社会福利署	39家机构
	刑释人士宿舍、刑释人士社会服务中心、青年受感化者住宿服务、戒毒治疗及康复中心/中途宿舍、滥用精神药物者辅导中心、戒毒辅导服务中心、法院社工服务等	非政府机构	
推广义工服务	开办义务工作统筹课、开展义工运动	社会福利署	无

资料来源：参见香港社会福利署网页，http://www.swd.gov.hk/tc/index/site_pubpress/page_publicatio/，最后访问日期：2014年9月23日。

（一）政府与社会组织共同提供社区公共服务

与上海和广州的政府社区购买社会组织公共服务不同，在普遍性的政府向社会组织购买服务的同时，政府也直接承接具体的服务内容。从综合家庭服务中心中社会福利署和社会组织的作用可以直接看出来。在65个综合家庭服务中心和2个综合服务中心中，社会福利署直接负责其中的41个，另有26个由不同的社会组织负责。根据香港社会福利署2012~2013年度的统计资料，我们可以看出社会福利署的人事构成。在其雇员中，有39.13%的员工是社会工作人员，有29.01%的员工是社会保障人员，两者合计占到总员工的68.14%，再加上护士及辅助医疗人员，共计70.45%的员工直接参与公共服务提供（见表10）。

表10　香港社会福利署员工构成（2012~2013年度）

单位：人，%

人员类别	数量	占比
中央行政人员	133	2.50
社会工作人员	2084	39.13
社会保障人员	1545	29.01
秘书及文书人员	961	18.04
体力劳动人员	273	5.13
护士及辅助医疗人员	123	2.31
其他人员	207	3.89
总人数	5326	100

资料来源：作者根据香港社会福利署网站公开统计资料整理而成。

（二）单位制和项目制兼顾

在最为基础的社区公共服务供给上，社会福利署重视单位制的作用，在社区基层设立单位性质的机构，保障基本公共服务供给。其中尤其是以综合家庭服务中心最具代表性，也直接影响了广州市设立家庭综合服务中心的决策。我们可以看出在各个基本领域都有类似的中心，其他的中心在规模上更小，设置也较综合家庭服务中心灵活，并且完全由社会机构去营运。比如，在社区发展这一块，设立有社区中心；在安老服务这一块，设立有长者地区中心等；在青少年领域，设立有青少年服务中心；等等。这些基础性的按照区域设置的中心，为各类人群的基本需求提供了基础性的保障。

在更为具体更为特殊的需要方面，项目制则是主导性的模式。在各个类别的公共服务供给领域，在基础的中心之外，有着更为繁复、多样、专业的项目设置，这些项目数量非常之多，设计非常之具体，也涉及大批的非政府机构。我们能够看到的共计约有2000个的受资助机构中，绝大多数通过项目制的方式获得政府资助，提供社区公共服务。通过表9可以看出香港在社区公共服务中设计项目的具体和专业程度，仅仅在康复服务这一个类别，就有28种不同的服务项目设计，其他各个类别基本上是相似的情况。

通过单位制提供基础性的公共服务，通过项目制提供更具专业性的特殊服务，社区公共服务体系在体制上进行了有效的分工，覆盖了社区不同群体的一般性和特殊性需要。

（三）政府资金和社会资金兼顾

香港特区政府用于向非政府机构购买服务的经费非常巨大，2012～2013年度经费已经超过百亿港元。然而，回顾历史我们可以发现，政府在这一领域的作为并非一直如此。

香港社会福利制度演变经历过四个主要阶段（罗观翠、王军芳，2008）。在早期，港英政府实际上对辖区内的贫困、失业、弱势群体照顾、家庭等诸多问题基本是不介入的。这一阶段基本上延续到第二次世界大战以后，直至20世纪60年代初期。政府在这一时期的作为，主要是针对迫切具体的需要提供适量的实物救济。面对众多的社会问题，民间力量开始发展，并提供救助。比如当地士绅在1870年设立的东华三院和1881年设立的保良局，一直持续提供公共服务；国际性志愿机构开始进入香港提供服务，它们的资金主要依赖于海外母会。60年代中后期，香港发生过两次暴动和一系列的社会运动，政府开始认识到提供社会福利的必要性。民间社会在1968年设立了香港公益金机构，非政府机构建立了统一的募款和分配善款的组织。政府建立了"酌情津贴"制度，为非政府机构拨款。政府于1973年发表名为《香港福利未来发展计划》的白皮书。在这个纲领性文件中，政府明确了非政府机构的伙伴地位。1977年，政府发表三部与社会福利有关的绿皮书，即《社会保障——为最不能自助者提供帮助》、《老人服务》及《青少年个人辅导社会工作》。从此之后，提供公共服务的非政府机构基本上依赖政府和公益金的支持生存。1979年，港英政府发表《进入八十年代的社会福利白皮书》，并在1982年实行"标准津贴"制度，对非政府机构提供的大部分基础性服务给予"百分之一百"的资助。公益金的使用开始鼓励更多的专业性和创新性服务的项目。1991年，港英政府发表《跨越九十年代香港社会福利白皮书》。2000年，对经费的管理方式转变为"整笔拨款"制度，香港特区政府希望实现由监控资源投入到监管服务质量的转变，给予受津助机构在处理服务资源上更多的弹性。

我们从中可以看出，政府早期在这一块是没有投入经费的，非政府机构完全依赖于自身的经费开展公益服务。20世纪70年代，政府开始给非政府机构投放资源。但与此同时，我们可以看到，非政府机构自身也从社会募款，公益金组织扮演着非常关键的角色，体现了非政府机构发展中更多的自主性、专业性、创新性。

五 案例小结：模式选择和相应后果

通过对我国三个重要大城市的不同治理模式和实践的介绍，我们可以发现不同社会基础上制度的选择可以带来显著不同的治理效果（见表11）。

表11 三种制度模式社会基础和治理效果差异性比较

制度模式	资源投放	社会基础	服务效果	对社会组织发育影响	政府管理方式
上海的项目制	数亿元	社会组织发育较慢	具体专业的特殊性服务	促进专业发展、利于草根组织、支持不稳定	因项目而有具体明确要求
广州的单位制	数亿元	社会组织发育较慢	侧重全面的基础性服务	门槛高、同质化、支持持续稳定	统一要求、统一经费、统一标准、统一考核
香港的混合制	百亿港元	在港英政府投放资源前，社会组织已经有所发育	涵盖基础性服务和特殊性服务	强	政府因直接参与提供而有专业经验去了解考核、拨款便捷、社会组织相对自主灵活

（1）社会组织发育基础。在开展政府向社会组织购买社区公益服务活动时，三地政府所面对的社会组织发育情况是不同的。相对而言，上海和广州社会组织发育在相似的水平上，香港的社会组织发育程度较高。经过长期的积累，香港的社会组织发展相当专业并且多元，从早期的以海外慈善组织、宗教慈善组织为主，到保良局、东华三院这样的社会组织开始发展，在提供公共服务的过程中，社会组织的专业性得到提升，能力得到锻炼。相对于广州，上海在发展社会组织方面着手较早。从前面针对上海的介绍我们可以看到，从2002年开始，上海就大力培育社会组织，虽然当时

大量的民办非企业单位是由政府直接扶持成立的,很多组织的法人还具有明显的政府背景,但当时确实在数量上培育了大量的专门用于在社区提供公共服务的组织,为以后大规模开展的政府购买服务行为奠定了基础。与此同时,浦东新区也在早期进行了很多政策创新鼓励培育社会组织。这些在一定程度上为之后开展的项目制打下了基础。与上海相似,广州的社会组织发展在国内也是较早的,但相对于香港则比较薄弱。

(2) 服务效果。不同的制度模式必然带来不同的效果,这在根本上是由制度本身决定的。项目制模式是以具体项目为基础的。项目涉及的内容非常明确具体,比如以"金山区危机青少年训练营项目"为例,我们可以看到招标书中具体的内容要求。

> 服务对象:石化街道、朱泾镇街道内的80名有网瘾、辍学、低自信、三失、行为偏差的青少年。
> 项目目标:通过开展户外训练营队活动、榜样人物宣讲、社区志愿服务、心理辅导、家长工作坊等活动,帮助边缘青少年树立信心,了解学习的意义和价值,增强人际沟通技能,培养积极向上的价值观及行为方式,帮助边缘青少年家庭和睦相处、和谐共进,帮助外来务工家庭融入社区、融入社会。
> 服务要求:开展户外体验互动式训练营活动,通过精心安排具有针对性的活动,帮助青少年从中习得积极、正向的行为模式和价值观。项目周期内不少于4期,每期2天,每次参与人数为80人(类似项目共有7项)。
> 从业经验与专业能力要求:项目执行团队应至少配备5名专业社工、5名心理咨询师、5名志愿者。

从上述项目内容的介绍来看,项目制对于服务人群、服务方式、专业能力等都有着非常具体的要求,服务对象和服务内容都特别明确,因此对于社会组织的专业性也有着具体明确的要求,每一个项目的要求都是具体而有差异的。通过深入分析社会组织资料和访谈我们可以看到,项目制下的社会组织整体上都朝向专业方向发展,针对老年人、残疾人、癌症患者、自闭症患者等,都有专业的社会组织在开展工作。比如上海沁园心理健康咨询中心、上海知音心理咨询中心、上海市奉贤区癌症康复协会、上海市杨浦区肿瘤康复协会、上海闸北青苹果家庭关爱指导中心、上海知了公益文化传播中心、上海屋里厢社区服务中心、上海爱拍社区公益影像发展中心、上海奇翔儿童发展中心、上海青聪泉儿童智能训练中心等，都是在特定领域发展出来的专业社会组织。整体上看，在制度上设计出来分工详细的具体项目，就一定能够促进这些领域的专业社会组织的发展。

对于单位制来说，制度设计上跟项目制有着显著差异。广州的家庭综合服务中心整体上的要求和服务内容都是统一的，基本上都涉及家庭、青少年、老年人、社区发展、义工等领域，因此家庭综合服务中心的目的是提供最核心人群的基础性服务。由于广州采用的单位制是以街道办事处和乡镇为单位设立的，每一个镇街所辖的人口和空间面积有着极大的差异，政府对于每一个家庭综合服务中心给予同样的经费，要求设置数量大致相当的社工岗位，这对于有着巨大地区（辖区）差异的广州各地来说，会忽略很多的差异性。目前的状况是每一个家庭综合服务中心包括社工和后勤等在内的所有工作人员大约有 20 人，而他们往往针对数万人口甚至数十万人口提供一般性基础服务，这在很大程度上限制了他们工作的深度和广度，不利于他们专业性的发挥和培育（同一发现可以参考朱健刚、陈安娜，2013；王思斌、阮曾媛琪，2009）。这一点在承接家庭综合服务中心的社会组织的特点上也能看出来，承接家庭综合服务中心的所有社会组织基本上是同质性的社工服务中心（社、所）。这些社会组织的组建者属于专业人士，在各个家庭综合服务中心提供基本相似的服务。它们的差异主要在于实力和专业能力的强弱，不在于服务内容上的专业分化。

混合制则有效地平衡了单一实行单位制或项目制的长短。通过单位制确保一般性公共服务的供给，设立综合家庭服务中心、综合青少年服务中心、长者地区中心、社区中心等机构，满足核心服务人群的基本服务。同时，香港还通过大量的专业项目针对特殊人群提供特殊的社会服务，或者设立服务队更灵活地提供专业服务，这样的一些做法可以补充单位制提供基础性服务之后留下的空缺，做到无缝隙的公共服务供给。

（3）对社会组织发育的影响。在整体上，政府购买服务可以显著地促进社会组织的发育。在中国，政府对社会组织发展相当谨慎，由国务院出台的《社会团体登记管理条例》的主导性取向是管理社会组织（顾昕、王旭，2005）。在政府购买服务的模式下，政府对于社会组织的看法发生转变，并且依赖于社会组织来共同完成这项工作，所以培育和发展社会组织成为这一政策模式下相应的配套政策。在三个方面，政府购买服务可以促进社会组织发展：第一，政府购买服务给社会组织提供了直接的经费，这对于社会组织来说非常关键；第二，政府购买服务会让政府放开对公益服务类社会组织的登记管理，在广州和上海，政府都采取了相应的政策；第三，政府购买服务给社会组织开放了活动的空间，解决了社会组织提供社会服务的进入问题。

进一步来看，相对而言，由于社会基础较好，香港特区政府对于社会组织发展设限较少，在这样的政治和社会背景下，政府购买服务极大地促进了本土社会组织的发育，我们可以看出，在香港，政府购买服务中涉及的社会组织数量非常多、种类非常多元。

项目制模式下的上海对社会组织的培育也取得较好效果。项目制的特点是专业具体，规模有大有小，种类多样，这给社会组织的发展提供了容易进入的门槛，极大地促进了各类中小型、初创型社会组织的发展。在上面关于上海市的介绍中可以看出，上海市及各区县都出台了孵化社会组织的政策和具体支持办法，也通过社会组织来培育社会组织，比如恩派，它们和政府一起，培育社会组织和公益人才。我们通过对承接政府购买服务项目的具体社会组织的描述分析可以看出，随着政府购买服务工作的推进，大量的纯粹民间背景社会组织开始成立，提供服务。由于项目制的特点，其特别有利于专攻特定领域的社会组织的发育，有利于社会组织专业化发展。但项目往往是以一年为期，这给社会组织的发展带来不确定性因素。

单位制模式下的广州对社会组织的培育效果主要在于培育了一批起点高、全面发展的社会组织。从单位制本身的制度设计来看，家庭综合服务中心要求提供统一的基础性的全面服务，这对社会组织发展造成两方面影响。第一，社会组织需要提供全方位的服务，这给社会组织设置了门槛；第二，每一个社会组织都需要提供相似的全面服务，这限制了社会组织多元化发展的可能性，并影响了社会组织的专业化。我们可以看到在广州由大学老师直接成立的社会组织的数量多，所占比例最高，并且还有大量的社会组织是依赖于大学师生的，这一点在上海就不存在。家庭综合服务中心合同为3年，可以为社会组织提供比较稳定的支持。

（4）政府管理方式。制度模式的不同也带来了政府管理方式的不同。在香港，政府购买服务经过几十年的发展，政府与社会组织的互动模式已经经历过好几次演变。目前政府对于社会组织进行管理的模式相对而言比较灵活，在经费管理采取"整笔拨款"制度之后，政府对社会组织的专业性比较信任，监管灵活，社会组织自主性很高。由于混合制下的政府直接介入社会服务的提供，让政府同时具备专业素质，更有利于对社会组织承担项目的管理。

单位制对于政府来说管理起来相对容易，因为该体制模糊了地区和服务内容的差异性，强调统一性。针对统一内容，有着统一要求，标准统一，进行统一的考核。因此，政府对单位制下的社会组织控制和监管相对容易。项目制对于政府来说管理起来相对困难。首先是项目本身有着巨大的差异，对每个项目的监管实际上需要不同的专业素质，需要面对很多差异化的服务和标准，因此在考察方面，政府需要依赖专业的社会组织去进行，这增大了监管的复杂性，政府管理成本相对较高。

六　余论：治理模式的比较研究

制度模式的选择有着多重约束条件。在国家治理方面，项目制是一种较新的治理技术，使用这一技术一方面是现实的需要，另一方面是由于现行单位制存在不足。项目制的推行，极大地影响了地方政府和基层社会的行为模式，为了获得项目和落实项目，它们有一系列的配套行为方案。与此同时，项目制也带来了与传统单位制不同的治理效果。

在社会治理领域，地方政府面临的约束条件主要有两个。第一，政府的财政能力，从上面三个案例可以看出，财政能力至关重要，香港每年可以提供100亿以上港元向非政府机构购买服务，这样的财政能力一定能够促进社会力量发展；相对而言，上海和广州每年提供数亿元购买服务，在国内已经是比较大额的购买资金了。实际上，购买服务开展得相对比较好的地方基本上都是比较富裕的地区。第二，社会组织基础，政府购买服务需要一定的社会组织发展基础，否则开展起来就会没有合作的对象，同时社会组织发展得越多元越专业，购买服务的质量就越好。社会治理并没有面临太多的传统路径依赖的问题，因为这是一个比较新的领域。这给社会治理领域提供了相对比较宽松的制度选择和设计空间。

由于政府内部治理领域存在稳定强大的单位制体制，对于单位制和项目制的比较实际上存在一定难度，因为项目制在组织和实施方面仍然会受到传统单位制的影响。在社会治理领域，则不存在这样的问题。这为进行制度的比较提供了更大的可能性。在本文中，我们可以看到三种不同类型的政府购买服务制度模式：以上海为例的项目制模式、以广州为例的单位制模式、以香港为例的混合制模式。相对而言，上海的模式和广州的模式都是各自的主动创新或制度引入，地方政府有较高的主动性和决定权。我们可以看出,两种模式带来的基本是两种不同的服务模式和社会组织发展可能性。虽然两地投入的经费相当,社会组织已有发展基础相似,但制度的效果表现出非常大的差异性,制度具有非常明显的激励作用。而香港作为第三个案例,实际上进一步凸显了单一模式的特点。通过比较研究,能够对治理模式进行定位,并进一步比较效果。这将会有利于对中国治理的经验进行更具学术意义的总结。

参考文献

奥斯特罗姆,2012,《公共事物的治理之道:集体行动制度的演进》,余逊达、陈旭东译,上海译文出版社。

陈家建,2013,《项目制与基层政府动员——对社会管理项目化运作的社会学考察》,《中国社会科学》第 2 期。

登哈特,珍妮特·V.、罗伯特·B. 登哈特,2004,《新公共服务:服务,而不是掌舵》,丁煌译,中国人民大学出版社。

顾昕、王旭,2005,《从国家主义到法团主义——中国市场转型过程中国家与专业团体关系的演变》,《社会学研究》第 2 期。

管兵,2013,《城市政府结构与社会组织发育》,《社会学研究》第 4 期。

韩洁,2007,《中国首次选择 11 家非政府组织参与农村扶贫》,http://news.xinhuanet.com/society/2007-01/19/content_5627546.htm。

韩俊魁,2009,《当前我国非政府组织参与政府购买服务的模式比较》,《经济社会体制比较》第 6 期。

何海兵,2003,《我国城市基层社会管理体制的变迁:从单位制、街居制到社区制》,《管理世界》第 6 期。

黄宗智、龚为钢、高原,2014,《"项目制"的运作机制和效果是"合理化"吗?》,《开放时代》第 5 期。

敬乂嘉,2013,《政府与社会组织公共服务合作机制研究——以上海市的实践为例》,《江西社会科学》第 4 期。

凯特尔,2009,《权力共享:公共治理与私人市场》,孙迎春译,北京大学出版社。

康晓光、韩恒,2005,《分类控制:当前中国大陆国家与社会关系研究》,《社会学研究》第 6 期。

莱斯特·M. 萨拉蒙,2008,《公共服务中的伙伴——现代福利国家中政府与非营利组织的关系》,田凯译,商务印书馆。

李路路,2013,《"单位制"的变迁与研究》,《吉林大学社会科学学报》第 1 期。

李猛、周飞舟、李康,1996,《单位:制度化组织的内部机制》,《中国社会科学季刊》

（香港）第 16 期。

李萍，2006，《中国政府间财政关系图解》，中国财政经济出版社。

龙晓庆，2012，《项目大蛋糕引乱象 空壳机构"神通"竞标》，《民营经济报》8 月 30 日。

路风，1989，《单位：一种特殊的社会组织形式》，《中国社会科学》第 1 期。

罗观翠、王军芳，2008，《政府购买服务的香港经验和内地发展探讨》，《学习与实践》第 9 期。

彭浩，2010，《借鉴发达国家经验 推进政府购买服务公共服务》，《财政研究》第 7 期。

渠敬东，2012，《项目制：一种新的国家治理体制》，《中国社会科学》第 5 期。

折晓叶、陈婴婴，2011，《项目制的分级运作机制和治理逻辑——对"项目进村"案例的社会学分析》，《中国社会科学》第 4 期。

苏明、贾西津、孙浩、韩俊魁，2010，《中国政府购买公共服务研究》，《财政研究》第 1 期。

唐钧，2012，《政府购买服务：购买的究竟是什么》，《中国社会保障》第 3 期。

王浦劬、萨拉蒙等，2010，《政府向社会组织购买公共服务研究：中国与全球经验分析》，北京大学出版社。

王思斌、阮曾媛琪，2009，《和谐社会建设背景下中国社会工作的发展》，《中国社会科学》第 5 期。

徐家良、赵挺，2013，《政府购买公共服务的现实困境与路径创新：上海的实践》，《中国行政管理》第 8 期。

易承志，2012，《政府向社会组织购买服务相关问题研究——基于组织功能比较优势的视角·以上海市为例》，《太平洋学报》第 1 期。

周飞舟，2006，《分税制十年：制度及其影响》，《中国社会科学》第 6 期。

周飞舟，2007，《生财有道：土地开发和转让中的政府和农民》，《社会学研究》第 1 期。

周飞舟，2012，《财政资金的专项化及其问题——兼论"项目治国"》，《社会》第 1 期。

朱健刚、陈安娜，2013，《嵌入中的专业社会工作与街区权力关系——对一个政府购买服务项目的个案分析》，《社会学研究》第 1 期。

Zhou, Xueguang. 2012. "The Road to Collective Debt in Rural China: Bureaucracies, Social Institutions, and Public Goods Provision." *Modern China* 38: 271 – 307.

城市治理转型与街道办功能重组：
以沈阳街道办改革为例[*]

王庆明[**]

一 问题的提出

随着中国政治体制改革的逐渐深化，"国家治理体系和治理能力现代化"构成新时期中国全面深化改革的路线图。从学理角度讲，国家治理有两条主要线索：一是中央权威与地方权力之间的关系，二是国家与民众之间的关系。就第一条线索而言，在中国六十余年的国家治理实践中，央地关系在集权与放权的艰难抉择中轮番交替，虽治理效果不佳，但仍延续不断（周雪光，2011）。就第二条线索而言，1949年后农村和城市分别经由人民公社和各种类型的单位"组织"起来。这两种组织是国家与民众之间的主要交接点，也是国家治理的中介。单就城市社会而言，新中国成立后，中国共产党在民国时期保甲制基础上开始了全方位的组织化建构。一方面，将具有正式工作的城镇居民纳入单位制组织的体系下；另一方面，将没有单位的城镇居民编织在街道办和居委会的组织框架中。依托这两套组织系统，在社会主义改造完成后中国基本确立了以单位制为主、以街居制为辅的城市治理格局。这种治理体制在改革开放之后仍然延续，直到20世纪90年代末期才开始松动。

20世纪90年代末，随着市场化改革的逐渐深入，一些国有企业破产拍卖、转属改制致使单位社会的职能骤然溢出，整体意义上的单位社会趋于瓦解，城市治理的重心开始由单位逐渐转移到街道办和居委会。但原本

---

[*] 原文发表于《人文杂志》2015年第8期，并被《人大复印资料》（公共行政）2015年第11期全文转载。

[**] 王庆明，南开大学周恩来政府管理学院教授，研究方向为组织社会学、经济社会学。

作为单位制补充的街居制又无力承担治理的重担,这对城市治理构成严重挑战。传统的以单位制为基础的总体性社会治理体制难以存续,城市治理不得不"转型升级"(张海东、王庆明,2014:19~21)。在这种现实压力下,1999年民政部选择北京西城区、沈阳沈河区等8个城市的9个区为试验区,探索城市治理与社区建设的新模式。此后,全面推行的社区制在一定程度上填补了单位制解体后国家与民众之间的"组织真空"。由以单位制为主、以街居制为辅的城市治理格局向社区制演变也成为城市治理转型的主要路向。但关于社区定位以及社区建设的方向自一开始就存在两种不同观点:一种观点主张管理重心下移,强化基层社区的行政属性,将其纳入等级化的行政序列之中,即将社区定位于街道,形成"街道社区",这以"上海模式"为代表(任远、章志刚,2003);另一种观点主张社区自治,倡导基层社区的民主化和社会参与,这以"沈阳模式"为代表。后者的学理依据是:在传统的国家-社会二分框架下,社区自治一直被视为中国市民社会发育的重要路径。然而,社区治理实践中的权力结构决定了社区内部社会性力量的发育,直接取决于国家权力向基层的渗透程度及其运作过程(李友梅,2007)。换言之,社区自治仍然是在国家治理谱系下推进的。

这两种社区建设的主张构成了一种现实张力,而张力背后反映的是国家与社会在基层的交叠互动(郭伟和,2010)。在城市治理结构中,作为政府派出机构的街道办是国家与社会的重要交汇场域。在城市治理体制转型过程中,性质未变而职能不断演化的街道办开始呈现明显的制度困境。一方面,街道办作为行政末梢,在过度行政化的治理体系中超负荷运转,层层加码的目标责任与绩效考核使其处境艰难。另一方面,街道办作为政府派出机构,不具有法律赋予的行政审批权,很多基层事务的处理需"上传"给上级政府的职能部门;同时它又不是自治机构,只能将上级政府部门委派的诸多事务"下达"给社区具体执行。街道办在上传下达的治理层级中处境尴尬,既增加了政府管理的成本,又限制了社区自治的推进。随着市场经济的发展和管理事项的逐渐增多,这一结构性矛盾也日益凸显。在这种背景下,改革街道办成为城市治理转型的重要突破口。有研究者将这种改革视为在公共治理结构恶化的环境下针对治理工具和政府职能履行方式的结构性调整(孔繁斌、吴非,2013)。在基层的治理实践中,为解决这一共通性的结构矛盾,一些地方政府采取了差异极大甚至完全不同的改革策略,如深圳采取了强化街道办的改革,而安徽铜陵则采取了取消街道办的改革。由此,进一步的问题是:在统一的权威体制和相似的结构矛盾下,为实现有效治理,各地为什么会产生差异如此之大的改革模式呢?更关键的问题是:什么样的改革才是更有效的呢?

以上面的问题为导向,本文在结构上做如下安排:首先,探讨中国城市治理结构的总体性支配格局的形成及其演变过程;其次,分析"铜陵模式"和"深圳模式"在化解过度行政化、实现管理扁平化方面的利弊得失;再次,通过对沈阳正在进行的街道办改革的分析来探讨国家治理与社区自治相结合的可行性路径;最后,通过这些改革模式的比较对国家治理的有效性与合法性,以及国家与民众关系在新时期的走向做进一步的分析和讨论。

二 变动的条块分割:城市治理体制的演变过程

中国城市治理结构转型与社会经济体制的历史及其变革进路紧密相关。1949年后,中国城市社会逐渐确立了一种以单位制组织为依托的高度集权化的管控方式。"单位"是中国社会民众对自己所就业于其中的社会组织或机构的统称,是城市社会组织的基本单元。单位不仅是城市社会秩序的基础,而且是国家对社会进行直接行政管理的组织手段和基本环节,是中国政治、经济和社会体制的基础(路风,1989)。恰恰在这个意义上,当时的社会被称为"单位社会"。在这种社会体制下,单位是国家治理的载体,国家依照各类单位组织的行政层级和社会分工需要对权力和资源进行统一配置(渠敬东、周飞舟、应星,2009)。单位是层级结构上的一个位点,而单位制度则是规范各级权力结构和资源配置的法则(渠敬东,2012)。这套法则是在主流意识形态基础上建立的,以形成整个社会"一致性"为目的的制度安排(田毅鹏,2007)。对于没能进入单位制组织体系的城镇居民,国家将其吸纳到街居制的组织体系下。传统的城市社会治理呈现以单位制和街居制为基本框架的二元治理格局。

从城市治理与制度设置的初衷看,街居制是对单位制这种社会调控体系的补充。街居制主要针对的是那些没有单位的人或者是离开单位(离退休或被开除)的人,具体而言,主要是家庭妇女、社会闲散人员、两劳(劳改、劳教)释放人员以及离退休人员。实际工作中多是配合国家各职能单位设在街道的工商、市容、环卫、房管、粮管、税务、公安派出所等部门的工作（夏建中，2008）。中国共产党提出"一化三改造"过渡时期总路线后，存在一种潜在认识：随着国家工业化和向社会主义过渡，工人阶级之外的街道居民将逐渐减少。随着国家工业化和现代化的实现，城市居民的生产生活将逐渐被纳入工厂、机关、学校的轨道，由各种类型的"单位"来解决居民的一切需求（雷洁琼，2001）。然而，还没等到单位制组织实现对所有城市居民的吸纳，1978年，改革开放的序幕已经在农村拉开。随着改革的深化，当大批企业单位组织解体，众多"单位人"被迫转变为"社会人"时，以单位制为基础的城市治理体制就不得不进行转型。

单位制是改革前中国城市社会在经济和技术分工发展程度较低的条件下，在行政化分工的基础上实现社会目标和资源配置的一种特殊组织形态和制度结构，是认识中国社会和研究中国社会变迁的最重要的理论范畴之一（刘平，2012）。"单位制"这一中国本土化的概念并不仅仅指"单位"这种组织形式，也不单指一种制度主义意义上的"单位制度"，更为突出的是一种体制的精神性内涵（渠敬东，2012）。中国城市社会的治理转型首先是要改变这种总体性的资源配置方式和制度惯习，而与这种体制相契合的是一种根深蒂固的"条块分割"机制。长期以来，中国经济是依靠"条"和"块"两个组织体系控制和支配资源的，"条"是指中央直属部委自上而下的科层制体系，"块"是指地方政府管辖范围内的全部行政行为。这导致了不同的单位和地方之间形成了两个现实的结构壁垒（边燕杰等，2006）。

这种条块分割机制，在基层街道办的权力运作和资源配置过程中表现得尤为突出。一般而言，街道办辖区内都有政府职能部门的派出机构，如派出所、工商所、税务所等，它们与街道办的关系就是所谓的"条"与"块"的关系。在中国的治理实践中，二者关系长期以来是"以条为主，以块为辅"，即街道办主要是配合其他职能部门开展工作。1987年，中国提出"社区服务"之后，开始强调"条块结合"的基层权力运行模式。到20世纪90年代中后期，随着"两级政府、三级管理"模式的推行，各地开始强化街道办的权力，尤其是针对辖区内政府各职能部门派出机构的权力。如《上海市街道办事处条例》规定，"街道办事处有权组织、协调辖区内的公安、工商、税务等机构，依法支持、配合街道监察队的执法活动。街道办事处可以召开由辖区内有关单位参加的社区联席会议，商讨、协调社区建设和社区服务事项"，"街道办事处有权对区人民政府有关部门派出机构主要行政负责人的任免、调动、考核和奖惩，提出意见和建议。区人民政府有关部门在决定上述事项前，应当听取街道办事处的意见和建议"。[①] 这实际上确立了街道办为辖区内的最高权力机构，改变了以往的权力配置格局，即由最初的"以条为主，以块为辅"到"条块结合"，再到当前的"条专块统，以块为主"（夏建中，2008）。这种权力结构的转变是国家治理目标在基层有效推进的前提。在单位制组织逐渐解体，单位社会职能向社区转化过程中，国家治理的重心不得不开始由"条"上的单位转向"块"上的街道和社区。

从以上讨论不难看出，城市治理转型实际上是在确保"条"和"块"作为资源配置机制不变的前提下，对条块功能及彼此关系的结构性调整。这种"变动的条块分割"是我们从历时性视角来透视中国城市治理转型复杂过程的重要视点。

三 赋权与削权：街道办改革的两种主导模式

1954 年出台的《城市街道办事处组织条例》明确了街道办的性质是政府派出机构，是国家与社会、政府与民众的重要交接点。在治理实践中，这种组织自成立以来，就一直处于变动之中，其性质和职能具有明显的不确定性。在现实中，它既像一个行政组织，也像社区组织，既承担着一定政府职能，又承担着大量社会职能（周平，2001）。伴随着改革的深化，街道办的职能和管理范围远远超出了我国政治制度和法律规范对该组织的定位，街道办性质职能的不确定是造成其治理困境的根源（饶常林、常健，2011）。基于这些原因，2009 年全国人大废除了实施五十多年的《城市街道办事处组织条例》，但关于街道办性质的新法规并没有出台。街道办在治理实践中仍然处境艰难。

面对基层治理过度行政化以及有效治理难以推行的双重困境，各地方政府针对街道办采取了不同的改革策略，概括起来有两种主导性模式。一是强化街道办的"赋权"模式，即赋予街道办具体的财权、人事自治权和行政审批权，或直接将街道办由此前的政府派出机构升格为一级政府部门。在国家倡导减少行政层级、实现社会管理扁平化的背景下，增加政府

---

① 参见《上海市街道办事处条例》，1997 年 1 月 15 日上海市第十届人民代表大会常务委员会第三十三次会议通过。

组织的主张反响不大,① 而撤销区政府、强化街道办的主张更符合社会管理扁平化的目标,深圳倡导的就是这种改革模式。② 二是弱化街道办的"削权"模式,即将街道办的多种功能上收区政府或下沉社区,削弱或直接撤销街道办,安徽铜陵改革就采取了直接撤销街道办的模式。下面我们将以深圳模式和铜陵模式为例探讨城市治理体制改革的有效路径。

深圳针对区街基层组织的改革是其全面深化体制改革的一个重要环节。2009 年 5 月,国务院正式批复了《深圳综合配套改革试验总体方案》,行政管理体制改革成为重要改革事项。具体而言,深圳综合体制改革主要涉及三个重要方面。首先,重新界定设置政府职能,整合政府机构。深圳将建设公共服务型政府作为改革目标,将政府的职能主要集中在经济调节、市场监管、社会管理和公共服务几个方面。其次,创新政府运行机制和模式,完善决策执行监督,大力培育发展社会组织。具体而言,要进行行政放权改革,即将政府职能部门划分为决策部门、执行部门、监督部门三大板块,彼此独立运行。决策局只有决策权而没有执行权,执行局只有执行权没有决策权,监察局和审计局作为监督部门直属市长管辖。同时仿照香港以政府购买服务的形式培育社会组织发展。最后,彻底理顺市、区、街道事权,在条件成熟时,借鉴中国香港、新加坡的经验,取消区级政府,改区、办事处为政府派出机构,实行"一级政府、三级管理"。

以上面三重改革设计为基础,深圳开始尝试由政府派出机构代替区政府组织的治理模式,2009 年 6 月 30 日坪山新区的组建是一个重要标志。坪山新区虽是政府派出机构,但仍保留了正局级建制,以确保在等级森严的行政体系下开展工作。在组织结构上,该新区下辖坪山、坑梓两个办事处,30 个社区居委会和 24 个社区工作站。新区剩余建设用地 30 平方公里,是深圳最大的可开发区域之一,征地拆迁和城市管理成为新区的最主要职能。坪山新区提供了践行扁平化治理的重要参照,改变了传统的"市－区－街道－社区"这种"二级政府、四级管理"的行政模式。未来深圳一个长远目标就是逐步取消区政府,改为政府派出机构。

---

① 虽然直接将街道办升格为一级政府组织的主张,在减少行政层级和社会管理扁平化的目标取向下难以实现,但在实践中,很多街道办在部门设置、人员配备以及运行模式上已经与政府组织没有实质性差别了。

② 不仅是深圳,东莞市作为当时中国五个不设区的地级市之一,其城市社会治理体制就是由市政府直接管辖街道办和乡镇,是"一级政府、三级管理"的典型治理结构。

对于深圳的改革，有研究者提出深圳与新加坡和中国香港等国家和地区没有可比性，取消区政府会产生一系列问题，取消街道办、精简区政府职能才是明智之举（朱慧涛，2009）。从实践层面看，深圳基层体制改革并非简单设想而已成为具体的实践策略。但在行政体制结构整体稳固的前提下，取消区政府的难度着实比取消街道办大得多。由此，这种改革模式不但在深圳推行过程中遇到诸多困难，而且在向其他城市推广扩散时也遇到巨大阻力，而以取消街道办为主要内容的铜陵模式却发挥了示范效应。

铜陵模式的最主要内涵是"撤销街道，做大社区"。2010 年 7 月底，安徽省铜陵市铜官山区在全国率先启动了社区综合体制改革，将 6 个街道全部撤销，原有的 49 个社区合并成 18 个大社区，原有街道的干部、工作人员一律下派到各个社区任职。这一措施减少了街道这个管理层级，由"市－区－街道－社区"四级管理变为"市－区－社区"三级服务，这是铜陵模式的雏形。此后不久，这种"大社区"的管理模式在全市推行（王世平、毕茂东，2011）。概括起来，铜陵模式的基本内涵包括四个方面：撤销街道，成立大社区，减少管理层级；实行社区扁平化管理、网格化管理；完善社区公共服务体系、社区市场化服务体系和社区志愿服务体系；强化党的核心功能、居民自治功能、社会管理功能和居委会监督功能（铜陵市中国特色社会主义理论研究课题组，2013）。

铜陵的改革模式虽得到了民政部的肯定，但自一开始对这一模式推广到全国的可行性进行分析就争论不断。肯定意见，自不必说。质疑者指出铜陵是一个特殊的小城市，铜陵市辖一县三区，是个典型的资源性工矿城市。由于特定历史原因，街道办管辖的社区很少，其中铜官山区横港街道、狮子山区凤凰山街道分别只管辖 1 个社区。街道办和社区的功能是重合的（铜陵市中国特色社会主义理论研究课题组，2013），取消街道办对这样的基层社区不会产生太大影响。这种模式对于那些人口较少的小城市是适用的，那北京、上海等大城市的基层治理转型该何去何从呢？

在全国推进基层治理转型背景下，北京市在《北京市"十二五"时期体制改革规划》中也明确提出，要积极推动管理重心下移，探索撤销街道办改革试点。民政部对铜陵取消街道办改革的认可，加之学界不少研究者对铜陵模式的肯定（谢宝富，2013），铜陵模式无疑成为当下城市体制改革的重要典范。在这种倡导下，贵阳、沈阳等地也已开始了以撤销街道办为基本形式的改革。但铜陵模式仍遗留了一些重要问题：在政治体制延续的前提下，取消街道办后国家的权威体制如何维系，治理目标又如何有效推行？此外，作为自治组织的社区如何在过度行政化的制度体系中抵挡诸多行政摊派？除了"取消街道，壮大社区"的铜陵模式外，是否还有其他有效的改革路径？沈阳正在推进的街道办改革似乎可以给我们提供一定的借鉴意义。

四 权力的分散与重组：沈阳街道办改革的分析

沈阳街道办改革最初是在沈河区内试点的。沈河区位于沈阳市中心，辖区面积58平方公里，下辖15个街道办109个社区。沈河区一直是城市体制改革的"典型"。该区1987年成为沈阳市综合体制改革实验区，1994年被列为"国家社会发展综合实验区"，1997年被列入民政部"社区服务模范区"，1999年被列入民政部"全国社区建设实验区"，社区建设的"沈阳模式"就是以沈河区为试验基础的。[①] 1999年，沈阳市在原有的2753个居委会基础上，按照居民的实际居住地重新划定了1277个社区。这些社区共有四种不同类型：一是按照居民居住地和工作单位的自然地域划分出来的"板块型社区"；二是以封闭型的居民小区为单位的"小区型社区"；三是以单位职工家属聚居区为主体的"单位型社区"；四是根据不同功能特征划分的高科技开发区、金融商贸开发区、商业区等"功能型社区"。由于定位不同，每个社区的规模也有差别，一般小的社区有1000户居民，大的社区有2000~3000户。沈阳社区改革的核心是"赋权于民，（社区）居民自治"（刘小康，2000）。在社区组织做出重大调整之后，并没有针对街道办进行重新整合。随着改革的逐渐深化，街道办的性质、职能与其承载的诸多事项之间的结构性矛盾日益突出，街道办改革成为沈阳体制改革的重要内容。

2013年1月，沈河区按照不同的产业定位，对全区的空间结构进行了改革重组。首先将原有的15个街道办撤销，按照区位方向、产业结构和功能布局将其整合为"东西南北中"五个综合功能区：东北区域金融中心功能区、皇城商贸文博旅游功能区、五爱商贸物流功能区、南塔商贸物流功

[①] 1999年10月16~17日，民政部基层政权和社区建设司在沈阳市召开体制改革——沈阳模式专家论证会。此次会议对沈阳模式的基本内涵做了明确的界定。"社区自治，议行分离"被认定为沈阳模式的重要内涵。

能区、东部新城功能区。同时将原有的109个社区整合为33个大社区。整合后的33个社区内部设置"一委三会",即社区党委、社区工作委员会(市民服务中心)、社区议事委员会和社区居民委员会。除了撤销街道办之外,重置综合功能区与"大社区"模式是其基本特点。在沈河区试点改革推进一个月后,类似改革在皇姑区内也开始实施。

皇姑区位于沈阳市西北部,2013年时下辖12个街道办119个社区和10个行政村。2013年4月,皇姑区开始了城市基层社会治理体制改革,将原有的12个街道办按照功能区位整合为八大"经济社会管理功能区"。功能区的一个重要特点是经济社会管理的独立性和同一性,体现一站式服务。为此在八大功能区内部分设财税局、征收局、城管执法局、社会事业管理局、招商服务局和综合办公室。同时提升功能区的行政级别(副区级),委派44名区直机关领导干部到功能区任职,其中三位区委常委、两位副区长、一位人大常委会副主任、一位政协副主席和一位副区级干部到八大功能区当"一把手",让这些领导权责明确、统一协调。

不难看出,虽然同样是取消街道办、整合功能区,但沈河区与皇姑区的改革有明显差别。沈河区位于市中心,全区发展规划已基本成形,基础设施和公共服务也相对完善,该区废除街道办、设立综合功能区的改革是围绕城市功能布局与产业结构调整进行的空间重组。与之不同,皇姑区的城市建设相对落后,旧城改造和土地征收是八大综合功能区的首要任务。《沈阳市2014年棚户区改造实施方案》显示,2014年沈阳市城区有14个棚户区改造项目,涉及居民3822户,皇姑区棚户区改造项目就有10个,成为旧城改造的重点区域。[①] 位于沈阳城市北郊的沈北新区,也正在探索取消街道办的改革具体措施,其目标则是全方位的城镇化。虽然沈阳的街道办改革还在探索之中,但从已经推行的改革来看,可以概括出如下几点特征。

首先,表面撤销与变通重组。街道办改革的沈阳模式在"撤销街道、做大社区"的同时,还单独整合了一个新的政府派出机构——"经济社会管理功能区"。与街道办不同的是,"经济社会管理功能区"在行政级别上提升为"副区级",在这种意义上,沈阳撤销街道办改革并不单以减少行政层级,实现社会管理扁平化为目标。同时,这种派出机构具有了法律意

---

① 参见《沈阳市人民政府办公厅关于印发沈阳市2014年棚户区改造实施方案的通知》(沈政办发〔2014〕8号)。

义上的审批权和决策权，避免了街道办的角色尴尬。

其次，行政放权与风险规避。从沈阳街道办撤销后综合功能区的定位不难看出，经济增长是首要目标。从皇姑功能区内部财税局、征收局等部门的设置来看，核心事项是与土地开发利用以及招商引资相关的经济事务。在中国城市发展进程中，土地财政占据了重要份额。与之相关，土地的开发利用不但是经济增长的重要支点，而且也是社会冲突的重要诱因和权力寻租的重要对象。原本由上级部门单独审批的行政事项，在权力下沉功能区后，多个功能区在权力上彼此制衡，在招商引资上又相互竞争。核心权力在基层的处理更容易监督，使政府管理和制度运行更趋向于规范化和透明化。这种权力分散化的改革，一方面，是避免权力寻租、规避施政风险的一种有效机制；另一方面，以招商引资这种经济事项为主导的组织运行机制，能够更有效地实现经济目标。

最后，做大社区与社区功能分化。沈阳的街道办改革同样贯彻了做大社区的思路，这是社区建设的沈阳模式强调公众参与与社区自治的一种延续。改革后大社区内部的社区党委、社区工作委员会、社区议事委员会和社区居民委员会，这"一委三会"实际上体现了社区的功能分化。沈阳街道办改革还在推进之中，很多新的特征和问题还没有完全呈现。但从目前的改革形态来看，沈阳街道办改革并不单是以减少行政层级为目标，主要体现的是权力的分散与重组过程。沈阳的街道办改革模式为我们反思中国城市治理的有效路径提供了一个现实参照，同时为我们理解国家治理的学理谱系提供了一个重要支点。

前文提到国家治理的两个学理谱系，即央地关系和官民关系在中国六十余年的国家治理实践中呈现一些独特性。基层社区制的推进填补了单位制解体后国家与民众之间的"组织真空"。而央地关系在集权与放权的艰难抉择中轮番交替，"一收就死，一放就乱"成了这种悖论循环机制的形象表达。在这种情况下，诸多基层问题，在"上有政策，下有对策"的变通过程中，反复治理，痼疾难除。此种国家治理结构呈现的问题是：中国这种权威体制和有效治理之间存在深刻矛盾（周雪光，2011）。要化解这一矛盾，实现有效治理，必须从中国基层治理的困境着手。

有研究者注意到，中国城市治理格局的"过度行政化"是造成基层治理困境的重要原因（郑永年，2013）。一个典型案例是，2009年成都启动公开行政权力改革，通过对两个试点街道办"权力清单"的清理发现，一个街道办共有417项权力事项。① 这是城市基层社会治理过度行政化的重要体现。在这种背景下，减少行政层级、实现社会管理扁平化成为有效治理的基本路径。科层组织有效治理的实质是在多重委托代理关系中的多轮谈判过程（何艳玲、汪广龙，2012）。但在"压力型的体制下"，诸多风险会影响政府科层组织的行为动机（张成福、谢一帆，2009），追求治理绩效的动机往往可能会被规避风险的动机取代。由此，科层组织上下级间的权力重组、同级部门间的责任分担以及科层组织和管理对象之间的利益互换就构成了一种常态（何艳玲、汪广龙，2012）。在这种格局下，国家治理经常陷入一种"上有政策，下有对策"的变通之中，也由此造成了基层治理的地区差异。由于地区发展的不平衡，中国的基层治理改革也呈现了明显的地域差异。采取何种策略不仅关乎治理的合法性，更重要的是治理的有效性。市场化的发展不仅取决于资本、劳动力和市场，而且还取决于传统体制的强弱，基层治理改革同样受制于市场机制和传统体制的作用。老工业基地社会受传统单位制的渗透更深，在转型过程中，传统的再分配逻辑作用的领域更广、发挥作用的空间更大。在传统体制渗透更深的老工业基地采取权力的分散与重组的变通模式更有利于目标的实现。

参考文献

边燕杰、李路路、李煜、郝大海，2006，《结构壁垒、体制转型与地位资源含量》，《中国社会科学》第5期。

郭伟和，2010，《街道公共体制改革和国家意志的柔性控制——对黄宗智"国家和社会的第三领域"理论的扩展》，《开放时代》第2期。

何艳玲、汪广龙，2012，《不可退出的谈判：对中国科层组织"有效治理"现象的一种解释》，《管理世界》第12期。

黄宗智，2009，《改革中的国家体制：经济奇迹和社会危机的同一根源》，《开放时代》第4期。

---

① 2009年成都率先在成华区的新鸿路街道办和双桥子街道办开展行政权力公开试点改革。通过清查发现，新鸿路街道办党务、政务和部分事务方面的权力共179项，双桥子街道办城管、综执、社计及部分事务方面的权力共238项。两者叠加，一个街道办事处要掌管417项行政事务。虽然这种叠加缺乏科学性，但也能从一个侧面反映中国城市基层治理格局中过度行政化的事实。参见《1个街道办有多少权力？417项！》，《华西都市报》2009年6月26日。

孔繁斌、吴非，2013，《大城市的政府层级关系：基于任务型组织的街道办事处改革分析》，《上海行政学院学报》第 6 期。

雷洁琼主编，2001，《转型中的城市基层社区组织——北京市基层社区组织与社区发展研究》，北京大学出版社。

李友梅，2007，《社区治理：公民社会的微观基础》，《社会》第 2 期。

刘平，2012，《单位制组织的公共事务职能与分工——北方城市除雪的启示》，《吉林大学社会科学学报》第 6 期。

刘小康，2000，《政府与社会互动：沈阳社区自治模式探微》，《国家行政学院学报》第 5 期。

路风，1989，《单位：一种特殊的社会组织形式》，《中国社会科学》第 1 期。

渠敬东，2012，《项目制：一种新的国家治理体制》，《中国社会科学》第 5 期。

渠敬东、周飞舟、应星，2009，《从总体支配到技术治理——基于中国 30 年改革经验的社会学分析》，《中国社会科学》第 6 期。

饶常林、常健，2011，《我国城市街道办事处管理体制变迁与制度完善》，《中国行政管理》第 2 期。

任远、章志刚，2003，《中国城市社区发展典型实践模式的比较与分析》，《社会科学研究》第 6 期。

田毅鹏，2007，《单位制度变迁与集体认同的重构》，《江海学刊》第 1 期。

铜陵市中国特色社会主义理论研究课题组，2013，《铜陵市社区综合体制改革研究》，http://www.tlxx.gov.cn/News/News_2880.aspx。

王世平、毕茂东，2011，《创新城市基层社会管理的成功尝试——铜陵市铜官山区实行社区综合体制改革的调研报告》，《中国民政》第 6 期。

夏建中，2008，《从街居制到社区制：我国城市社区 30 年的变迁》，《黑龙江社会科学》第 5 期。

谢宝富，2013，《铜陵模式：我国城市社区管理的有益探索》，《中国党政干部论坛》第 1 期。

原珂，2012，《论撤销街道办事处的理由与可行性》，《人民论坛》第 26 期。

张成福、谢一帆，2009，《风险社会及其有效治理的战略》，《中国人民大学学报》第 5 期。

张海东、王庆明，2014，《城市社会中的结构性问题与治理转型》，载李友梅等《城市社会治理》，社会科学文献出版社。

郑永年，2013，《城市的政治化与城市体制改革》，《文化纵横》第 2 期。

周平，2001，《街道办事处的定位：城市社区政治的一个根本问题》，《政治学研究》第 2 期。

周雪光，2011，《权威体制与有效治理：当代中国国家治理的制度逻辑》，《开放时代》第 10 期。

朱慧涛，2009，《深圳该取消区级政府吗?》，《决策》第 1 期。
Blanchard, Olivier and Andrei Shleifer. 2001. "Federalism with and Without Political Centralization: China Versus Russia." *IMF Staff Papers* 48 (1): 171 – 179.

城市社区服务的供需匹配：模型构建及其应用[*]

冯 猛[**]

城市社区服务是在社区范围内针对居民需求，由政府主导，政府部门、社会组织、市场组织以及居民等主体共同开展的公益性、福利性社会服务和便民生活服务的总称。城市社区服务既是社会公共服务的重要组成部分，也是社区建设必不可少的内容。完善服务供给，满足居民需求，实现供给与需求的匹配均衡，是开展社区服务活动、构建社区服务体系始终追求的根本目标。近些年，随着社区治理与社区建设的长足进步，社区服务对象逐步向社区常住人口延伸，服务内涵向社会性服务、多元服务主体形塑，服务体系逐渐完善（黄锐、文军，2015），人们创造出多种多样的服务供给机制或者说需求满足机制，目的都是在社区服务领域创造最有效的供需匹配。而要实现社区服务的有效匹配，需要明确服务供给方式的相对优势，识别居民需求的多维度特征，遵循"质量与效率兼顾"的原则实现供需连接，并依据现实条件及时调整匹配，保持社区服务供给与需求的动态均衡。

一 城市社区服务供需匹配的内涵

社区服务的根本目的是以最低成本方式提供与居民偏好一致、保证质量的服务（Shah，2005），要达到这一目的需要从社区服务的供给和需求两方面着手，即畅通供给与需求的连接。但是，现实生活中供给与需求的

---

[*] 论文原文发表于《福建论坛》（人文社会科学版）2016年第2期。
[**] 冯猛，上海师范大学社会学系副教授，研究方向为经济社会学、地方政府行为、基层社会治理。

连接不止一条路径，且二者之间不会自动连接，即便是建立起连接也未必达到有效连接。社区服务供需匹配的内涵就是在社区服务领域，通过特定的供需匹配设计，形成有效的供需连接，为社区居民提供最适当、最富有效率的服务。以特大城市为首的城市社区经过多年的实践摸索，在社区服务方面形成了若干成功模式，这些模式中蕴含的居民需求表达机制、居民需求识别机制、社区服务供给机制、社区服务分类机制等（李琪，2010），为达成有效的供需匹配储备了经验，也深化了城市社区服务的内涵。可以从供需匹配的内在机理与外部定位两个方面，进一步理解城市社区服务供需匹配的内涵。

（一）社区服务供需匹配的内在机理

第一，社区居民与以政府为主的供给主体构成了社区服务供需匹配的两端。社区服务中的需方是社区居民，以弱势居民群体为主，其接受的服务也以低偿、公益性服务为主。社区服务中的供方包括政府、社会组织、企业和居民等主体，其中，政府是社区服务的主导者和服务的主要供给者。第二，供需匹配的必要条件是需求与服务的多样化类型。居民需求和服务供给必须是多样化的，同时需求和供给可按照某个（些）维度进行归类，以保证在匹配时可以在不同维度间进行选择。第三，供给方式的相对优势对应差异化需求是供需匹配的基础。不同供给方式有着自身的相对优势，只有与差异化需求相对应，才能发挥其优势。这要求在供需匹配之前，要厘清供给方式的相对优势，并采用适合的维度对需求进行分类。第四，政府作为供需匹配的统筹者发挥决定作用。供需匹配并非完全依靠自动机制建立供给与需求的连接，而是规划设计的结果，作为统筹者的政府在其中发挥决定作用，包括选择合适的供给主体、确定居民需求、直接服务或委托服务，均由政府做出。第五，供需匹配的达成是逐渐摸索的过程。理想的供需匹配并非一蹴而就的，而是坚持质量和效率导向，"在合理的公共服务制度框架下，细化提供者与生产者的选择模式并进行试错，直到取得较为满意的绩效为止"（杨团，2002）。

（二）社区服务供需匹配的外部定位

1. 应对社区服务多样化的策略方法

城市社区服务已经呈现显著的多样化特点。其一，供给主体多样化，政府组织、社会组织、市场组织、居民自组织乃至居民个人（家庭）都已成为社区公共服务的供给者,公共服务提供者与生产者的分离使得供给主体多样化的特征更加明显。其二,服务内容多样化,从基本公共服务到准公共服务再到私人化服务,从基础设施建设到生理心理满足,再到社会发展服务等各个层面,均可以借助社区途径予以供给。其三,需求人群多样化,不仅在较大范畴下需求人群有所区分,在某一具体范畴下人群也出现了分化,比如在老年人群体中出现高龄老人与低龄老人两类群体。其四,居民需求内容多样化,随着经济社会发展水平和居民生活水平的提高,居民需求变得越来越丰富,需求的层次性也更加清晰。与多样化紧密相连的结果是分化,包括层次分化和类型分化(Luhmann,1995),将社区服务体系中日渐分化的供给主体与需求主体、供给内容与需求内容相互连接,即社区服务的供需匹配过程。

2. 体现社区服务过程的规划思维

社区服务供需匹配机制的设计"既不能一味迁就提供者,也不能一味迎合消费者,而是要求实现提供者与消费者的观点融合以及利益整合,实现在互相沟通与理解的基础上对服务共同支持"(陈振明等,2011),要达到上述要求,匹配机制的设计非常重要。上海市政府这些年正在探索建立服务清单①,澄清适合纳入政府范围的公共服务事项有哪些,适合其他主体供给的公共服务有哪些,要在顶层设计的层面弄清楚政府服务供给的对象和内容。供需匹配是从单独关注供给或需求的一个侧面上升到关注两个甚至多个侧面,并将不同侧面相连接,试图给出更加明朗的社区服务结构化设计。当服务要素趋于多样化后,供需匹配的规划设计变得更加复杂,但不变的原则是,将某一类型的服务供给与某一类型的居民需求恰当配置,进而使不同类型的服务供给与不同类型的居民需求相匹配,构成整体有序、运转有效的供需体系。

3. 强调社区服务效果的效率逻辑

社区居民需求的满足和改善取决于社区服务的绩效水平,这里的绩效水平包括均等化、规模化和供给效率,"长期以来我们更多关注的是公共服务规模问题和均等化问题,而相对忽视了对公共效率问题的关注"(王伟同,2011)。加之政府提供社区服务属于行政行为,具有"注重达成目标的过程,而不计成本等资源投入"(马国贤,2005)等特点,使得社区

---

① 《上海市人民政府关于进一步建立健全本市政府购买服务制度的实施意见》(沪府发〔2015〕21 号)。

服务的供给长期处于低效率状态。通过供需匹配，吸收多元供给主体，发挥不同主体在社区服务供给上的相对优势，鼓励其采用擅长的方式专注于某个范围的服务，能够提升服务的数量、水平和专业化程度，聚焦于特定服务领域，积累服务经验，更熟练地开展服务，大大提升服务的效率。与此同时，供需匹配亦可以明晰主体责任，避免服务中的推诿和资源浪费，保证服务效率和服务质量。

二 社区服务供给方式的相对优势

当前城市社区已经初步形成主体多元、层次细分、覆盖面广的服务体系，社区服务的供给领域不断放开，政府、社会组织、市场、居民自组织都已进入服务供给格局，但各主体间的分工合作模式仍在探索之中。在城市社区服务供需匹配设计中，首先要厘清不同供给方式的相对优势，包括政府、社会组织、市场与居民自组织在内的供给主体及其代表的供给方式各具特色，有着在社区服务上的差异化相对优势，发挥着其他主体无法替代的作用，利用不同供给方式的相对优势成为有效匹配的关键所在。

（一）政府供给的优势

政府供给是指由政府部门供给社区服务的方式，这里的政府部门包括民政、社会保障、卫生等条线部门，妇联、团委、残联等群团组织和市、区、县、街镇等区块政府。政府供给的相对优势在于：其一，经费充足，政府掌握着雄厚的社区服务资源特别是资金资源，可以一次性提供需求量较大的服务，保证服务的覆盖面；其二，合法性高，政府是公共服务首要的承担者，特别是由于其无法完全退出服务，更容易得到社区居民的信赖；其三，规模经济，政府机构在管辖区域范围内可以推广同类型服务，降低服务成本；其四，组织健全，横向上可采取多部门供给，纵向上可依托包括居委会在内的社区组织网络，便利服务过程。根据政府供给的优势，适合政府提供的服务主要是具有普遍需求、覆盖范围广、操作简便的基本型社区服务。从现实看，当前政府仍是城市社区服务的主导力量，不仅担任社区服务的统筹者和安排者，还直接从事事无巨细的社区服务生产。

（二）社会组织供给的优势

社会组织供给是指由非营利机构供给社区服务的形式，这里的社会组织既包括官方主办的公益性机构,也包括民间成长起来的草根型社会组织。社会组织供给的相对优势在于:其一,公益性,以服务而非营利为导向,可以承担政府无力提供、市场不愿提供的一些社区服务(易承志,2012);其二,专业性,相对固定的服务范围,通过配备专业力量或联络专业人士为居民提供专业化服务;其三,社会性,在服务过程中与社区居民结成社会网络关系,并运用此网络助力服务实施;其四,系统性,考虑更多的更长时段的影响因素,并根据这些因素组织实施社区服务。依据社会组织供给的优势,适合社会组织提供的服务主要是低偿的、群体性特征明显、社会化要求较高的专业型社区服务。从现实看,社会组织是近些年迅速崛起的服务供给力量,特别是借助政府购买,社会组织的数量不断增加,但受限于政府意愿,其服务范围受到限制,也削弱了对服务质量的重视程度。

(三)市场供给的优势

市场供给是指由营利企业供给社区服务的形式,这些企业有的以社区服务为主业,有的业务范围可兼及社区服务。市场供给的相对优势在于:其一,机会发掘,及时发现居民的需求,并将其转化为市场机会,提供相应服务;其二,量身定做,在支付服务费用后,根据社区居民的需求提供符合居民个性化的服务,特别是能够提供较高层次的服务;其三,快速反应,对市场信息灵敏地捕捉,随时根据市场特点调整服务内容和服务方式;其四,需求反馈,居民因付费可以按照自己的偏好选择服务并做出评判,市场对居民的评判有更快的反馈。根据市场供给的优势,适合市场供给的服务主要是有个性需求、新涌现的、技术含量高的社区服务。从现实看,当前市场作为供给社区服务的新生力量,其服务开展状况虽然在城市地区有了起色,但仍然无法在社区内立稳脚跟,无论是政府还是居民,对它的认可度都比较低,市场本身也没有找到能够发挥优势的服务领域。

(四)居民自组织供给的优势

居民自组织是指社区居民通过自主化组织起来的群体供给社区服务的形式,其规模可大可小,以社区内居民互助为主要特征。居民自组织供给的相对优势在于:其一,在地化,由居民自我组织的居民群体更了解社区,更了解居民,更熟悉居民需求,因此能够将需求准确地反映到服务中;其二,过程化,居民自组织供给服务的过程也是居民需求满足的过程，服务过程实现了供需统一，供方与需方的互动更加充足；其三，灵活性，因居民自组织规模相对较小，服务范围较为宽泛，服务方式的施行与服务内容的调整更富弹性，行动更加灵活；其四，成本低，居民自组织主要依赖居民的自我付出和志愿奉献，不需要政府大量投入，加之服务对象皆为本社区居民，其执行成本更低（陈奇星、胡德平，2009）。依据居民自组织供给的优势，适合居民自身提供的服务主要是情感性、生产与消费高度拟合、分散型的社区内服务。社区居民自组织是社区服务的传统力量，但长期以来由于缺乏有序的组织，且依附在社区委员会等半政府机构之下，其真正价值并没有发挥出来。"对于建设和发展刚起步的城市而言，邻里互助和社区互助依然是社区服务体系的重要构成部分"（侯岩，2009），激发社区层面的互助活动不应被忽视。

必须明确，各个主体在供给服务时具有相对优势，同时也具有相对劣势，即无法达到设定目的或可能造成负面后果的组织特性，更进一步，如果配置不当，本该发挥相对优势的地方可能蜕化为劣势，比如政府滥用资源、市场逃逸、社会组织寻租、居民搭便车等。因此，从某种意义上说，社区服务的供需匹配正是发挥供给主体的相对优势、克服组织劣势，避免其组织优势蜕化为劣势的过程。社区服务的多中心体制雏形正在形成，"但我们并不认为所有的多中心体制必然是有效的，任何特定多中心体制的效率取决于操作关系与有效表现的理论上明确条件相一致的程度"（麦金尼斯，2000）。从效率提升角度做好供需匹配，一方面，政府要厘清社区服务提供者与生产者之间的职能，既要做好作为提供者的协调统筹工作，又要做好生产者的生产组织工作；另一方面，要认清不同生产者所具有的相对优势，根据它们的相对优势匹配相应的服务内容，提升社区服务活动的整体效率。

三 社区居民需求分类：以老年群体为例

（一）重视社区居民需求的意义

在供需匹配的具体操作过程中，既要厘清处于供给端的服务供给方所具备的优势，同时也要重视社区居民需求，某种意义上，居民需求涵盖了更丰富的信息，可以供匹配作为参考。第一，重视社区居民需求体现社区服务以人为本的原则，服务的根本目的在于满足居民需求，脱离了居民需求，社区服务就失去了供给的方向，造成服务与需求的偏离。社区服务设计与制定的前提便是需求调研，只有在需求调研的基础上后续的社区服务才能做到有的放矢。第二，重视社区居民需求能够通过需求状况了解社区居民的生存状态，通过辨识居民的需求内容、需求规模、需求急迫性等属性，可以掌握社区发展过程中的民生状况，利于政府根据居民需求属性和社区特征合理投入服务资源。第三，以居民需求表现出的规模、复杂性、情感性等维度，"区分不同人群的需求共性与个性，明晰各类社区需求的差异性，采用刚性与弹性相结合的配置标准"（王晗昱，2014），可以通过组合建立需求结构，相比以公共物品性质和供给方优势划分的办法，需求划分更适合在社区层面进行服务的结构化设计（张英杰、张源、郑思齐，2014）。

（二）居民需求的维度划分：以老年人为例

以居民需求为基准，本文尝试构建一种新型的社区服务供需匹配体系，这一新体系包含社区居民的多维度需求，以及由不同维度交织而成的需求类型与服务供给的匹配关系。为了使该体系下的供需匹配更加直观形象，本文借用笔者在上海浦东新区开展的老年人社区需求调查[①]，针对老年人的18项需求，从需求内涵的复杂程度（复杂性）、需求情感的涉入程度（情感性）、需求数量的规模程度（规模性）三个方面进行维度归类，并与相应的供给方式关联匹配。

1. 需求内涵的复杂程度

人们的需求是多样化的，是有层次的，不同需求的内涵属性，即包含的内容、内容间关联及满足手段是不同的，有的较为简单，比较容易满足，有些较为复杂，不容易得到满足或者说需要花费较大力气才能解决。通常情况下，需求内涵的复杂程度越高，对服务供给的技术要求越高。从实地调查看，层次较高的需求较之层次较低的需求其内涵更加复杂，生理需求比物质需求复杂，心理需求比生理需求复杂，社会性需求比心理需求复杂，精神需求比社会性需求复杂，需求越复杂越需要专业化服务。在老年人表达的18项社区需求中，以需求复杂性为标准，将这些需求从简单、较简单、较复杂到复杂进行排序，其中，简单的需求主要是设施设备建设

[①] 本调查由上海浦东新区社区服务中心与上海师范大学社会学系联合实施，自2013年6月至2014年5月，在上海浦东新区12个街镇，针对居民需求和社区服务状况，随机抽取640位老人开展了问卷调查。

和有形物品需求，包括居家无障碍改造、紧急呼叫系统安装、辅助器具租借、助餐服务、上门探望等；较简单的需求主要是居民日常生理性需求，包括健身运动、文体娱乐活动、健康体检、健康养生讲座等；较复杂的需求主要集中在有特殊要求的需求和社会性需求，包括健康生活方式指导、集体旅游、参与志愿服务、技能培训、家务服务、聊天谈心等；复杂的需求主要是心理和精神类需求，包括维权服务、生活护理、心理疏导等。居民需求的复杂性不同，对应的服务供给方式也会不同，通常简单的需求由掌握服务技能手段较少的供给主体提供，复杂的需求由掌握服务技能手段较多的供给主体提供，由此，比照供给方式相对优势，按照需求复杂性（从简单到复杂），设定供给手段的排序为政府、居民自组织、社会组织和市场。

2. 需求情感的涉入程度

拥有社区需求的主体是社区居民，社区服务的对象也是社区居民，社区服务供需匹配的过程正是将服务输送到居民手中的过程。社区服务的开展总是以人与人的接触为媒介，涉及人的精神价值层面，富有情感的活动过程往往收到事半功倍的效果，而冷冰冰的唯技术性活动过程则会使服务效果大打折扣，情感的投入程度将影响社区服务的效果，也关联着服务供给方的选择。当然，并非所有的服务都需要强烈的情感投入，也并非所有的供给方式都有着充沛的情感，因此要将情感丰富的供给方式配置到情感需求强烈的服务中去。从另一个角度来看，从情感中立型服务到情感型服务，表明了服务匹配过程中服务社会性的程度，社会性越强的服务，需要人们投入的情感越丰富，而社会性较弱的服务，人们投入的情感较为淡薄。在老年人表达的18项社区需求中，以需求情感性为标准，将老年人需求从情感中立型、情感偏弱型、情感偏强型到情感型排序，其中，情感中立型需求包括居家无障碍改造、紧急呼叫系统安装、辅助器具租借等，满足这些需求不需要面对面接触，因此情感性较为薄弱；情感偏弱型需求包括助餐服务、健身运动、健康体检、健康养生讲座等，这些需求满足过程中供需双方接触时间不长，情感性较弱；情感偏强型需求包括健康生活方式指导、技能培训、家务服务、维权服务、参与志愿服务、集体旅游等，这类需求的满足需要一段时间的接触，要渗入一定的情感；情感型需求包括文体娱乐活动、生活护理、上门探望、聊天谈心、心理疏导等，这类需求需要个体化面对面接触，其情感投入程度强烈。比照供给方式相对优势，按照情感性（从情感中立型到情感型）排序，依次匹配的供给方式为市场、政府、社会组织和居民自组织。

3. 需求数量的规模程度

社区居民的各类需求，在各个服务项目上所占比例并不是等同的，甚至有较大的差距，有些项目多数人觉得有需要，有些项目只有少数群体觉得有需要，还有一些项目只有极少数人有需要，这就要求我们在划分需求类型时可以根据需求量的多寡将其划分为大众需求、小众需求和特殊化需求。以老年群体的 18 项社区需求为例，调查结果显示，有些需求属于大众需求，需求人数较多，包括健康体检、文体娱乐活动、健康养生讲座、健身运动、集体旅游、健康生活方式指导等，这些需求在老年人中间有着普遍需求，可能与老年人的身体特点有关系（王红，2015）；有些需求属于小众需求，包括助餐服务、聊天谈心、参与志愿服务、紧急呼叫系统、维权服务、上门探望、技能培训等，这些需求在具有相同特点的某些老年人群中间集中存在，属于小范围的群体需求；需求最低的属于特殊化需求，包括生活护理、辅助器具租借、心理疏导、家务服务、居家无障碍改造等，这类需求要么是源于老人们追求更高生活品质，要么是源于特殊的个体原因（代明、袁沙沙、刘俊杰，2011）。从社区服务满足的实地情况看，往往大众服务要多于小众服务，更多于特殊化服务，小众需求和特殊化需求的缺口显得更为突出。社区服务的规模性对应供给主体所掌握的资源情况，通常大众需求的服务公共性更强，规模效应较大，操作专业化要求不高，适合政府承担；小众需求的服务专业性要求高，政府进入较难，适合社会组织承担；特殊化需求的服务更加具备个性化，适合市场方式供给。居民自组织适合承担一些临时性社区需求服务的供给，以及需求与供给不易分离的服务，如文体活动、健身运动等。

综合划分老年人需求的三个维度，需求内涵强调个人的感觉和体验，立足于微观层次；需求情感强调人与人的关系连接，立足于中观层次；需求规模强调需求的集合属性，立足于宏观层次。三个维度分别与供给的专业性、社会性、绩效性相对应，也分别代表心理学、社会学、经济学对需求的研究路径。服务的复杂性、情感性与规模性之间是有关联的，复杂性与情感性相容，当复杂性与情感性增强时，服务的规模化生产会受到限制，"服务越是走向人性化，越是张扬个性，其原本可进行规模生产的性质就越受到制约，因为个性化的过程服务无法标准化，非标准的服务限制了规模的扩大"（杨团，2002），专业化可能是缓和三者紧张的一条进路。

需要说明的是，三个维度下的需求划分是一个连续统，即从最低端到最高端是连续分布的，其排序并没有严格的界限，对应到提供服务的方式往往可以由不同的主体连同提供。分类是理想类型，一项服务包含的内容往往有多个侧面，可能需要多方主体共同供给，相互配合，比如紧急呼叫系统服务，包括安装、维护、接听和反馈性服务等，要求一项服务可能分为几个侧面或若干阶段由不同供给主体提供，利用好服务的系统性。服务是不断发展的，随着居民需求的增长，需求的内涵更加复杂，情感性要求更高，居民的需求越来越个性化，这些都要求社区服务的供给随之完善升级。

四 社区服务供需匹配体系的构建：模型与应用

（一）社区服务供需匹配的模型构建

根据需求匹配的适当性原则，建立以居民需求的三个维度——复杂性、情感性、规模性为基准的需求分类框架，设定承担社区服务的供给主体，由此形成供需匹配的新体系。如图1所示，根据供给主体掌握的服务技能单调性程度，在趋向复杂的服务分布上依次为政府、居民自组织、社会组织、市场；根据供给主体所具有的价值取向，在趋向情感性的服务分布上依次为市场、政府、社会组织、居民自组织；根据供给主体所具有的规模经济优势，在趋向规模性的服务分布上依次为居民自组织、市场、社会组织、政府。

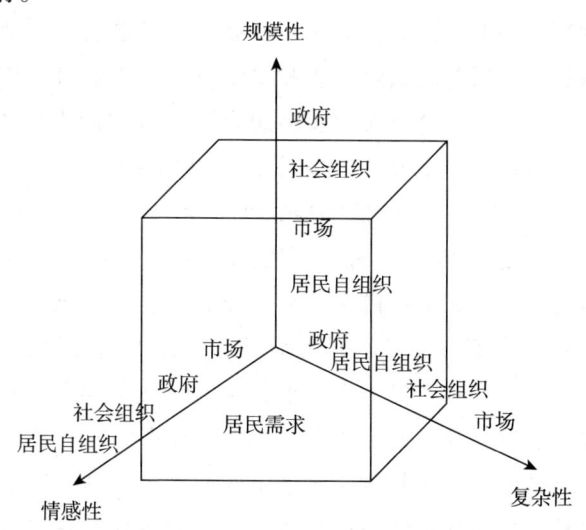

图 1 城市社区服务供需匹配模型

其他居民群体的社区需求有着与老年人需求同样的区分逻辑，同样适用于上述体系的需求类型划定与供需匹配。在实际应用过程中，如果某一项需求恰恰落在同一供给主体交汇点上，则由该主体提供服务是确定无疑的。但事实上并非所有的需求都落在同一供给主体的交汇点上，而是分散在64个（4×4×4）交汇点，形成24种（4×3×2）组合方式，更准确地说，是落在立体模型内无数的点位上。这就要求在服务供给上，其供给方式应以组合式为主，而不是单一式，即由多个主体共同供给，这种组合提供可以是联合式，也可以是主辅式的，这一思路在社区服务实践中得到了体现。

本文提供的分类框架和匹配机制与其说是提供一套严格清晰的分类匹配方法，不如说是提供一种需求划分、供需匹配的思路。应用在具体的供需匹配工作中，需求、供给的划分可以沿着一种维度执行，也可以将两种维度交叉，亦可以三者结合，以寻求到最适当的匹配。在实践中，基本上所有的社区服务提供系统都是综合利用所有这些模式。"争论哪种模式是最佳的，并不意味着用一种模式完全取代另一种模式。与此相反，它关注的是服务体系的平衡，使其沿着一种模式或者组合模式的方向前进，但并不是完全抛弃其他模式。"（Grand，2007）

（二）供需匹配模型的应用：以老年人服务为例

根据文中构建的供需匹配新体系，我们对老年人表达的18项社区需求与供给方式进行一一匹配。如图2所示，政府、社会组织、市场和居民自组织代表着四类社区服务的供给主体和供给方式，它们可以单独提供某项服务，也可以通过两两组合或者"多多组合"方式共同提供社区服务。所列出的序号代表着居民（老年人）需求，按照需求类型可具体分为四类：第一类为设施设备类需求，包括①居家无障碍改造、②紧急呼叫系统安装、③辅助器具租借；第二类为生理需求，包括④助餐服务、⑤健身运动、⑥健康体检、⑦健康养生讲座；第三类为家居生活类需求，包括⑧健康生活方式指导、⑨家务服务、⑩生活护理、⑪上门探望、⑫聊天谈心、⑬心理疏导；第四类为社会发展类需求，包括⑭文体娱乐活动、⑮技能培训、⑯维权服务、⑰集体旅游、⑱参与志愿者服务。这些需求分别被配置在不同的供给方式之下，越是紧邻两个主体或多个主体的需求越可以被组合服务方式供给，比如居家无障碍改造，可以由政府统一规划，委托企业具体生产执行；再如技能培训，既可以由市场提供，也可以由社会组织提供，还可以通过联合方式或竞争方式一同提供；又如上门探望，需要社会组织整体上进行统筹，但具体操作人员可以借助社区居民的参与共同完成。

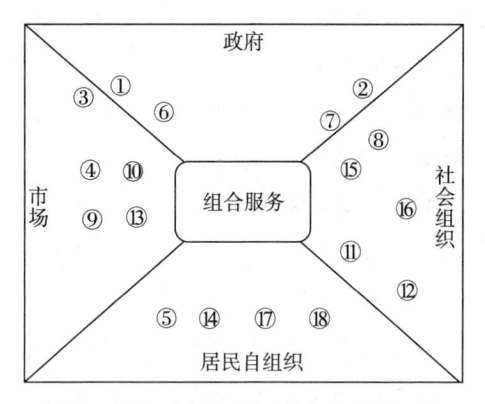

图 2　社区（老年人）服务的供需匹配

（三）社区服务的供需匹配效果

在问卷调查中，我们询问了老年人对各项服务的需求情况、体验情况及满意度情况，结合实地调查各项服务的提供情况，我们可以从主观方面看到社区服务的供给效果，以及由不同供给主体提供服务产生的效果差异。从供需匹配的角度观察社区老年人服务的供需情况（见表1）可知，现实中的服务供给和居民需求的匹配状况与理想模型中的匹配存在一定差异。在与理想模型拟合的服务项目中，由居民自组织提供的服务往往满意度较高，这反映出居民自组织在提供服务上更了解居民需求的优势。由政府直接提供的服务正在减少，在仅有的几项服务中居民满意度也较高，这几项也恰恰是政府供给发挥相对优势的项目。由社会组织和市场提供的服务有所增加，但取得的效果不是很理想，居民的满意度普遍不高，造成这一结果的原因并不是匹配错置，而是与我国社会组织和市场刚刚进入社区服务领域，以及它们在开展服务方面经验不足有关。

表 1　社区老年人服务的供需情况

单位：%

居民需求	服务供给	需求程度	体验情况	满意度
居家无障碍改造	民政部门、街镇政府	24.7	6.4	93.0
紧急呼叫系统安装	民政部门、街镇政府	33.0	11.6	91.9
辅助器具租借	居委会	7.8	3.3	72.7

续表

居民需求	服务供给	需求程度	体验情况	满意度
助餐服务	餐饮公司、社会组织	40.9	33.6	81.1
健身运动	居民自组织、社会组织	75.6	66.9	92.4
健康体检	卫生部门、医疗机构、居委会	88.9	81.7	91.7
健康养生讲座	居委会、社会组织、医疗机构	77.3	67.2	89.4
健康生活方式指导	社会组织、医疗机构	72.8	58.4	89.2
家务服务	家政公司、社会组织	19.1	4.4	83.3
生活护理	家政公司、社会组织	7.5	1.4	87.5
上门探望	居民自组织、居委会、社会组织	27.7	15.2	90.7
聊天谈心	居民自组织、居委会、社会组织	44.8	15.0	91.8
心理疏导	社会组织、心理咨询公司	18.1	4.7	79.4
文体娱乐活动	居民自组织	78.2	67.2	96.0
技能培训	社会组织	27.3	15.0	91.8
维权服务	社会组织、法律咨询机构	29.2	10.5	87.1
集体旅游	居民自组织、居委会	73.3	62.5	94.7
参与志愿者服务	居民自组织、居委会、社会组织	49.2	42.2	96.7

结合实地调查可知，即便是社区服务较为发达的上海等特大城市，也没有实现充分的供需匹配和供需均衡，但从供需匹配的角度可以发现，一些社区服务效果好的街镇具有如下特点。其一，服务供给多元化，供给主体发育完善。这些社区所享受到的服务既来自传统的居民自组织、政府，还包括新兴的社会组织和市场，特别是近些年浦东新区社会组织的迅速成长，为社区服务供给多元化准备了充分的组织条件。其二，"强政府－强社会"格局。"强政府"是常态，在社区服务供给中政府居于主导地位，这种主导地位逐渐从直接生产社区服务向统筹社区服务转变。"强社会"体现出近期发展变化，在政府激励下，社会组织和社区本土力量逐渐被唤起，积极参与社区服务供给。其三，供需之间实现了一定程度的匹配。社会组织和市场组织等一些新兴力量，进入传统上由政府垄断的服务领域，迸发出生命力，但总体上供需匹配处于探索阶段，各方都在努力寻求合理的配置结构。

五 创造供需匹配条件推进社区服务升级

社区服务要实现有效的供需匹配,需具备以下条件。第一,居民能够真实、充分表达需求。供需匹配的一端是需求的明确界定,而基础则是居民需求的表达,只有居民真实地表达需求偏好,并在社区总体层面形成需求汇总和偏好排序,供需匹配才能具有针对性。第二,服务供给主体发育完全。每方供给主体都具有区别于其他主体的独属特性,供给主体的特征越具有专属性,服务领域越易于分清。供给主体对所属领域进行专用性投资,进一步提升服务技能,总体上形成相互配合、覆盖完整的供给服务体系。第三,确定需求清单和具有资质的服务供给主体。并非所有的居民需求都能够、都应该得到满足,哪些需求可以纳入社区服务提供范围,需要政府根据社会经济条件和需求正当性进行选择,特别是社区服务发展进路具有不可逆性(陈振明等,2011),政府财力保障成为必须考虑的条件。第四,服务开展作为后续支撑。供需匹配后落地工作的延续,能够体现供需匹配的积极效果,如果匹配效果不明显,则需要根据现实条件进行进一步调整,改善服务或者改善匹配,只有用实效增强匹配的功效性,供需匹配才能得到供需双方的认同,供需匹配才是可持续的。

目前,我国城市社区服务还不完全具备上述条件,但已经拥有了迈向供需均衡的基础,特别是在大城市,社区服务正在从侧重数量阶段转向侧重结构阶段,也就是说,社区服务的规模和覆盖范围有了大幅度增长,下一步要在规模和范围的基础上优化服务结构。从侧重数量到侧重结构再到侧重质量,是社区服务可持续发展的方向,也是优化社区服务供需匹配的现实路径。受社会结构条件与服务精力的限制,社区服务呈现数量到结构再到质量的递进过程,只有达到前一阶段的标准,才能顺利推进下一阶段目标的实现。在侧重数量阶段,应鼓励供给主体进入社区服务领域,以支持性经费为导向,刺激供给主体的增长和成长。在侧重结构阶段,应根据居民需求状况和供给主体的相对优势,实施供需匹配,以服务效率为导向,使供给主体对应到能够带来更大社会福利的社区服务领域中去。在侧重质量阶段,应加强社区居民与供给主体之间的协调表达,以居民需求为导向,通过供需间的实质性沟通达到服务与需求的契合,提升服务质量。

应该看到,供需匹配体现的是社会工程设计化思维(Roth,1990),即站在社区外部为社区服务制定规划,这是由当前我国社区建设的特点决定的。我国社区成长采取的是社区建设而非社区自主发展的模式（马西恒等，2006），社区服务供需匹配是社区建设的一部分，符合社区建设规划性特征。但从社区长远发展看，社区服务的供需匹配必将走向自然生长模式，即通过社区居民与服务供给方的不断磨合，实现双方的有效匹配。为了使接下来的供需双方磨合更加顺畅，在当下的供需匹配机制设计中，要留足时间和空间，使双方充分适应而不是经常性推倒重来。必须指出，供需匹配设计构建的是一种理想模型，在构建模型时对假设条件做了限定，且只将有限的因素纳入模型，但现实的条件错综复杂，变化万千，与模型假设有着很大差异，因此，现实中的供需匹配应用应该追求动态平衡，而不是拘于某种固定的搭配（奥斯特罗姆、帕克斯、惠特克，2000）。现实生活中不可能存在任何社区都通用的配置模式，供需匹配可以是服务供给方与服务需求方相互试探、不断磨合的结果，也可以是基于合理化构想着意设计的结果，依据社区服务的社会条件找到相适应的供需匹配，才是构建社区服务体系的最佳路径。

参考文献

奥斯特罗姆、帕克斯、惠特克，2000，《公共服务的制度建构——都市警察服务的制度结构》，宋全喜等译，上海三联书店。

陈奇星、胡德平，2009，《我国特大城市政府公共服务制度供给的模式构建》，《国家行政学院学报》第3期。

陈振明等，2011，《公共服务导论》，北京大学出版社。

代明、袁沙沙、刘俊杰，2011，《社区服务的需求结构、供给模式与补偿机制》，《暨南学报》（哲学社会科学版）第4期。

侯岩，2009，《中国城市社区服务体系建设研究报告》，中国经济出版社。

黄锐、文军，2015，《基于社区服务的城市基层治理：何以可能，何以可为》，《福建论坛》（人文社会科学版）第9期。

李琪，2010，《中国特大城市政府管理体制创新与职能转变》，上海人民出版社。

马国贤，2005，《政府绩效管理》，复旦大学出版社。

马西恒、鲍勃·谢比伯等，2006，《中加社区治理模式比较研究——以上海和温哥华为例》，上海人民出版社。

麦金尼斯，2000，《多中心体制与地方公共经济》，毛寿龙译，上海三联书店。

王晗昱，2014，《上海社区公共服务设施供需研究与规划思考》，《科学发展》第10期。

王红，2015，《老年人社会服务需求、供给及利用情况分析——以北京市西城区为例》，

《北京交通大学学报》（社会科学版）第 1 期。

王伟同，2011，《公共服务绩效优化与民生改善机制研究——模型构建与经验分析》，东北财经大学出版社。

杨团，2002，《社区公共服务论析》，华夏出版社。

易承志，2012，《政府向社会组织购买服务相关问题研究——基于组织功能比较优势的视角·以上海市为例》，《太平洋学报》第 1 期。

张英杰、张源、郑思齐，2014，《基于居民偏好的城市公共服务综合质量指数构建方法》，《清华大学学报》（自然科学版）第 3 期。

Grand, Julian Le. 2007. *The Other Invisible Hand: Delivering Public Services Through Choice and Competition*. Princeton：Princeton University Press.

Luhmann, N. 1995. *Social Systems*. California：Stanford University Press.

Roth, Alvin E. 1990. *Two – Sided Matching: A Study in Game-Theoretic Modeling and Analysis*. Cambridge：Cambridge University Press.

Shah, Anwar. 2005. *Public Services Delivery (Public Sector Governance and Accountability Series)*. The Word Bank Publications.

国家主导的社会治理：当代中国
社会治理的发展模式[*]

关 爽 郁建兴[**]

创新社会治理、推动社会建设、促进社会转型、实现社会发展和良性运转，构成当代中国社会建设的主要内容。考察2002年以来党的历次代表大会和中央全会，党和政府不断更新执政和发展思路，从理念、价值、内涵、制度建设与政策设计层面，在不同领域不同程度地推进社会治理和社会建设。这构成了我们思考当代中国社会治理问题重要的政策背景，表明党和政府已经开始从深层次上重视转型期社会治理与社会建设的组织与制度环境问题，并积极寻求解决社会治理问题的现实路径。当代中国正处于从社会管控到社会治理的发展阶段（郁建兴、关爽，2014），这种发展的阶段性表明社会治理发展的动态性、过程性与复杂性并存。基于这一判断，本文旨在描画当代中国社会治理的整体图景，致力于对当代中国社会治理的变迁进行总体描述和概括性分析；同时，探讨当代中国社会治理发展模式的特点。通过系统梳理社会治理的历史发展、政策演变与体制机制创新，本文提出"国家主导的社会治理"，以此概括和描述当代中国社会治理的发展模式与阶段性特征。

一 当代中国社会治理发展模式的讨论

改革开放以来，中国经济的快速发展和社会变迁引发了国内外学术界对中国治理模式的热议，并从善治（good governance）角度评估中国治理

---

[*] 论文原文发表于《上海行政学院学报》2016年第2期。
[**] 关爽，上海师范大学哲学与法政学院讲师，研究方向为社会治理数字化转型；郁建兴，浙江工商大学校长，浙江大学社会治理研究院院长，研究方向为地方政府、社会组织与社会治理、数字治理。

绩效。在描述、概括与解释中国治理模式变化的研究中，由于关注点不同，已有研究提出了不同的观点。比如王绍光（2004）发现，随着公有制逐步退却，国家计划让位于市场力量，但与此同时，政府依然以制定标准、审查、监督和采取强制措施等"监管"方式积极介入国家的各种经济和社会事务；政府的控制模式并没有消失，而是发生了改变，变成了一个新型的监管型政府。与此不同的观点是，社会治理集中体现了国家与社会关系的变迁，有一些学者开始研究合作治理（cooperate governance）、善治等概念，用以描述当代中国国家（政府）与社会的合作关系，而这种合作关系有助于社会治理目标的实现（He，2003）。有学者认为"以社会和公民为本位，以公共服务为根本目标""市场化、社会化，与非政府公共机构甚至私人部门合作"为"公共服务型政府"的行为模式和政策手段（燕继荣，2011）。还有学者系统考察了中国改革30多年来整体治理方式的变化，认为中国以治理为中心的改革，体现在从革命到改革、从革命党到执政党、从政治协商到协商政治、从政治国家到市民社会、从政府统治到社会自治、从政府管制到公共服务等十二个方面（俞可平等，2013）。总体而言，中国治理改革的目标是：民主、法治、公平、责任、透明、廉洁、高效、和谐。由于中国兼具发展中国家和转轨国家的特征（俞可平，2008），同时具有广袤的国土和显著的地方差异，因此呈现"治理的中国品格"，即国家主导的选择性品格和渐进演化的适应性品格（敬乂嘉，2011）。

  作为一种学术反映，国内外相关理论探讨为本项研究工作提供了丰富的理论背景。遗憾的是，当我们求解"如何认识与解释当代中国社会治理领域的复杂性"这一议题时，已有研究成果显得并不充分。

  第一，尽管学者们都从不同的侧面描述和探讨了当代中国社会治理的现实情况，但现有研究都无法全面展示中国社会治理领域的发展状况与复杂图像。快速转型的中国社会的一个鲜明特点是两重性和复杂性，即社会优化与社会弊病并生、社会进步与社会代价共存、社会协调与社会失衡同在、充满希望与饱含痛苦相伴（郑在浩，2009）。这势必会给中国的社会治理带来极大挑战与治理难度，也就决定了社会治理实践的复杂性、创新经验的丰富性与面临的现实问题的挑战性。从社会治理实践来讲，各级地方政府多有"各取所需"式的推行。从学术研究角度来说，已有研究都难以完全捕捉、概括和描述当前中国社会治理领域丰富的实践探索，也难以涵盖地方政府社会治理实践的多样性、复杂性与发展的不平衡性。

第二，已有研究倾向于探讨国家与社会在社会治理某一具体领域的权力博弈，进而评估社会治理的发展方向与模式。然而，相关研究通过将国家与社会的互动行为解释为策略性互动，进而得出社会治理是国家维护政权合法性与社会稳定的"权宜之计"的结论，这一方面忽视了近年来国家试图将化解社会冲突与推动社会发展纳入制度化框架的努力，另一方面低估了国家与社会的互动给社会治理进步带来的深刻影响。国家与社会互动关系中的合作治理取向研究意识到二者确实存在合作基础，但这种合作基础过于实用化。更重要的是，现有研究较多定位于研究社会治理对中国未来民主化进程的影响，而忽视了对其对中国社会发展影响的关注。

二 国家主导的社会治理：解释当代中国社会治理的发展模式

从历史演变与政策发展角度，梳理社会治理作为国家一项重要政策的发展脉络，目的在于分析社会治理的政策话语特点与演变的历史脉络。

（一）社会治理的政策脉络：从策略性运用到纳入国家治理体系

1993年，党的十四届三中全会通过的《中共中央关于建立社会主义市场经济体制若干问题的决定》，提及"社会管理"一词，并将其作为政府的一项管理职能。由于在这一时期，推动经济发展成为国家建设的首要目标，因此政府社会管理职能的目的在于维护社会稳定。

"社会管理"真正成为党和国家重要文件中的高频词，是在党的十六大之后。这时，国家强调通过创新社会管理，发展社会政策，协调不同利益群体间的关系，并凝聚、吸纳多元社会力量参与治理的方式来维持社会秩序，提供社会保障，激发社会活力。比如2011年全国人大通过的《中华人民共和国国民经济和社会发展第十二个五年规划纲要》系统提出了"改善民生，建立健全基本公共服务体系"和"标本兼治，加强和创新社会管理"的社会建设目标；2012年党的十八大报告较为系统地提出了中国特色社会主义社会管理体系的基本框架，并强调以法治来保障社会治理主体间权责关系。此后，2013年第十二届全国人民代表大会第一次会议通过的《国务院机构改革和职能转变方案》，表明党和政府开始重视社会建设的体制机制与组织结构支撑问题。特别是，党的十八届三中全会提出"国家治理体系和治理能力现代化"目标，并在此目标下首提"社会治理"，强调创新社会治理体制。党的十八届四中全会进而研究了全面推进依法治国若干重大问题，力图为全面深化改革提供可靠的法治保障，其中对"依法治国"的系统论述，不仅呼应了党的十八届三中全会提出的建设"法治国家、法治政府、法治社会"的新目标，更推动了国家治理方式的转型和升级，为完善社会治理的法治框架奠定基础。2015年《政府工作报告》进一步阐述"加强和创新社会治理"的努力方向，包括继续深化社会组织管理制度改革，鼓励社会力量参与公共服务等重要内容。进一步，党的十八届五中全会明确提出，加强和创新社会治理，推进社会治理精细化，构建全民共建共享的社会治理格局。这可以看作国家推动社会治理的发展将从宏观的制度安排、体制改革转向微观的、具有操作性的机制建设。

可以看到，市场转型带来了一些新问题。为此，对市场转型带来的社会问题，国家必须予以回应。因此，社会稳定和经济发展成为国家和各级政府的首要目标。这也就能够理解国家最初提出社会管理，其基本功能在于维持社会秩序，为经济发展提供一个良好的国内环境，由此体现了国家对"社会管理"一词的策略性运用。但是，从计划经济向市场经济的转型从根本上改变了中国社会的结构。随着市场化和民营化的深入，实施范围更广阔的社会经济方案，如减少贫困、消除地区不平等、提供福利等会大大增加社会基层对资源和信息的要求。而且，社会力量的成长已经凸显出其在协助政府履行社会职能方面的优越性。这些变化对国家提出了更高的要求：不仅要通过自上而下的国家建设，重塑国家治理的合法性与有效性，也要关注社会公平和社会建设，提高民生福祉，重建社会秩序，并为社会创造发展空间，以建立合法性的新基础。由此，国家不仅在政策文本中首次以"社会治理"替代"社会管理"，更将推动社会治理的执政目标纳入国家治理体系的完善中。

（二）中央政府和各级地方政府的治理改革与创新

通过梳理社会治理的政策脉络可以看到，新的政策导向表明社会治理成为国家发展与国家治理的战略性目标。国家自身有了自上而下推动社会治理的要求，由此社会治理成为中国新的政治话语。进一步，通过梳理和评估近些年国家主要的治理改革与地方政府社会治理创新行为，可以看出当代中国社会治理的发展路径。

1. 通过行政审批制度改革、政府职能转变和机构改革，重新设定权力边界

2004 年以来，中国行政改革聚焦于行政体系的法治化、规则化和标准化。然而，由于政府的行政范围过大，职能范围过宽，科层化的技术治理改革只触及了行政体制中的工具方面，并未从根本上改变行政权力运行的布局和机制（渠敬东、周飞舟、应星，2009），从而也就无法实现提升行政效率、推动政府职能转变以及社会管理职能履行的改革目标。在涉及政府诸多行政体制改革的清单中，行政审批制度可谓关键一环。作为国家治理与政府管理的重要方式，行政审批制度改革是政府职能转变和机构改革的基础。行政审批制度改革涉及简政放权，通过科学减少行政审批事项，简化行政审批程序，规范政府权力运作，并在此过程中协调和处理政府与市场、社会等多重关系。

这种"政府之手"无处不在的管理方式，经历了从取消到调整过多、过滥的行政审批事项，向推进行政审批制度的法治化建设深化，再向界定政府-市场-社会的三方权力边界、推进政府权力清单建设逐步深化等阶段（唐亚林、朱春，2014）。从地方政府层面来看，行政审批改革项目日益多样化，地方政府也会在中央政府正式启动改革之前，率先突破制度阻碍，自发进行改革尝试，比如海南省海口市行政审批改革的"三制"，广东省深圳市、浙江省宁波市和金华市等地陆续建设的行政服务中心（朱旭峰、张友浪，2014）。

在此基础上，职能转变是历次国务院机构设置变革的核心和亮点，其改革呈现明显的两段论特色：第一阶段的重点是政府经济管理职能的转变；第二阶段的重点是加强和改善宏观调控，更加注重社会管理和公共服务职能（周志忍、徐艳晴，2014）。由此带来的直接影响便是通过行政审批等行政体制改革，国家不仅重新设定了自身权力行使的边界，进一步创造、规范有利于社会发展的制度空间，更通过政府职能转变、让社会力量承接一部分社会职能的治理方式，为社会力量提供行动和发展的可能性。

2. 逐步推进社会组织管理制度改革，为社会力量释放行动空间

此前，导致社会组织管理体制饱受诟病的当属"双重管理体制"。这种基于政治稳定与行政管控考量的管理制度，不仅在登记、监管等方面存在不足，而且限制了社会组织的活动范围、行动空间与作用发挥，比如这种管理体制带来的过浓的行政色彩，使得在全面深化市场化改革、政府简政放权的背景下，行业协会商会骤然承接政府"交还"的职能，往往并不具有相应的治理结构和组织能力（郁建兴，2014）。

近年来，各级地方政府在社会组织的登记管理制度、发展环境和监管方面做了很多有意义的探索，比如广东省社会建设一直走在全国前列，其超前性在于，社会建设要在省一级层面，协调各个部门，对社会组织进行全面培育和扶持，落实优惠政策，而不再局限于民政系统内部（朱健刚，2011）。中国政府在对社会组织的吸纳能力、对社会组织管理重点的分化、对社会组织管理制度化水平、对社会组织管理手段多元化等几方面的监管水平有了明显提升（刘鹏，2011）。针对社会组织在实际管理和功能发挥方面面临的困境，中央政府吸取了地方层面的改革经验，主动变革，随之而来的便是政策的出台、规章条例的修订工作，以及社会组织双重管理向直接登记转变。比如2012年党的十八大提出加快形成"政社分开、权责明确、依法自治"的现代社会组织体制；党的十八大之后，社会组织管理体制有了重大突破，即由原来的政府主管部门和民政登记部门的双重管理向直接登记转变。党的十八届四中全会首次明确提出了"加强社会组织立法"，这对于社会组织的发展来讲无疑具有里程碑意义。此外，除了社会组织发展的外部制度环境和政策环境都已经得到较大改善，我们发现，国家开始逐步支持某些类型社会组织的发展，并逐步拓宽社会力量参与公共服务与社会治理的范围。比如2014年12月18日，国务院下发《关于促进慈善事业健康发展的指导意见》，其重要意义在于这是我国慈善领域第一个以国务院名义出台的规范性、纲领性文件，并且鼓励兴办、大力发展各类慈善组织，以扶贫济困类项目为重点，加大政府财政资金向社会组织购买服务力度。

总体而言，中国社会组织的发展经历了两个发展阶段：第一阶段是从改革开放之初到1992年，社会组织从无到有、从点到面、数量激增；第二阶段是从1993年至2013年，是社会组织的规范管理和新的发展时期（王名，2013）。从数量来看，随着中国治理改革的逐步深入，以及进一步转变职能、推动社会治理发展的改革需要，国家已经意识到社会力量在治理格局中的重要性。

3. 积极发展协商民主与合作治理，增强国家吸纳能力与社会参与能力

现代社会治理内在地要求将公民视为治理主体。此前，社会管理制度的高度技术化以及对民众的区隔化使得社会碎片化情况严重，必然导致个体组织化地参与社会管理及社会建设的能力萎缩（李友梅，2013）。近些年，国家逐步探索国家（政府）与社会主体进行多样性合作的可能空间，并建立或完善对于各类社会主体的支持和培育机制。比如国家对协商民主已有发展共识。党的十六大报告指出："健全民主制度，丰富民主形式，扩大公民有序的政治参与，保证人民依法实行民主选举、民主决策、民主管理和民主监督，享有广泛的权利和自由，尊重和保障人权。"党的十七大报告指出："增强决策透明度和公众参与度，制定与群众利益密切相关的法律法规和公共政策原则上要公开听取意见。"党的十八大报告提出，要"健全社会主义协商民主制度。社会主义协商民主是我国人民民主的重要形式。要完善协商民主制度和工作机制，推进协商民主广泛、多层、制度化发展"。

此外，国家通过政治吸纳，逐步增强体制的适应能力。比如国家通过协商民主的方式增强自身的吸纳与调适能力，借助协商制度实现对社会利益的整合。国家政治系统的开放性也使得公民或社会组织有机会表达自身利益诉求。有研究者认为，改革开放以来，中国的基层民主，特别是各种形式的公民协商呈现积极发展态势，尤其是以温岭"民主恳谈会"为代表的中国基层、地方公民协商等协商民主机制，已经构成了协商民主经验的重要来源（郎友兴，2014）。已有研究表明：中国鼓励公民表达意见，增强信息传输功能，从而促进公共政策的调整，维护国家的稳定性（Chen and Xu, 2014）。近年来，以中央政府和地方政府为主要推动力的社会治理格局逐步形成，通过建立共治机制的方式寻求政府与社会力量合作治理的可能性，并提供相应的制度合法性与现实路径，比如政府购买公共服务中的社会组织参与、城市社区的参与式治理等，逐渐成为社会治理改革与创新的新内容。这就意味着，国家在试图探索制度创新，吸纳社会力量参与治理过程，并积极培育社会主体的参与能力。

4. 国家通过完善社会治理创新机制，增强调解能力，为社会释放参与空间

由于经济发展与社会转型带来的利益分化和社会矛盾，社会冲突和社会不稳定问题日益突出。这不仅需要国家建立和健全利益表达机制，进一步释放参与空间，听取民众诉求，还需要增强自身的调解能力。因此，可以看到，国家正在努力通过完善正式的调解机制和利益调节机制，利用和开放制度化沟通渠道和制度框架，修补碎片化的矛盾冲突解决机制，疏导社会矛盾，增强自身处理社会危机的调解能力。比如有研究指出：通过工会内部的上下联动、法律援助促成和解、劳动仲裁加强庭外调解以及法院鼓励诉前联调等调解机制创新与整合，2006年以来国家推动的大调解模式成为一种高度制度化和常规化的社会治理机制，显著地提升了国家对劳动争议的调解能力（岳经纶、庄文嘉，2014）。研究发现，近些年，国家更逐步依据法律与法治的成熟来规范社会治理中的各种关系，以司法形式达到矛盾调处的目的。2014年3月，中共中央办公厅、国务院办公厅印发了《关于依法处理涉法涉诉信访问题的意见》，要求健全涉法涉诉信访工作机制，努力形成依法解决涉法涉诉信访问题的合力。这被认为是以法治方式预防和化解社会矛盾的有效途径。由此可以看到，国家正在通过矛盾调解机制、利益协调机制、正式的利益表达机制和法治治理，增强自身调解和调适能力的同时，也为社会力量释放参与空间。

从社会管理到社会治理的话语转变与政策演变，凸显了社会治理从策略性运用到纳入国家治理体系的转变过程和基本特征。进一步，中央和各级地方政府通过在社会治理领域的主要制度变革与体制机制创新行为，不仅推动国家与社会关系的积极互动，而且使社会力量在参与空间、行动空间和发展空间都获得了扩展，从而推动了社会治理的发展。由此，在中国社会治理领域，国家的角色和作用也从改革前资源垄断的主导地位向以政策方针、制度建设引导为主的主导地位转变。近些年，国家在政府权力、社会组织、公民参与以及基层自治等社会治理的重要领域进行治理改革；地方政府层面也出现一批旨在提升政府治理能力、培育社会力量的创新实践。概言之，从中央政府到地方政府，当代中国的社会治理，其主要特色在于国家通过自上而下的方式，以治理改革、制度建设与社会治理体制机制创新等方式，推动了中国社会治理的发展。地方政府推动的社会治理创新也逐步形成累积效应，进一步加速了中国走向社会治理的进程。因此，社会治理不应该仅仅被看作中国应对社会问题的策略和政策工具，它已不再只具有工具意义。事实上，当代中国的社会治理发展，已在诸多领域通过调动社会自身的能动力量，让社会力量广泛参与社会治理活动，从而实现社会治理的价值目标。因此，认识和理解社会治理，应该超越社会治理的工具意义和价值目标理念。社会治理已经从政策走向现实。由此，我们将当前中国的社会治理体系概括为"国家主导的社会治理"。

三 国家主导的社会治理的特征

"国家主导的社会治理"是对当代中国社会治理发展形态和发展阶段的描述和概括，其前提在于国家在社会建设中的角色演变，构成当前中国社会建设的主要驱动力，主要体现在：国家积极、主动推动社会建设，具有自上而下构建社会治理的要求；国家角色从直接控制社会转向制度提供者和协调者；国家适应社会发展趋势，在制度体制内追求变革，主动推进政治和社会制度的转型；国家在社会发展中的作用必不可少，它必须在发挥其社会治理功能的前提条件下，为社会自治提供需要的资源份额与有效的制度（任剑涛，2013）。因此，国家主导，从根本上讲是强调国家在制度供应和安排中的优先性地位，以及决策优势在社会治理中具有的关键性作用，从而为国家与社会的良性互动以及社会力量的成长提供合法空间。这除了依赖于国家角色的转变，还依赖于国家提供社会治理发展所需要的宏观制度安排，不仅能够促成国家与社会在职能领域的有效合作，而且能为培育社会力量提供相应的制度支持。"国家主导的社会治理"的优势在于以国家权力为主导力量推进现代化发展和转型，国家权力能够创造出权威、秩序与活力的内在统一（林尚立，2008）。这不仅使得社会治理具有一定的预设性，有助于加快社会治理进程，更确保了社会稳定有序。这种模式的合理性在于，由于现阶段社会力量参与公共事务的能力较为欠缺，社会成长所需的组织和机制建设都不健全，影响社会治理能力与治理水平的提升，因此还需要国家给予扶持和能力培育。

"国家主导的社会治理"的治理形态表现为国家能够较好地回应社会诉求，允许并引导社会力量发挥更大作用，并且国家与社会在应对社会问题、履行公共性职能方面逐步确立起良好的合作关系。政府有意引导和扶植民众的参与和社会组织发展，政府与社会开始形成一种良性的互动关系和格局（林闽钢，2014）。基于此，"国家主导的社会治理"的基本特征在于国家在社会治理中发挥积极的主导性作用。这种主导性作用一方面表现为国家不再直接控制社会以维护管制的稳定性和效率，而是通过国家建设、各种各样的政策、发展规划与社会治理改革积极回应社会发展的要求与挑战，并且从中央到地方都会出台层级不同、适用范围不等的社会治理目标与社会建设路线图；另一方面表现为国家承认社会多元主体参与国家治理与社会建设的合法性与可能性，认可社会力量在承接政府职能、协助政府履行相关职能、满足公众需要方面的优越性，允许社会力量通过正式的制度化渠道表达自身利益。"国家主导的社会治理"强调了国家主导的优先性以及社会发展日益走向良性发展与制度化的趋向性。

然而，社会治理模式并未真正成形。原因则是在"国家主导的社会治理"发展模式下，社会治理的特点在于兼具策略性与制度化特征，反映了在实现维持社会稳定与促进经济发展的双重目标之下，一方面国家要策略性应对社会的不稳定现象，对社会实施间接的控制与监管，这也体现其致力于将社会冲突的解决和社会发展纳入国家正式的治理体系，以推动"积极的社会治理"[①] 的实现；另一方面社会也在国家为其划定的制度边界和策略空间内积极与国家进行互动，从而实现自身目标。因此，"国家主导的社会治理"并不排斥社会力量的地位及其积极行为：中国改革不仅是一个制度转型的过程，同时也是一个创造多元社会主体和复兴社会主体性的过程（张兆曙，2010）。由此，国家与社会都是社会治理的重要主体。然而，中国社会的成长过程"实际上是在改革开放和市场经济的压力下，国家不断放松对社会的控制权而又以新的形式继续保持对社会的控制的过程"（李景鹏，2005）。这反映在即使地方政府的创新实践层出不穷，社会组织也并非完全自主，而是在政府划定的议题范围及特定环节中参与（杨宝，2014）。有些地方政府随意转移职能，不但没有推动社会组织力量壮大与能力拓展，反而挤压其社会发展空间，不利于社会组织成长。即使最近几年被认为是社会治理领域重要创新的"大调解"模式，其调解的高度选择性以及柔性疏导策略的特点，也导致这种模式走向"调而不解"的困境（庄文嘉，2013）。因此，在"国家主导的社会治理"模式中，国家有意愿、有动力和有能力去推动一些治理创新，但同时也构建了一个由国家实施管制、进行监督的社会治理格局。

四 当代中国社会治理的未来发展：
国家与社会的共同转变

党的十八届三中全会将社会治理在"推进国家治理体系和治理能力现代化"的改革目标中予以阐释，具有重大意义。社会治理与国家治理和国家建设是相辅相成、相互交织的。首先，从价值目标来讲，社会治理的根本目标在于"让社会运转起来"，是自上而下的政府力量与自下而上的社

[①] 孙立平教授在《走向积极的社会管理》（《社会学研究》2011 年第 4 期）一文中将"积极的社会管理"理解为以主动的建设和变革为手段，以改善社会的状况，建设一个充满幸福感的、更好的社会为目标的社会管理。本部分研究借用孙立平教授的表述，并将"积极的社会管理"改为"积极的社会治理"，主要基于如下考虑：一是从根本上讲，孙立平教授界定的"积极的社会管理"，是从如何实现社会治理的角度进行探讨的；二是党的十八届三中全会首次提出"社会治理"，并以"社会治理"替代"社会管理"；三是更加凸显国家与社会在某些职能领域中良好的合作关系。

会力量有效对接贯通、良性互动的过程（郁建兴等，2012），需要遵循社会自身的发展规律与运行逻辑。推动社会治理的发展，需要通过社会体制改革、社会组织的培育和发展壮大，以及制度的整体设计和系统改革。这不仅对国家治理提出了新的挑战，同时也需要国家治理的支撑。其次，从现实发展来看，在社会治理被纳入国家整体规划与建设的当下，必须确保这一模式不是国家或政府对社会的单向、简单的管理和强行控制。社会治理的现实发展已经表明，社会治理不再是一种价值倡导，它在运行中已具有实际意义。社会治理创新与改革不仅呼应了国家层面对社会治理的支持，也在不同层面共同解释了中国的社会治理与国家治理的紧密联系。再次，在当代中国，无论是市场模式还是社会模式，其发展都是不充分的。市场模式和社会模式的滞后同样会影响国家治理的良性发展。同时，在市场与社会快速发展的现实形势下，国家模式的控制与包容能力会面临挑战。也就是说，国家不再推行全能主义的治理模式，也并未确立社会治理模式，但社会治理的积极因素已经构成国家治理模式转变的制度性基础。最后，中国的社会治理改革意味着国家与社会共同转变，并且都在法治框架内得到实现，以提升治理的有效性。创新社会治理的多种努力应建立在国家追求更为长期的有效治理模式和持续性的治理状况改善基础上。社会治理不仅要不断回应社会诉求，还需要通过释放空间、建立法治框架以推动社会自身的成长与发展，并促使政府制度化地履行职能，从而跳出以社会管制维持社会稳定与合法性的效率思维，提升治理的有效性和质量。

因此，未来中国社会治理的发展是一个动态的过程，关键在于通过国家与社会的共同转变，积累社会治理的积极因素，推动社会治理的有序发展与良性运行，以提升社会治理的有效性。

参考文献

敬乂嘉，2011，《治理的中国品格和版图》，《复旦公共行政评论》第 7 期。

郎友兴，2014，《软实力"现代化"与"协商机制"：全能主义治理模式已无法维系》，《人民论坛》第 4 期。

李景鹏，2005，《后全能主义时代的公民社会》，《中国改革》第 11 期。

李友梅，2013，《构建社会建设的"共识"和"公共性"》，《中国社会科学报》6 月 14 日。

林闽钢，2014，《超越"行政有效，治理无效"的困境——兼论创新社会治理体系的突破点》,《中共浙江省委党校学报》第 5 期。

林尚立,2008,《有效政治与大国成长——对中国三十年政治发展的反思》,《公共行政评论》第 1 期。

刘厚金,2008,《我国政府转型中的公共服务》,中央编译出版社。

刘鹏,2011,《从分类控制走向嵌入型监管:地方政府社会组织管理政策创新》,《中国人民大学学报》第 5 期。

渠敬东、周飞舟、应星,2009,《从总体支配到技术治理——基于中国 30 年改革经验的社会学分析》,《中国社会科学》第 6 期。

任剑涛,2013,《社会的兴起:社会管理创新的核心问题》,新华出版社。

唐亚林、朱春,2014,《2001 年以来中央政府行政审批制度改革的基本经验与优化路径》,《理论探讨》第 5 期。

王名,2013,《社会组织论纲》,社会科学文献出版社。

王绍光,2004,《煤矿安全生产监管:中国治理模式的转变》,载吴敬琏主编《比较》第 13 辑,中信出版社。

燕继荣,2011,《变化中的中国政府治理》,《经济社会体制比较》第 6 期。

杨宝,2014,《治理式吸纳:社会管理创新中政社互动研究》,《经济社会体制比较》第 4 期。

俞可平,2008,《中国治理变迁 30 年(1978~2008)》,《吉林大学社会科学学报》第 3 期。

俞可平、李侃如等,2013,《中国的政治发展:中美学者的视角》,社会科学文献出版社。

郁建兴,2014,《全面深化改革时代行业协会商会研究的新议程》,《行政论坛》第 5 期。

郁建兴、关爽,2014,《从社会管控到社会治理——当代中国国家与社会关系的新进展》,《探索与争鸣》第 12 期。

郁建兴等,2012,《让社会运转起来:宁波市海曙区社会建设研究》,中国人民大学出版社。

岳经纶、庄文嘉,2014,《国家调解能力建设:中国劳动争议"大调解"体系的有效性与创新性》,《管理世界》第 8 期。

张兆曙,2010,《城市议题与社会复合主体的联合治理——对杭州 3 种城市治理实践的组织分析》,《管理世界》第 2 期。

郑在浩,2009,《改革时期中央与地方的关系——评价过去 25 年》,载熊景明、关信基主编《中外名学者论 21 世纪初的中国》,香港:香港中文大学出版社。

周志忍、徐艳晴,2014,《基于变革管理视角对三十年来机构改革的审视》,《中国社会科学》第 7 期。

朱健刚,2011,《社会建设的狂飙时代》,《南方都市报》8 月 14 日。

朱旭峰、张友浪，2014，《新时期中国行政审批制度改革：回顾、评析与建议》，《公共管理与政策评论》第 3 期。

庄文嘉，2013，《"调解优先"能缓解集体性劳动争议吗？——基于 1999～2011 年省际面板数据的实证检验》，《社会学研究》第 5 期。

Chen, J. and Y. Xu. 2014. "Authoritarian Governance with Public Communication." MIT Working Paper.

Chen, F. 2003. "Between the State and Labor: The Conflict of Chinese Trade Unions' Dual Institutional Identity." *The China Quarterly* 176: 1006 – 1028.

He, Q. 2003. "China's Changing of the Guard: A Volcanic Stability." *Journal of Democracy* 14 (1): 66 – 72.

社区治理篇

迈向服务型的社区治理：整体性治理与社会再组织化[*]

杨　君　徐选国　徐永祥[**]

在计划经济时期，政府（国家）作为社会组织化的主体，承担了社会成员的社会支持、社会福利、社会控制和政治动员等职能。随着向市场经济的转轨，原来由单位制承担的大部分社会职能转移到社区，在"单位人"向"社区人"的转变过程中，对人的管理转移到"社区"这个重心上来。在此背景下，一种强调综合性的"社区建设"和"社区治理"的社会实践应运而生。因此，如何实现社区的善治，重建社区生活共同体，就成为政府、社会、高校等各界无法回避的核心问题。应该说，中国社区治理是在一个有着几千年文明积淀的巨型社会主义国家中进行的伟大实践（郑杭生、黄家亮，2012）。而社区治理的核心是政府组织与非政府组织间的合作、权利与权力的合作，以实现多元主体共同治理（俞可平，2000）。基于此，本文试图回答：随着市场经济的发展以及"单位制"的解体，在当前"社区碎片化"凸显的背景下，如何重建社区共同体，从而寻找社区治理创新的关键因素？换句话说，整体性治理视角下的社会再组织化在回应当前社区建设困境、构建服务型社区、构建社区生活共同体方面是否可为？如何可为？本文尝试对上述问题进行思考与探讨。

---

[*]　[基金项目] 国家社会科学基金青年项目"城市化进程中的转型社区及其治理研究"（项目编号：14CSH002）。本文首发于《中国农业大学学报》（社会科学版）2015年第3期，收入本书时做了修改。

[**]　杨君，华东理工大学社会学系副教授、硕士生导师，中国城乡发展研究中心研究人员，上海高校智库社会工作与社会政策研究院青年研究员；徐选国，华东理工大学社会工作系副教授、硕士生导师，上海高校智库社会工作与社会政策研究院青年研究员；徐永祥，华东理工大学社会与公共管理学院原院长，教授、博士生导师。

一 城市生活的变迁轨迹：从单位制管理、社区服务到社区建设

改革开放前，以国家为中心推行各项社会主义的经济与社会措施。各级政府几乎控制和掌握了所有的资源，它们通过指令性计划和行政化方式进行经济活动，并将经济生产的所得进行集中、统一分配（徐永祥，2006）。在这种再分配经济的运作过程中，国家派生出两大载体：单位系统与地区系统。它们的职能分工是：前者负责分配和管理在职职工和老干部；后者则以无业者和退休工人为工作对象（卢汉龙，1992）。在通常情况下，几乎所有的劳动年龄人口都有自己的工作单位，单位系统成为既能创造财富又集中了大量成年人口的系统，从而成为社会的主流空间；而那些没有工作能力（老弱病残）或处于社会边缘的群体就由地区系统负责管理。地区系统由政府的派出机构，即街道办事处实施管理。在整个社会系统中，街道办事处处于我国政权体系的终端，资源比较稀少，在社会中起着调配作用。因此，可以看出，地区系统只是国家为了帮助那些城镇非就业者、无劳动能力者、无子女赡养者等弱势群体而提供社会救助的"地区管理"场所。应该说，这些人居住的地方并不具有社区性质，仅是单位制管理的一种辅助或补充手段。总之，在这一阶段，单位制现象具有三个明显的特征：所有的单位都有一定的行政级别或隶属于某一个政府部门，并由一体化的党组织领导；具有一套职工福利保障制度；单位对职工（劳动者）具有控制的权力，职工无法随意选择或离开自己的工作单位（卢汉龙，1992）。中国社会存在的这种具有人身依附关系的单位制现象，被一些学者称为"新传统主义"（Walder，1986）。在总体性社会时期，单位制管理作为我国社会建设的主要实践模式，具有其特定的社会历史条件。

改革开放以来，伴随着社会结构的转型，中国社会发生了巨大的变化，同时出现一些新的问题，如人口就业压力、老年人口如何赡养、家庭互助功能削弱、企业原有的福利职能如何向外剥离等问题，因而地区社会的管理与服务负担也越来越重。在此背景下，北京、上海、武汉、天津等大城市在民政部门的倡导下，开始利用社区的力量来兴

办社区服务①事业，解决社区本身的问题。其具体做法是用服务设施和服务项目来增进居民公共福利，提高区域性社会服务的服务质量，这体现了一种针对弱势人群的残补型福利，尚不具有真正意义上的制度性福利要素和特质（李友梅，2007）。

20世纪90年代，民政部为了开拓民政工作提出了"社区建设"的概念。1998年国务院的机构改革中，确定了民政部在原基层政权建设司的基础上设立基层政权和社区建设司，意在推动全国范围内的社区建设与发展。2000年11月，国务院办公厅转发了《民政部关于在全国推进城市社区建设的意见》，至此，社区建设在全国轰轰烈烈地开展起来。民政部首先选择在北京、上海、天津、沈阳、武汉、青岛等城市设立了26个城市社区建设实验区。于是，各种相应的基层社区组织在"街居制"影响下不断发展起来。政府的这种行为被一些学者称为"重建基层政权"（何艳玲，2006）。与此同时，在1999年全国社区建设理论研讨会上，一些学者提出培育社区型的非政府组织，建立充满活力的社区建设运行机制与组织体系等建议（何海兵，2003）。应该说，社区建设之所以能够有效地开展，除了政府、社会、高校等各界大力推动之外，还具有深刻的历史、经济、社会和文化背景。一是随着市场经济的发展，个体、私营从业人员等无单位归属人员以及流动人员越来越多；二是社会转型的加剧，使单位制逐步走向解体，"单位人"转变成为"社会人""社区人"，居民的生活越来越依靠市场和社区，而不再完全靠单位来解决生活需求问题；三是随着产业结构的调整，我国下岗失业人员急剧增加，他们与原单位几乎没有多少联系；四是人口老龄化的速度加快，各居民区的老年人口尤其是离退休人员显著增多（何海兵，2003）。这些新问题的出现，彰显了中国社会独特的

---

① 如1987年在大连召开的民政工作现场座谈会上，民政部首次提出社区服务的概念，将其定位为在政府的领导下，发动和组织社区内的成员开展互助性社会服务活动，就地解决本社区的社会问题。具体而言，社区服务是在政府的统一规划和指导下，以一定层次的社区组织为主体和依托，以自助－互助的广泛群众参与为基础，既突出重点对象，又面向全体社区成员，用服务设施和服务项目来增进公共福利，提高区域性社会服务的服务质量。但是，我们不能将这一阶段的社区服务视为社区建设真正的开端。其原因在于：第一，在当时，民政部对社区服务的宗旨、内容的理解，基本上还局限于传统的地区管理的范畴；第二，当时我国尚不具备开展社区建设的经济社会条件。直到1992年，我国经济体制改革的实践还处在"摸着石头过河"的状态中，那种以计划为主、经济体制和政府单位两极结构的社会体制并未受到根本性冲击，城市居民的"单位人"属性并未得到实质性改观；除了无单位归属的部分残疾人、孤儿、孤寡老人以外，绝大多数城市居民的利益和福利仍然在自己的单位，与地区、居住地之间普遍缺乏利益联结纽带。

个体化特征（阎云翔，2012：342～345），使得原来地区管理的内涵、外延和重要性不断拓展，由简单的"地区管理"向综合性的"社区建设"和"社区管理"转变（徐永祥，2004）。可见，新中国成立以来的城市生活，总体上体现了从"单位制管理"向"社区服务""社区建设"变迁的实践逻辑，这为我们分析当前社区治理中出现的问题及其出路，提供了总体脉络。由此，社区治理作为实现社区建设目标的重要手段和抓手，成为当前社区建设实践的核心议题。

二 "社区碎片化"：当前我国社区建设困境及其表征

现代城市社会的基本特征之一就是"异质性"，异质性的个人或者群体在结合成社区的过程中按照"市场"的逻辑组织起来，形成了分化的社区。许多城市社会学家用"分化的社区"这一概念指称社区的"碎片化"现象（李强、葛天任，2013）。笔者认为，本文中的"碎片化"体现在社区和居民两个层面，社区层面的碎片化是指居住空间的区隔化导致社区类型的多样化，而居民层面的碎片化是指利益结构的分层化导致社区居民生活的个体化。"社区碎片化"是当前我国社区建设进程中遇到的重要困境，具体表现出如下特征。

（一）社区类型多样化与管理主体单一化之间的矛盾

传统意义上的社区依靠国家资源的总体分配，形成了具有中国特色的单位制社区。但是，随着市场经济发展，个人自我实现价值逐渐多元化，居住空间呈现阶层化趋势，社区不再是层次单一的，而是多层次的。从宏观层面，可将我国社区分为城市社区、农村社区、城中村社区、城乡接合部社区四种类型。城市社区又可分为传统式街坊社区（老居民社区）、单一式单位社区（单位型社区）、演替式边缘社区（村居混杂社区）、新型住宅小区社区等不同类型；农村社区可分为"一村一社区"和"一村多社区"（自然村）等不同类型。社区类型的多元化，要求我们探索针对不同类型社区的不同治理方式，这导致社区居民参与行动和方式的复杂化。有学者根据社区公共议题和参与决策过程归纳出四种社区参与类型：强制性参与、引导性参与、自发性参与和计划性参与；四种参与类型分别有相应的经验代表：福利性参与、志愿性参与、娱乐性参与和权益性参与（杨敏，2007）。这些例子反映了社区居民对于参与社区建设主体多元化、社区参与方式多样化、社区日常生活丰富化等的强烈诉求，这就给传统的、由政府大包大揽的单一化管理模式带来了严峻挑战。因此，政府必须跟上社区居民观念转变的步伐，提供更加多元化的社会服务，满足个性化的需求。这一新的变化要求政府转变原有工作理念和方式，强调一种协调与整合的治理方式。

（二）社会生活网络化与社区之间关系混淆的困境

现代科技（如电话、网络信息技术、新兴媒体）的发展直接改变了人们的生活和行为方式。然而，更复杂的问题是：全球化以其扩张性整合突破了传统工业社会的组织形式，而与之伴随的个体化却以碎片化的方式分解了工业社会的组织形式（刘少杰，2013）。与此同时，以计算机和互联网为核心的信息技术革命，不仅提高了工业生产力，而且为劳动者开辟了更加自由的工作方式，这一现象被一些社会学家称为"无工作社会"或"劳动的个体化"（卡斯特，2003）。由此，人们的日常生活从传统的地域性社区脱域，超越了单纯的物质空间、地理空间，形成特定的社会关系。这种生活里包括了可以自由选择的生活方式和社会网络，以及对一种自我管理、自我服务和自我负责的，"为自己而活"的个体化生活理念的实践。社会生活的网络化，其最大特点是"脱域"和"缺场"，意味着人们的生活逐渐依赖于对抽象体系（专家系统和符号系统）的信任，而不是通过人与人之间面对面的信任，而获得"本体性安全"。正是由于社区、网络和居民之间的联结纽带越来越复杂化，作为地域性社会组织类型的社区，与作为社会关系或情感类型的社区之间的关系经常出现混淆。因此，重新思考社区的本质内涵，整合不同视角下社区所具有的共同本质，是调和当前人们社会生活网络化与社区之间关系混淆困境的内在诉求。

（三）社区公共事务冷漠化与日常生活私人化并存

日益加快的城市节奏，使得人们变成城市中的匆匆过客，人们越来越倾向于按照自己的主观意愿行事，人际交往和互信关系处于较脆弱的状态，公共生活和个人生活之间出现了巨大的鸿沟（王永益，2013）。一些经验调查表明，城市社区自治主体呈现"以居委会为中心"和"以自我为中心"的内外两大群体，两大群体在社区生活、自治理念及未来行动方案上均表现出二元区隔的状态，双方的身份、文化目标、利益取向等多方位的差异导致了区隔的形成（闵学勤，2009）。这引致一部分人以感情、人情、互惠和信任等社区资源为基础，积极参与社区活动，建构自己的关系网络，成为社区的内群体；而另外一些人依靠自己的物质财富、社会地位更专注于自己的生活，不参与社区公共事务和社区活动，形成了日常生活私人化倾向，对社区公共事务冷漠化，进而专注自我的私人生活空间，类似于生活在自己设定的"牢笼"之中。这种冷漠化与私人化并存的状态，容易导致社区内不同群体之间的分化，而要对不同群体之间的鸿沟进行弥合，需要各种主体通力协作，通过中介组织的培育及仿企业化机制的导入等路径，实现社区自治目标。

可见，当前我国社区建设进程中面临社区类型多样化与管理主体单一化矛盾，社会生活网络化与社区之间关系混淆，以及社区公共事务冷漠化与日常生活私人化并存等困境，这些困境凸显了我国"社区碎片化"的显著特征。这表明，中国的社会结构正在发生变化：利益群体不断分化出来，依靠以前那种全能型的国家管理方式，或者总体资本型的治理手段模式，已经不能吸引社会结构的分化了。也就是说，整个社会结构从总体性向一个多元性或分散性的社会转变，那么，我们的治理方式也应该由原来的全能型的国家治理为主，从强调总体性的社会支配性的治理方式转变成一种制度型、治理型、共享型的社会治理方式。实质上，我们现在讲的管理主要是依靠制度，制度也是治理依靠的一种手段，所以我们现在谈论社会治理的手段实质上是突出它是由一种制度来支配的。因此，在当前社会治理中，我们应该寻求一种新的治理理念和方式，应对当前社区建设困境，消除"社区碎片化"等问题。笔者认为，探寻一种服务型社区治理机制，是应对当前社区建设中"碎片化"问题，重构社区生活共同体与社区公共性的本质要求。

三 国家-社会关系视野下的整体性治理：一种新的分析视角

在中国语境下，社区研究试图回答这样一个问题：单位制解体之后，是否能够在社区层面上建立生活共同体，从"自在的社区"走向"自为的社区"，从而寻找服务型社区治理的关键因素？正是为了回答这一严峻的现实问题，在学术界，主流学者试图运用国家与社会关系理论解决社区建设和社区治理中的问题。国家与社会关系命题因而成为中国社会学界回答社区治理问题的主要分析框架，同时也是社区研究中最具影响力的研究范式。①在"国家-社会关系"视角下的社区研究，类似于王铭铭所说的"范式"的社区验证（王铭铭，1997）。笔者按照"国家-社会关系"的分析框架，将社区治理归纳为四种实践模式，如图1所示。横坐标表示从分散式治理到整体性治理的社区治理连续性系统；而纵坐标表示从国家主导到社会自主，在"国家-社会关系"逻辑下，阐明了社区治理的自主性在不断增加。

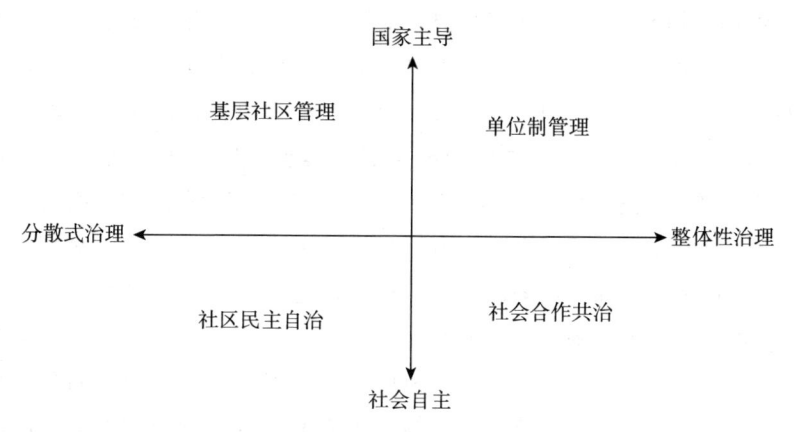

图1　国家-社会关系视域中的社区治理模式

第一种实践模式是基层社区管理模式。这种模式的代表者认为，社区建设的最终目标就是使政府解决市场经济兴起和单位制解体后出现的一系列社会问题，并通过社区建设加强基层管理。他们通常将社区当作一个城市基层管理单位，更多关注的是社区的地域范围、人口规模、组织建设和制度建设。国家通过带有指令性的行政系统来完善和强化基层"条""块"行政组织，在行政社区中重建政治权威的合法性，以强化国家的"基础性权力"（李友梅，2007），而不是促进民间社会的发育。他们相信，只要从政府管理的立场出发，主动制定社区发展规划，完善社区组织建设和制度建设，加强基层社区服务，就能够解决单位制解体后转移出来的社会职能承担及社会事务处理问题。在这种价值观下，在计划经济向市场经济转轨过程中，从单位制中解放出来的"社会人"，不需要自己解决其社会需求，而是通过相应的社会管理来满足其需求。概括地说，这种理论取向就是

---

① 这种范式也受到越来越多的检讨和反思，一些学者提出了"社会中的国家""国家与社会的互动理论"等。

"只见政府,不见社会",或者说是一种"大政府、小社会"的社区治理逻辑。最典型的例子是:上海在实行"两级政府、三级管理"改革的过程中,将社区定位于街道范围,构筑了领导系统、执行系统和支持系统相结合的街道社区管理体制(何海兵,2003)。由此,也就形成了"重建政治权威""基层政权建设"等基层社会管理取向的社区治理模式。

第二种实践模式是社区民主自治模式。该模式的代表者认为,社区建设的主要目的就是随着市场经济、工业化、城市化的发展,在日益分化和陌生的现代城市社会,寻找某种内在的团结机制,重建地域基础上的生活共同体。由此,对于具有这种理论取向的学术研究来说,社区建设是普通市民在政府主导下,利用正在形成中的市场社会所提供的自由流动资源和自由活动空间,构建相对独立于国家的、具有一定自主性的"自组织空间",从而在一定程度上形成能"自主"与"自为"的社会自我支持系统(李友梅,2007)。所以,他们认为,在日常生活实践中,只要激发居民社区参与的积极性,提高居民的社区认知,通过自发组织和志愿者行动就能培育一种公共精神,满足每个人基本的社会服务需求。这一理论取向试图将城市社区建设提升为一个正在形成的、与国家产生一定距离的公共领域和市民社会。由此,以政府管理思维为核心的社区治理模式逐渐向以居民参与为中心的社区民主自治模式转变。例如,沈阳社区治理模式将社区定位为小于街道而大于居委会辖区的范围,在社区内创造性地设立了社区成员代表大会、社区协商议事委员会和社区管理委员会三个社区自治的主体组织(于显洋,2002)。在这三个主体组织中,社区成员代表由社区居民、驻社区单位、团体按一定比例产生。此种模式调动了社区居民参与社区活动的积极性,形成了类似于"地域生活共同体""基层社会发育"等的社区民主自治取向的实践模式。

第三种实践模式是单位制管理模式。该模式的代表者认为,单位从整体上支配着整个政治、经济和生活领域。在这种情况下,单位扮演着全能主义的角色,不仅组织生产和履行教育、文化、医疗等职能,而且负责管理居民所有相关的政治活动。单位是城市社会组织架构的核心,而单位本身则是国家管理部门与单位成员之间的法团化组织,既是单位成员的利益团体,又是国家的管理机构,承担着沟通、联系国家与社会的作用(陈家建,2010)。(由于笔者在前文已对单位制管理模式有所论述,在此不再赘述。)

第四种实践模式是社区合作共治模式。随着改革的深化和利益格局的多元化，国家-社会关系范式下形成的"基层社区管理"、"社区民主自治"和"单位制管理"理论取向，由于各自存在的内在缺陷，受到一系列质疑和挑战。在这种背景下，一些学者提出了社区合作共治理论取向。他们认为，在社区实践中，政府管理和社区自治之间并不是一种非此即彼的关系，而是一个持续的双向互动过程。他们相信，一方面，满足社区居民的需求越来越需要政府组织和市场组织提供资源服务；另一方面，社区的公共事务也由多个相关组织参与决策和执行。不难看出，居民参与社区治理与社区发展，不仅取决于自身的社会资源和行动能力，还受到国家权力和社区建设导向的决定性影响。最好的例子是，江汉模式将社区定位为小于街道、大于居委会的范围，通过民主协商和依法选举，构建了社区自治组织，即社区成员代表大会、社区居委会和社区协商议事会并明确提出社区自治的目标（汪波，2010），而实现这一目标的路径选择是转变政府职能和培育社区自治。这是一种政府与社会共同形塑、共同合作的实践模式，形成了"社区行动策略模式"、"微观互动场景模式"和"组织权力关系"等社区合作共治模式。

通过对当前不同社区治理实践模式的归纳，笔者发现，在分散式治理环节中，基层社区管理模式仅把社区治理当作政府的社会事业或是行政工作，忽视了居民的社会参与；而社区民主自治模式则更强调一种政治学的学术话语，过度强调社会性要素的核心作用，鼓励社区居民积极参加社区活动、参与社区决策，推进基层社区民主化进程。这两种模式都是单一性与片面化的治理方式，前者忽略了社区内部的自组织、社区类型的多样化以及社区需求的多元化等特征，难以为社区居民提供优质的公共服务；后者忽视了社区治理实践中，政府应该发挥的、不可或缺的公共服务职能。在整体性治理环节中，传统的单位制管理强调国家对资源的全面配置，对社区内的政治、经济和文化生活进行全面管理，个人被当作抽象整体的一部分，只能服从和附着于单位之中，单位承担着个人所有的社会事务，忽视了单位内部各主体之间的互动，也忽视了单位外部各社群的福利服务权益。应该说，社区合作共治是我们应该倡导的一种社区治理模式，在已有的研究中，诸多学者从政府、社会与市场三者关系探讨实现社区治理的合作路径。但是，在当前社会急剧转型过程中，社区类型的多样化和居民生活的个体化导致了"社区碎片化"：一方面，人们在市场经济社会中忙于追逐货币，实现各种理性价值，无暇顾及周围的人和事；另一方面，社区公共事务的纷繁复杂与居民多元化的服务需求产生脱节，导致居民公共意识和公共精神的缺失（李强、葛天任，2013）。在此背景下，我们应该摒弃那种分散式治理理念，积极倡导整体性治理理念来解决当前"社区碎片化"问题。

20世纪90年代，整体性治理理论在批判新公共管理理论分散化、竞争和激励等内容的基础上，突出了分散式治理导致的部门机构协调困难。例如，机构的政策目标互相冲突、不同机构或专业缺乏有效干预、公众无法得到满意的服务以及公众服务的遗漏等（竺乾威，2008）。但也有学者以"整合还是分立""合作还是竞争"为变量，将公共治理分为整体性治理和分散性治理两种类型。[①] 整体性治理理论要求通过有效协调与整合，使多元主体彼此的政策目标连续一致，促进政策执行手段相互强化，达到合作无间的目标的治理行动（朱玉知，2011）。在此，笔者将整体性治理的含义归纳为三层：第一层含义是指政府机构的治理理念，是以民众最担忧的社会问题（医疗、教育等）为导向，而不是一味强调如何实施有效管理；第二层含义是指对于某些社区问题而言，政府并不能完全按照自身的功能来解决，而需要以合作的方式来解决；第三层含义是指为了解决一些特定的社区问题，政府、居民、社会组织、社会工作之间的整合运作与分工合作是必要的。整体性治理的目标就是使政府与社会各主体的功能得以最大限度地进行整合与发挥，以便有效地处理公众最关心的一些问题（叶璇，2012）。不难看出，整体性治理理念为我们分析社区建设领域出现的"社区碎片化"问题提供了新型的理论分析视角，其体现的协调、整合、分工、协作等核心思想，成为新时期开展社区治理的核心原则。

四　社会再组织化：迈向服务型社区治理新路径

从计划经济向市场经济的转轨，从单位化到非组织化，是我国社区治理进程中呈现的最显著的特征，也是社会分化的主要体现。在"单位人"向"社区人"转变的过程中，原来由单位制承担的大部分社会职能转移到社区，弱势群体以及许多新兴群体的管理和服务工作也直接落到社区层面（李行、杨帅、温铁军，2014）。由于社会组织化程度较低，以往的单位作

[①] 整体性治理主张建立较少数量的大部门以强化合作，解决政府改革所引发的"空心化"和"碎片化"问题。与此不同的是，分散性治理强调建立更多较小的部门以强化专业性，在日益多样化的政府组织形式下保护公共利益，从而实现良好的治理。

为城市居民生活共同体和社会保障与精神家园的情况已不复存在，"单位人"逐渐变为缺乏社会支持、社会保护和社会组织关怀的"个体化的个人"和"原子化的个人"（田毅鹏、吕方，2009）。与此同时，社区类型多样化、生活世界网络化导致了城乡居民日常生活的碎片化。"社区碎片化"进一步产生了社会的非组织化，这时，城乡居民不是获得更多的自由，而是缺乏生活的自主性，单位制下的身份认同在一定程度上被消解（杨君，2013）。由此，社会的再组织化就成为创新社区治理模式的必然选择。

社区治理的最高目标是善治，而善治的最终价值导向是倡导一种服务性理念，我们运用整体性治理理念，以多个主体进行整合性的运作，实现一种资源优势的互补。在此，社区治理被赋予新的含义，更加强调社会的公平问题，在理论上，服务型社区治理以一种以实现公共利益最大化为价值旨归的服务理念解决社区的公共问题，促进社区公平实现的可能（杨君、徐永祥，2013）。这就要求我们必须打破原有的总体性的单位制管理格局。在此背景下，社会再组织化通过调动社会一切积极因素，发挥政府、市场、社会组织、居民等主体在社区建设进程中各自的优势，促成不同主体在推动社区建设领域形成一种协调、整合、分工、合作的治理格局，以消除单位制解体之后，社会结构中断带来的风险及其影响，使整个社会处于合作互助、稳定有序的多元共同体中。因此，本质上，社会再组织化命题与整体性治理理念、内涵是一致的，整体性治理为社区治理创新提供了新型分析视角，社会再组织化则是应对"社区碎片化"问题、创新社区治理的根本路径。新的治理方式有利于进一步实现公共利益最大化，促进社区公平，并最终实现服务型社区治理目标。

具体而言，在社区治理层面上，社会再组织化路径应着重关注四个层面——政府、社区居民、社会组织、社工的问题。政府层面的目标涉及政府对特定社区治理问题进行公共干预的整体目标；社区居民层面的目标是关注居民的公共服务需求；社会组织层面的目标是有效地以社会组织为载体提供服务；社工层面的目标是以专业化、职业化的服务为有效手段。这四大主体共同构成社区治理的新格局，如图1所示。可以说，中央提出要努力建立"党委领导、政府负责、社会协同、公众参与、法制保障"的社会管理体制新格局[①]，正是对社会再组织化这一新命题的回应。我们至少

---

① 《胡锦涛在中国共产党第十八次全国代表大会上的报告》，新华网，http://www.xinhuanet.com/18cpcnc/2012-11/17/c_113711665_11.htm。

可以从以下几个方面阐述社区治理的再组织化路径。

（一）快速推进"政社分开"，形塑政府与社会组织的分工与合作

社会管理、社会服务与社区治理是现代政府的必要责任，但这并不意味着政府是开展管理和服务的唯一主体。社区治理主体的多元化以及"政社分开"基础上的社会再组织化是社区治理的必然选择。这里所谓的"政社分开"，是指政府部门与那些官办的或非官办的非营利社会服务机构之间进行职责分工及组织分工，解决政府与非政府社会组织的功能重叠（徐永祥，2006）。"政社分开"并非指二者的彼此对立，而是为了在社区治理实践中，更好地调动各自的资源与能力，加强双方的互动、实现共同的合作，建构服务型社区治理模式，从而实现社区"善治"。所以，笔者认为，分工与合作是服务型社区治理的重要理念，"政社分开"是社区治理的前提，而"政社合作"是服务型社区治理的结果。在此种理念的指导下，关键则是政府社会职能的转变。这就要求政府在社区治理实践中做好以下两方面的工作：一是政府要将不该由自己管或是管不了的社会事务或服务职能剥离出来，通过政府向社会力量购买服务的方式转移政府的社会管理和服务功能；二是政府要及时解决社会发展中的新问题，如群体性事件等社会问题。正如克莱默和萨拉蒙所说的，在公共服务供给中政社关系的理想形态是"合作伙伴"，强调政府、社会和公民责任共担、共同决策，而不是政府单方责任和自上而下的决策执行（康晓光、韩恒，2005）。而这种政府与社会组织在分离中合作、在合作中共赢的新型社区互动关系，是实现服务型社区治理的基本前提，也是国家治理现代化的重要组成部分。

（二）积极培育和发展新社会组织，建立政府与社会的新型关系

在计划经济时期，政府与社会的关系结构比较单一，是一种直接的管理与被管理关系。随着市场经济的发展以及单位制的解体，政府和社会的关系变得越来越复杂。在此背景下，新社会组织可以成为重塑政府与社会关系的桥梁；与此同时，新社会组织在组织社会、服务特定社会群体以及稳定社会方面也扮演重要角色和起着核心作用。这是因为，新社会组织不同于 GONGO（官办非政府组织），也不同于社区文体活动团队，更不同于以经济理性为宗旨的各种非企业组织（如经济类行业协会，律师事务所，教育、文化及体育机构）。新社会组织是追求社会理性，提供非营利性的

社会服务或社会支持的、具有独立法人资格的社会团体（徐永祥，2004）。在具体实践过程中，新社会组织具有如下特征：民间性与自治性，需求为本、问题为本，公益性与非营利性，职业化与专业化。在当前社区治理中，新社会组织对于破除政府和街道行政全能主义的"迷思"具有重要作用。因此，我们应该重点培育和发展各类专业性的社会服务机构，尤其是跨社区、去单位化、去行政化、自治性的社会服务机构，吸纳社会组织参与社区治理，充分发挥其在提供服务、协调利益、化解矛盾、反映诉求方面的积极作用。因此，一方面，政府可通过方便登记，购买社会服务或委托社会服务、慈善服务以及免税政策和制度化的监管渠道，鼓励和支持新社会组织的培育和发展；另一方面，政府应该重点培育和优先发展公益慈善类、城乡社区服务类社会组织（卢汉龙，2006）。笔者以为，新社会组织的发展既不能依赖政府，也不应该依靠市场，而要依靠自身为社区居民服务而形成的各种能力和机制。在新社会组织的发展过程中，政府主动介入和参与新社会组织的规划，积极引导和推动新社会组织的发育，利用新社会组织这个平台去组织社会，实现自身影响的"全覆盖"。更为重要的是，新社会组织的发展为城乡居民提供了多样化的选择机会和服务空间，成为推进实现服务型社区治理目标的重要载体。

（三）大力培育社会工作人才队伍，营造积极向上的社区公共精神

社会工作的本质特征是其实践性，社会工作群体首先认同的是社会服务，这是理论联系实际的尝试，也是专业要素的实践，并在实践中检验自己的价值观、伦理观和工作方法（王思斌，2013）。毫无疑问，社会工作的本质是一项助人的福利性行动，以帮人解困、尊重人的价值、满足人的需要和提供社会服务为其价值本质（杨君，2014）。大力推进发展社会工作机构，建设庞大的社会工作人才队伍，既是保障和改善民生、倡导社会理性、促进社会和谐与公平正义的必然要求，也是完善社区管理、改善社区公共服务、促进社会组织健康有序发展、提高社会的再组织化程度的有效途径（徐永祥，2008）。因此，应该将社会工作纳入各级党委、政府工作重点，纳入政府目标管理和干部绩效考核体系，在成立登记、场地供应、资金补助等方面，细化扶持社工机构发展政策，调动社会力量兴办民办社会工作服务机构的积极性。在社区生活中，社工人才以城乡居民的需要为基础，以社区服务为根本，提供专业化、职业化的社会服务。社会工

作服务机构和社工人才能够在社区与居民之间建立联结纽带,激发公民参与社区活动的主动性和积极性,有利于主动创造共同的价值理念,消除社区生活私人化倾向,营造社区公共精神。在社区治理实践中,如果每个居民的成就与价值都能得到肯定,居民就会获得内在的鼓励和自信感,就会积极参与社区活动。因此,大力培育社区专业社工机构等公益组织,设计实施社工介入解决社会问题的特色项目,在城乡社区建立"社会工作组织孵化基地",助推民办社会工作服务机构和社工人才发展成长,既是实现服务型社区治理的有效途径,也是中国城市管理体制改革与公共服务模式创新的必然要求,更是当代中国正在生成的新型社会管理与公共服务的重要内容(李迎生,2007)。

(四)构建"三社联动"和"四位一体"的社区管理体制与新社会服务体系

所谓新社会服务体系,是指通过政府购买社会组织服务的形式来完善社会转型过程中的社会救济、社会保障、社会保险、社会福利等一些具体的服务性内容,以此来改善社区公共服务、创新社区管理的一套体系(杨君、徐永祥,2013)。为了打破"自上而下"的行政性传统工作模式,发展新社会服务体系就必须以社区为平台,以各类社会工作机构为载体,以专业社会工作者为抓手,积极构建"三社联动"机制,实现"社区、社团(社会组织)、社会工作"的有效互动。与此同时,积极构建"党-居-站-社"的"四位一体"社区管理体制,即社区党组织发挥"总揽全局、协调各方"的领导作用,居于社区治理的核心地位;社区居委会剥离了过去所承接的街道办事处交办的大量行政事务后,集中精力推进基层群众自治,实行自我管理、自我教育和自我服务;社区工作站作为街道办事处行政服务中心延伸到社区的公共服务平台,履行提供政府公共管理和服务的行政职能;社区各类社会组织提供以服务性、公益性、互助性为主的社会化、专业化服务,从而实现资源共享的社区建设责任,参与、协同社区管理和服务。由此,通过社区管理体制的优化,来理顺社会工作与政府、社区、机构、居民间的关系,促使政府转变职能,降低管理成本,整合人力资源,扩大社会参与,推动社会民主法治建设的进程。这种社区管理体制以多个主体进行整合性的运作,实现资源优势的互补,既能对社会再组织化的发展起到积极作用,也是实现服务型社区治理的必然途径。

五 后单位制时代的社区生活：制度完善抑或个人联结

在对当代生活世界的描述中，贝克以西方的福利国家、文化民主、个人主义为背景，预设了个体作为一种积极的行动主体，参与社会工作并承担社会转移的风险，描绘了一幅从"为他人而活"转向"为自己而活"的生活画卷。与此不同的是，在中国的后单位制时代，人们从传统的制度束缚中解放出来，个体成为自由而不确定的主体。面对现代分工社会的职业竞争、谋生中的人际关系等，个体更倾向于选择退回到家庭等私人领域内寻求温暖，遮风避雨；而在公共领域，却表现为碎片化和分离化状态，缺乏一种自主的公共精神。遗憾的是，在现有的情况下，单位原来承担的政治、经济与文化一体的综合性功能开始转移到社区之中；同时，传统意义上的家庭也开始瓦解，越来越变成一种核心化的结构，也不再承担经济和社会功能，更多的是服务于一种生育子女的义务。可以说，当代中国社会的特殊性在于，在私人领域，家庭开始分化，个体找不到道德意义上的家庭组织；而在公共领域，不同个体之间冷漠、互不交往。由于中国缺乏西方意义上的福利制度保障，个体就滞留于社会转型的空隙处，他们既没有安全的保障，也没有寻找到新的社会联结。因而，作为"原子化的个体"和"个体化的个人"，社会再组织化就成为他们寻求社会保障、社会支持、社会福利与社会服务的重要方式。

在具体实践中，社区治理模式既不是一种社区管理、社区民主自治式的分散式治理，也不是单位制管理的整体性治理，而应该是一种以整体性思维为核心的新治理模式——服务型社区治理。这种模式以协调、整合为核心思想，以社会的再组织化为实践逻辑，以善治为最终价值导向。在纵向上体现为党委领导、政府负责，在横向上表现为社会协同、公众参与、多元主体合作。在此，笔者以为，中国式社区治理模式既不是西方意义上的"社会中心论"治理模式，也不是西方学者描述的模式，更不是国家与社会的彼此分立。大量的经验表明，中国式社区治理模式的特殊性是：国家与社会是"我中有你，你中有我"的相互融合状态（徐中振等，2003）。这让我们看到，在服务型社区治理中，国家的力量并非完全退出，而是具体的、直接的干预减少，"抽象治理"逐渐增多。从实践的角度来看，国家的退出不一定有利于社区自组织的生长，反而有助于国家与社会、政府与社会、国家参与社会自治组织实现合作治理（陈伟东、李雪萍，2003）。

不难看出，以社会再组织化为基础的整体性治理让我们看到未来社区建设的美好图景。但是，我们也应该意识到，随着工业化、城市化的推进，市场经济、消费主义、现代科学技术和享乐主义的生活方式等因素，撕裂了传统的、理想中的社区。社区的特征正在从"地域共同体"转向"脱域性的社会"。正如一些学者已经看到的，在现代社会中并存着两种相辅相成的社会发展趋势：一方面，由于通信技术、大众传播、交通手段、标准化的公共教育的发展以及居民流动性的增强，同时也由于市场的不断拓展和无孔不入的渗透，社会已经迈向一体化，在今天更体现为全球化；另一方面，从工作到消费，从法律到道德，从教育机会、社会福利到社会流动，现代社会的各项正式与非正式的社会制度安排都以"个人"为执行单位，社会意识也不仅允许而且还在或明确或潜移默化地鼓励个体主动积极地组织安排各自的生活，从而导致了现代社会生活的个体化（王小章，2002）。当社区治理不再成为一个地域范畴时，人们的日常生活将越来越多样化，许多志愿性的自发组织、网络组织等超越了明确的地域界限，那么，以地域为基础的社区治理模式就会显露出制度设计的弊端与缺陷。此时，后单位制时代的社区生活是依靠完善的制度设计抑或是个人联结，就成为未来社区治理研究值得深入探讨和研究的核心议题。笔者认为，在"个体化""碎片化"凸显的今天，后单位制时代的社区生活无论是走向制度设计抑或个人联结，其整体性治理思维下的社会再组织化路径都是对创新社区治理何为与可为的最好回答。

参考文献

陈家建，2010，《法团主义与当代中国社会》，《社会学研究》第2期。

陈伟东、李雪萍，2003，《社区治理与公民社会的发育》，《华中师范大学学报》（人文社会科学版）第1期。

何海兵，2003，《我国城市基层社会管理体制的变迁：从单位制、街居制到社区制》，《管理世界》第6期。

何艳玲，2006，《社区建设运动中的城市基层政权及其权威重建》，《广东社会科学》第1期。

卡斯特，曼纽尔，2003，《网络社会的崛起》，夏铸九、王志弘等译，社会科学文献出版社。

康晓光、韩恒，2005，《分类控制：当前中国大陆国家与社会关系研究》，《社会学研究》第 6 期。

李强、葛天任，2013，《社区的碎片化——Y 市社区建设与城市社会治理的实证研究》，《学术界》第 12 期。

李行、杨帅、温铁军，2014，《城市社区治理的再组织化——基于杭州市社区治理经验的分析》，《中共中央党校学报》第 4 期。

李迎生，2007，《加快与和谐社会建设相配套的社会政策建设》，《河北学刊》第 3 期。

李友梅，2007，《社区治理：公民社会的微观基础》，《社会》第 2 期。

刘少杰，2013，《网络化时代的社会分化与社会表象》，《当代世界》第 2 期。

卢汉龙，1992，《单位与社区：中国城市生活的组织重建》，《社会科学》第 2 期。

卢汉龙，2006，《民间组织与社会治理》，《探索与争鸣》第 5 期。

闵学勤，2009，《社区自治主体的二元区隔及其演化》，《社会学研究》第 1 期。

田毅鹏、吕方，2009，《单位社会的终结及其社会风险》，《吉林大学社会科学学报》第 6 期。

汪波，2010，《城市社区管理体制创新研究——行政、统筹、自治之三元复合体制》，《新视野》第 2 期。

王铭铭，1997，《小地方与大社会——中国社会的社区观察》，《社会学研究》第 1 期。

王思斌，2013，《走向承认：中国专业社会工作的发展方向》，《河北学刊》第 6 期。

王小章，2002，《何谓社区与社区何为》，《浙江学刊》第 2 期。

王永益，2013，《社区公共精神培育与社区和谐"善治"：基于社会资本的视角》，《学海》第 4 期。

徐永祥，2004，《政社分开：我国社区建设制度创新的必要条件》，《华东理工大学学报》（社会科学版）第 4 期。

徐永祥，2006，《政社分工与合作：社区建设体制改革与创新研究》，《东南学术》第 6 期。

徐永祥，2008，《社会再组织化：现阶段社会管理与社会服务的重要课题》，《教学与研究》第 1 期。

徐中振、李友梅等，2003，《生活家园与社会共同体："康乐工程"与上海社区实践模式个案研究》，上海大学出版社。

阎云翔，2012，《中国社会的个体化》，陆洋等译，译文出版社。

杨君，2013，《第二现代性下的风险社会与个体化》，《内蒙古社会科学》（汉文版）第 1 期。

杨君，2014，《社会工作核心价值观再建构及反思》，《内蒙古社会科学》（汉文版）第 2 期。

杨君、徐永祥，2013，《新社会服务体系：经验反思与路径建构——基于沪深两地政府购买服务的比较研究》，《学习与实践》第 8 期。

杨敏，2007，《作为国家治理单元的社区——对城市社区建设运动过程中居民社区参与和社区认知的个案研究》,《社会学研究》第 4 期。

叶璇,2012,《整体性治理国内外研究综述》,《当代经济》第 3 期。

于显洋,2002,《城市社区管理与自治组织的发展》,《浙江学刊》第 2 期。

俞可平,2000,《治理与善治》,社会科学文献出版社。

郑杭生、黄家亮,2012,《当前我国社会管理和社区治理的新趋势》,《甘肃社会科学》第 6 期。

朱玉知,2011,《整体性治理与分散性治理:公共治理的两种范式》,《行政论坛》第 3 期。

竺乾威,2008,《从新公共管理到整体性治理》,《中国行政管理》第 10 期。

Walder, Andrew G. 1986. *Communist Neo-traditionalism: Work and Authority in Chinese Industry*. Berkeley: University of California Press.

上海大型居住社区的特征、问题与未来发展

——基于 2014 年问卷调查数据的分析*

金　桥　徐佳丽**

一　背景与问题

改革开放以来，随着工业化、城市化进程的加快，我国城市的开发建设力度不断加大。一方面，始自 20 世纪 80 年代中后期的旧区改造与郊区城市化使城市空间不断拓展、居住格局不断调整；另一方面，90 年代后期启动的住房商品化改革与保障房建设催生了大量的新建商品房和保障房社区，居民住房条件得到改善的同时，也带来了一系列的社区治理难题与城市发展问题。上海同样经历了快速城市化的历程，数以百万计的中心城区居民陆续动迁至近郊、远郊或者分散入住新建商品房社区。为满足城市未来发展的需要，同时按照中央要求改善中低收入人群的住房条件，上海市自 2003 年以来在宝山、嘉定、浦东、闵行、松江、青浦、奉贤、金山、崇明等 9 个区县，先后分 3 批规划了 46 个保障性住房大型居住社区（方园，2013）。截至 2013 年，已批准控制性详细规划的 43 个基地规划总用地面积达到 142 平方公里，规划新增住宅 8929 万平方米，规划人口保守预计也在 300 万人以上。

20 世纪的不同时期，美国、英国和德国等国家都有过兴建公有住房或保障性住房以解决中低收入人群住房困难的政策实践，但大多数社区最终发展为少数族裔和底层人群的聚集地，白人逐渐搬离，失业、贫困和犯罪等问题多发，社区衰败迹象明显（Marcuse, 1997；Brama, 2006；White-

---

* 本研究为上海市政府决策咨询项目"上海大型居住社区社会治理创新研究"（项目编号：2014 - D - 03）的成果。原文发表于《城市与环境研究》2016 年第 1 期。

** 金桥，上海大学社会学院副教授、硕士生导师，研究方向为城市基层治理、政治与社会参与；徐佳丽，上海大学社会学院硕士生。

head, 2007）。对于这一历史现象，不同学科的关注点与分析视角有所差异，社会学者更为关注空间公正的问题（Wacquant, 2008），致力于分析同质性空间聚集对于居民的社会意义及其后果（Whitehead, 2007）；地理及规划学科的研究则相对聚焦于保障房社区居住与就业的空间匹配问题，涉及如何增加弱势群体的就业机会、如何打破居住隔离等（Veldhuisen et al., 2000; Painter et al., 2007）。国内当前对于大型居住社区或保障房社区的研究主要是从城市规划、管理学、社会学等学科视角出发，研究内容集中于大型居住社区的发展定位、交通等公共设施规划、社区治理模式等。在发展定位方面，一些研究认为大型居住社区本质上是新城区（朱锡金，2011），要避免单纯的居住功能建设，应作为综合性的新市镇或新城市进行规划和建设（周俭、黄怡，2011；尹维娜、徐靓，2012）。这一理念强调城市和谐、宜居的价值导向，关注人口、住房、社区活力和公平等核心问题（周俭、黄怡，2011），认为应从生态网络、街道网络和服务网络等方面建设"大集中、小分散"的复合生活网络（马倩、张龄、俞秉懿，2012）。在公共设施规划方面，较多的研究关注交通问题（马士江、许俭俭，2012），从保障房社区的居住 - 就业空间匹配（周素红、程璐萍、吴志东，2010；李梦玄、周义、胡培，2013）、居民出行特征（孙姗姗、杨东援、陈川，2013）、使用公共交通的出行行为（张萍等，2013）等方面提出改善公共交通、优化设施布局的建议。在社区治理方面，既有对上海"镇管社区"治理模式的分析，认为此模式的主要成效在于有效整合区域资源、体现基层民主自治以及党组织的核心作用（汪慧婷，2013），也有对北京保障房社区的实地研究，认为保障房社区治理的本质是培育异质性强且情况复杂的中低收入居民的社群意识和公共精神（方舒，2015）。总体上，研究者普遍倡导大型居住社区的治理应强化居民自治、提升内生力量、促进社会参与、开展协同治理（范志海等，2010；彭善民，2012；贠栋，2014）。此外，还有部分研究关注大型居住社区建设对区域人口发展的影响（王方兵、吴瑞君，2014）、社区文化建设（仪晓光，2013）、居民的日常生活实践（李志刚等，2014）等问题。

上述研究从多学科、多视角提出了大型居住社区所面临的问题以及未来发展思路，但仍然欠缺对大型居住社区更为系统和全面的认识，尤其是一些核心问题，如社区人口结构如何，人口结构失衡与公共服务配套不足、社区治理问题突出之间的关系等问题仍需要进一步解答。本文将大型居住社区视为有机整体，通过问卷调查数据，概括此类社区的根本特征，思考影响其发展的核心问题以及各类问题之间的逻辑关系，进而提出系统性的发展思路建议。

除引用已有研究文献外，本文使用的数据资料主要来自 2014 年 6~7 月上海大学社会学院与上海市政府发展研究中心合作开展的"上海大型居住社区居民生活调查"。该调查选取了上海市 5 个近郊保障房基地（宝山顾村、浦东三林、嘉定江桥、闵行浦江、松江泗泾）作为调查地点，以立意抽样法选取 19 个居民区，在每个居民区以等距抽样的方式抽取 50~100 户家庭，在每个家庭以生日法选取 18 岁及以上的常住居民作为调查对象，以入户面访的方式进行调查，共收集有效问卷 1108 份。调查对象中，男性占 44.5%，女性占 55.5%；18~39 岁居民占 26.2%，40~59 岁居民占 39.1%，60 岁及以上居民占 34.7%；小学及以下受教育程度居民占 9.2%，初中受教育程度居民占 34.9%，高中/中专/技校受教育程度居民占 35.6%，大专学历居民占 9.6%，本科及以上学历居民占 10.8%；市区动拆迁安置房居民占 53.3%，经济适用房居民占 32.1%，本地动拆迁安置房居民占 6.7%，普通商品房居民占 5.0%，其余为公共租赁住房、廉租房居民等（占比为 2.8%）。

二 大型居住社区的特征

无论是土地面积还是人口规模，大型居住社区都不是普通居民区所能比拟的，它往往由多个居民小区或居委会辖区构成，规模较大是其最明显的特征。《上海市大型居住社区规划设计导则（试行）》将大型居住社区定义为：大型居住社区一般规模约为 5 平方公里，人口规模约 10 万人，形成以居住功能为主体、生活与就业适当平衡、功能基本完善的城市社区。[①] 本文所选取的调研对象即符合这一定义及标准。除了具有较大规模以外，上海大型居住社区的基本特征可以概括为以下七个。

---

① 需要注意的是，尽管规划建设的大型居住社区边界明确，且往往与周边农村地区缺少互动，甚至被视为"孤岛"，但其一旦建成、居民入住，就必然围绕居民生活需求的满足、公共设施的服务辐射、交通就业等问题与周边地区逐渐产生联系，这种社区间良好的互动关系也是城乡一体化发展的重要目标。限于主题和篇幅，本文着重关注大型居住社区本身，但更全面的分析需要将其置于地区环境互动体系之中。

（一）居住社区

大型居住社区一般是以居住功能为主体、生活与就业适当平衡的城市社区。截至调研期间，此类社区的居住功能仍最为突出，但生活功能、就业功能较为薄弱，尤其是生活、就业不平衡的问题比较严重。调查显示，在劳动适龄人口中，有工作居民占四成以上（43.3%），其中全职就业的居民约占1/3（33.1%），下岗或无业的居民占14.9%。总体而言，由于是政府主导规划建设的社区，这类社区的居住功能突出而就业功能不足，如何提供更多的就业岗位，推动居住、生活和就业的平衡是急需解决的问题。

（二）保障社区

大型居住社区多为混合型社区，但以动拆迁安置房、经济适用房、廉租房、公租房等保障性住房为主。根据上海市2010年大型居住社区建设规划，12个首批启动的大型居住社区新增住宅中保障性住房占56%，普通商品房占27%，农民动迁安置房占17%（熊健，2011）。调查显示，53.3%的居民居住在市区动拆迁安置房，32.1%的居民居住在经济适用房，其后依次是本地动拆迁安置房（6.7%）、普通商品房（5.0%）、公租房（1.1%）和廉租房等（0.7%）。与居住社区相似，保障社区的特征也主要是政府规划设计的结果，住房性质的转变目前仍受到我国住房制度与政策的限制。

（三）速成社区

大型居住社区建设的初衷是服务于城市快速发展的需要，往往由政府主导规划建设，其决策、规划、建设和人口导入的一系列过程高效迅速，因而具有"速成社区"的特征。上海大部分的大型居住社区是2009年和2010年两次集中规划的结果。仅2013年，上海市就制定了新建保障性住房和实施旧住房综合改造10.5万套725万平方米的工作计划（方园，2013）。调查显示，59.2%的居民是2012年之后迁入的，大部分居民的居住时间仅有两三年。社区的"速成"特征带来了人口大规模导入，而公共服务设施不足、治理难题突出等多种问题。

（四）弱势社区

与保障社区直接关联的是"弱势社区"特征，即大型居住社区居民中包括较多的中低收入人群等弱势群体。调查显示，家中有60岁及以上老年人的居民占49.4%，无业或失业的居民占12.9%，家中有人患有重病的居民占6.3%。2013年，大型居住社区居民的个人总收入（税后）平均为37235元，相比上海城市居民家庭人均可支配收入（43851元）低了6600多元。弱势社区的特征既与政府规划有关，也与大型居住社区所处的区位相关，是政府规划和市场机制双重作用下空间分层的结果。

（五）问题社区

作为新建社区，大型居住社区已经不同程度地表现出较多的社会问题，包括配套不完善、二元结构突出、就业不足、人户分离严重、外来人口聚集、弱势群体较多、社会治理薄弱、社区内部分隔等，"问题社区"的特征尤为突出。例如，在社会治理方面，调查显示，物业服务水平不高、社会治安较差、乱张贴广告和黑车泛滥等是综合分析中最为普遍的问题。总体而言，问题社区特征可以看作前述特征影响的结果之一。[①]

（六）无根社区

由于是规划建设，大部分居民从外面迁入，对社区缺少认同感和归属感，大型居住社区还没有成长为地域生活共同体。调查显示，大型居住社区中具有上海户籍的居民比例接近八成（78.0%），但将户籍迁至大型居住社区的居民比例仅为35.2%。外地人口比例超过两成，在动迁房小区的比例尤其高。在社区认同感方面，84.1%的居民把大型居住社区视为最重要的家园，但仍然有70.7%的居民并不以居住在社区为荣，这意味着大型居住社区还不是居民心理意义上的真正家园。无根社区与社区的"速成"特征密切相关，而诸多社会问题则是影响社区认同感和归属感的主要因素。

（七）镇管社区

在管理体制方面，上海的大型居住社区还是一种"镇管社区"，即由所在镇履行管理职能，大型居住社区层面成立"两委一中心"[②]（社区党

---

① 具体逻辑关系可参见本文第三部分的分析。
② "镇管社区"有不同的模式，并不局限于大型居住社区，这里是指面向大型居住社区的镇管社区模式。总体上，大型居住社区管理大致都是"两委一中心"的架构，但在说法和具体做法上，上海不同的区甚至同一区内的不同大型居住社区都可能存在差异。两委之一的社区党委或称为居民区党委；社区委员会则可能是社区共治委员会；社区中心的说法更多，如社区服务（管理）中心、居民区联合服务中心等。

委、社区委员会和社区中心），大型居住社区内部以居民自治和社区共治为主要治理方式。"镇管社区"体制强化了镇对大型居住社区的公共服务与城市管理职责，为社区自治、共治留出了更大空间，但也在一定程度上增加了镇的财政负担，并造成大型居住社区城市管理力量的不足。调查显示，近九成（86.0%）的居民对于大型居住社区的管理方式不太了解甚至一点不了解，表明"镇管社区"有可能是管理缺位的社区，管理缺位也是导致大型居住社区社会问题较多的重要原因。

三 大型居住社区的问题体系

前述对上海大型居住社区特征的概括并不能截然分开，而应该视为彼此关联的整体，但这一整体内部的逻辑关系仍有待厘清。总体而言，对大型居住社区现状问题的理解需要回到起点，即结合社区规划建设的整个过程来探讨问题形成的内在机制。保障性住房是大型居住社区中的主要住房类型，"政府主导"是上海保障性住房建设的基本实施原则（方园，2013）。因而，大型居住社区并非自然形成，而是政府主导规划、建设的结果。政府要寻求实现特定的政策目标，这一过程从一开始就隐含了大型居住社区产生各种问题的可能性。大型居住社区建设的首要目标是改善城市中低收入人群的住房条件，这一目标可以说已经达到，调查显示，居民认为与搬来之前相比改善最大的就是住房条件。但这一政策目标缺少系统规划，在实施过程中仍存在较多问题，例如，尽管强调要健全各种公建配套，实际上是居住优先、配套滞后；主要关注居住功能，却忽略了社区的未来发展，考虑到了"安居"而忽略了"乐业"；保障性住房的建设标准较低，未考虑将来转变为普通商品房社区的可能性；关注的是弱势群体的住房改善，忽略了弱势群体聚集可能带来的社会问题；等等。大型居住社区前期规划建设的不系统、不完善是导致问题多发的重要原因，但更有意义的是厘清现存各类问题之间的逻辑关系，准确把握大型居住社区问题的实质，进而为大型居住社区的未来发展提供借鉴。图1展示了笔者对2014年上海大型居住社区各类问题之间关系的基本认识，这种逻辑关系隐含的假设前提是：社区作为有机整体其各要素之间存在密不可分的关联。图1中不同要素、不同问题之间的逻辑关系分述如下。

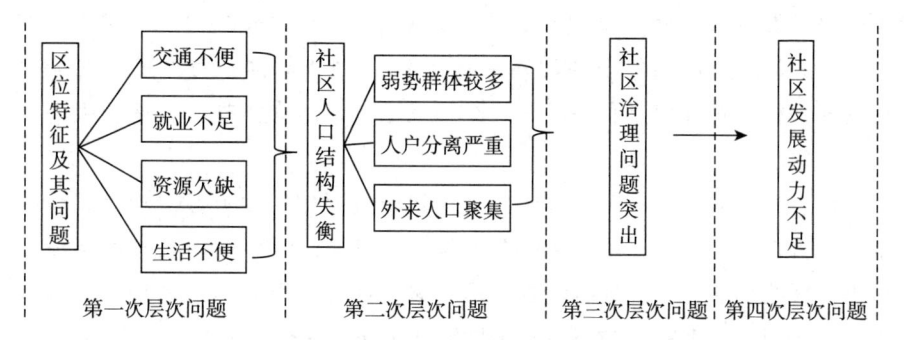

图 1　大型居住社区的问题体系

（一）区位特征及其问题

大型居住社区所在的区位是一个独立的变量，社区的区位特征对交通、就业、公共资源和生活服务等方面产生了不利影响，带来了第一层次问题，即居民的公共服务、生产和生活需求不能得到很好满足。上海大型居住社区的区位特征主要表现在三个方面：一是位置偏远，均在外环以外，距离市区比较远；二是位于农村地区，公共服务资源不足，远远低于城区水平，优质资源尤其欠缺；三是经济不发达，就业机会相对较少。这样的区位特征至少带来了四方面的问题。

首先，交通不便。尽管大型居住社区规划选址的原则之一是靠近轨道交通（尹维娜、徐靓，2012），但由于位置偏远，到市区的通勤时间大大增加。调查显示，在交通出行方面，54.2%的居民认为比搬迁之前变得更差。不仅是外部交通，由于公交车数量少、间隔时间长，大型居住社区的内部交通也不够便捷。有研究显示，虽然绝大多数大型居住社区靠近轨道交通，但超过一半的大型居住社区的出行距离在1～3公里（马士江、许俭俭，2012），内部交通条件需要进一步改善。

其次，就业不足。上海大部分大型居住社区的选址靠近新城和新镇，只有一小部分邻近工业规划用地区域（马士江、许俭俭，2012），这种区位特征使得大型居住社区较为孤立，未能形成与工业区的良好互动，也直接导致了就业不足。调查显示，劳动年龄人口中，有工作的比例仅在四成以上（43.3%），其中全职就业的居民仅占33.1%，下岗或无业的居民比例达到14.9%。

再次，医疗、教育等公共资源欠缺。由于城乡公共服务水平的差异，大型居住社区及其附近缺少优质的医院和学校等资源。调查显示，居民认为医院是大型居住社区最为缺少的公共服务设施（18.2%），同时，医院也是不方便程度最高的公共设施（41.1%）。对大型居住社区的走访调研也发现，社区附近如果有一所好的医院或学校，能大大提升社区的吸引力和入住率。

最后，生活不便。在大型居住社区建设过程中，地方政府均比较重视解决"开门七件事"，满足居民的基本生活需求，但短期内很难达到成熟城市社区的生活方便程度。调查显示，居民认为大型超市或商场是最为缺少的生活服务设施（17.6%），其次依次为银行（13.2%）、公交站点（6.5%）、菜市场（6.5%）、邮局（4.6%）和养老机构（4.5%）等。

（二）社区人口结构失衡

与区位相关的交通、就业、公共服务与生活服务资源不足问题进而导致了大型居住社区人口结构的变化，使社区人口结构呈现某些特征，亦即第二层次问题：社区人口结构失衡。

按照大型居住社区规划建设的政策目标，规划导入人口的结构大致是：经济适用房和廉租房住户主要是收入较低、住房困难的上海城市户籍居民；市区动迁房住户则包括高中低不同阶层的上海城市户籍居民；商品房住户主要是收入中等或偏上的户籍人口及外来人口；本地回迁房住户是本地农村户籍居民。概括而言，政策目标所设定的大型居住社区人口结构应是上海户籍居民占据绝大多数、高中低不同阶层人口混居的结构。然而，在交通不便、就业不足等问题的影响下，大型居住社区的人口结构发生了很大变化，与所设定的政策目标存在较大偏差。2014年的调查结果显示，当前的人口结构主要是：经济适用房和廉租房住户以中低收入的上海城市户籍居民为主，与政策目标基本相符；动迁房住户（无论是市区动迁房还是本地回迁房）与政策目标偏差较大，主要是中低阶层的上海城市户籍居民和大量租客与外来人口；商品房与动迁房相似，也出现人户分离、住房出租、外来人口聚集的现象。调查显示，经济适用房住户中，上海户籍居民的比例为93.5%，而这一比例在市区动拆迁房和本地动拆迁住房中分别是75.8%和65.7%。此外，经济适用房的租住率仅为2.9%，而市区动拆迁房和本地动拆迁房的租住率则分别达到20.9%和37.0%。简言之，调研期间大型居住社区人口结构实际上是上海户籍居民为主、外来人口不断增多、以中低阶层聚集为主的结构（见表1）。

表 1 政策目标的人口结构与实际人口结构的偏差

住房类型	政策目标的人口结构	实际人口结构
市区动迁房	高中低不同阶层的上海城市户籍居民	中低阶层的上海城市户籍居民、大量租客与外来人口
本地回迁房	本地农村户籍居民	本地农村户籍居民、大量租客与外来人口
经济适用房、廉租房	中低收入的上海城市户籍居民	中低收入的上海城市户籍居民
商品房	收入中等或偏上的户籍、外来人口	收入中等的户籍居民、大量租客与外来人口

大型居住社区人口结构失衡问题可进一步概括为三个特征。一是弱势群体较多。如前所述，老年人、无业人员、中低收入者在大型居住社区的比重较高，为比较典型的弱势社区。此外，大型居住社区居民的主观地位评价也是中等偏下，2014年的调查将上海市民的社会地位从高到低分为10个等级（1为最高等级），其中90.9%的居民选择第5等级及以下，仅有9.1%的居民认为自己属于第1~4等级的较高等级。二是人户分离严重。数据显示，仅有35.2%的上海户籍居民将户籍迁至大型居住社区。如果排除本地回迁居民，则市区迁入居民的落户比例更低。三是外来人口聚集。外地人口比例超过两成，在市区动迁、本地回迁小区中的外地人口比例分别达到了24.2%和34.3%。后两点共同体现了大型居住社区"无根社区"的特征。

（三）社区治理问题突出

大型居住社区的人口结构是许多社区治理难题产生的重要原因，同时，配套服务设施的欠缺也在一定程度上加剧了治理难题，各类社区治理问题多发构成了大型居住社区的第三层次问题。调查显示，在社区治理方面，居民认为大型居住社区中最为严重的五类现象依次是：不文明饲养宠物（17.7%）、黑广告/乱张贴（15.6%）、乱扔垃圾（10.7%）、物业服务水平不高（10.1%）、黑车多（8.5%）。同时，有近一半（46.3%）的居民对社区物业管理表示不满。这些问题一方面与居民素质有关，另一方面反映了监督不力、城市管理欠缺等问题。

系统分析上述社区治理问题的成因，至少可以从三个方面展开。

一是在配套服务方面，交通不便、就业不足、公共服务与生活服务设施欠缺意味着居民多方面的需求不能满足，这构成了部分与满足居民需求有关的治理问题产生和存在的基础。例如，黑车问题与交通不便有关，乱设摊与生活服务设施欠缺有关，甚至黑广告/乱张贴也与居民需求难以满足存在一定的关系。换言之，由于这类问题一定程度上满足了居民的需求，这既增加了其存在的合理性，也增加了治理的难度，甚至有可能因治理力度的加大而招致居民的反对。

二是在人口结构方面，大型居住社区人口结构的三个特征（弱势群体较多、人户分离严重、外来人口聚集）均与现存的治理问题有关。弱势群体较多有两方面的影响：其一，收入较低、困难较多，因而对于公共服务的依赖程度更高，也更需要便捷和廉价的生活服务，这为有助于满足需求的一类治理问题的存在提供了条件；其二，受教育程度与文化素质较低，一定程度上导致了不文明饲养宠物、乱扔垃圾等治理问题。人户分离严重也有两方面的影响：其一，户籍居民缺少对社区的认同感和归属感，对于邻里、社区公共事务的关注和参与不足，这为各类不文明行为甚至治安问题的存在提供了空间；其二，对居住环境的不满情绪较多，诸如拖欠物业费、房屋出租等问题与此有关。外来人口聚集的影响主要体现在两个方面：其一，外来人口、租户难以融入社区，与户籍居民一样缺少社区认同感；其二，部分外来人口成为某些问题的直接制造者，如群租、黑车、乱设摊等。简言之，大型居住社区的人口结构特征为许多治理问题的产生提供了条件，而优化人口结构，尤其是通过促进社区交往、提高社区认同感来推动社区自治有助于从根本上解决社区治理的问题。

三是大型居住社区的社区治理问题还与现有的管理体制有关，即"镇管社区"模式导致大型居住社区城市行政管理力量和资源不足，为某些城市管理、物业管理问题的多发提供了空间。数据显示，62.0%的居民认为大型居住社区警力不足，这与黑车、治安等问题直接相关。群租严重、乱设摊等问题侧面反映了城市管理相关力量的不足。一些物业管理问题的解决也需要城市管理力量的介入。

（四）社区发展动力不足

交通不便、就业不足、配套服务欠缺等方面的问题不利于大型居住社区未来的健康发展，社区人口结构特征也制约了大型居住社区发展的活力与动力，社区发展动力不足构成了大型居住社区当前面临的第四层次问题，也是最为根本的问题。

在配套服务方面，大型居住社区的交通、就业状况不利于社区的健康发展，最为关键的是缺少产业的支撑。如前所述，大部分大型居住社区并不邻近工业用地，而对于少部分邻近工业用地的大型居住社区，也面临居民的就业需求、条件与就业机会不匹配的问题，亦即生活区、生产区如何协调发展的问题。缺少了产业和经济的支撑，大型居住社区作为新城区、新镇区独立发展的可能性就将大打折扣，很大程度上只能作为市区的附庸承载其一部分居住功能。

在人口结构方面，人口特征对于大型居住社区健康发展的影响至少体现在三个方面：一是弱势群体的消费能力不足，直接导致了以满足居民需求为导向的服务市场不发达，影响了大型商场、超市、银行等机构的进驻，也影响了其他服务性企业、社会组织在大型居住社区的发展；二是一部分外来人员成为某些服务产品的供给者，尽管有利于居民需求的满足，却增强了服务市场的不规范性；三是居民的受教育程度与文化素质较低，就业、创业困难，一定程度上也减弱了社区发展的动力。

以上是对上海大型居住社区所面临各类问题的整体分析，区分了四个层次的问题，并给出了不同层次问题之间的逻辑关系。社区人口结构类似于关键的中间变量，既是由区位带来的第一层次问题的结果，进而又带来了对社区治理和社区发展的不利影响。发达国家在保障房社区建设发展过程中曾有过失败的教训，社区一度沦为贫困、犯罪等问题的集聚地，成为社会隔离的真实写照。这是我国大型居住社区建设需要竭力避免的最坏结局。人口是社区最为核心的要素，居民是社区的主体，以人为本应是大型居住社区未来发展最根本的原则。合理的人口结构是大型居住社区健康、繁荣发展的基础，而不同阶层居民需求的有效满足则是形成合理人口结构的重要前提。

四　对大型居住社区未来发展的思考

大型居住社区建设发展的最终目的在于避免社区衰败、激发大型居住社区活力、促进社区繁荣和谐与居民安居乐业。着眼于这一目标，结合前文的认识，以下首先分析大型居住社区未来人口结构变动的可能趋势，进而从五个方面提出相应的政策思路建议。

对于上海户籍居民来说，入住大型居住社区的主要是城市中低层次人群，无业人员人数较多，老年人的比例或将逐步增加，人户分离、住房出租现象也将持续存在。动迁居民中，在市区有稳定工作且收入较高的劳动年龄人口、有多套住房的家庭，以及倾向于享受市区优质公共服务资源的居民入住较少。在大型居住社区一段时间内难以达到市区的公共服务水平或提供对等就业机会的情况下，这些动迁居民短期内仍不会入住大型居住社区。此外，未来几年内，随着动迁房、经济适用房的交易期限逐步放开，如果大型居住社区的公共服务水平依然较低、就业机会依然欠缺，部分人或将选择搬离大型居住社区。

对于外地户籍居民，尤其是从事体力劳动或就职于商业服务业的人来说，他们可以承受相对较低的工资水平与公共服务水平，就业更加灵活，适应能力更强。在大型居住社区公共服务水平不能提高、户籍居民不能安心居住的条件下，外来人口的数量和比例有可能持续增加，进而带来人口服务与管理方面的一系列问题。

城市弱势群体或外来人口的高度聚集都强化了大型居住社区弱势社区、问题社区、无根社区的标签，这既不符合政府建设保障房基地的初衷，也不利于大型居住社区的繁荣发展。人口结构的优化是一个系统工程，一定意义上也是公建配套、劳动就业、社会治理状况改善的结果。要优化大型居住社区人口结构、推动大型居住社区繁荣发展，至少需要以下五方面的努力。

（一）推动配套改善

无论是从城乡公共服务一体化的角度，还是从保障房社区的政府责任来说，都需要继续改善公建配套条件、提高公共服务水平，以吸引户籍居民和素质较高的人群在此安居，发挥保障房基地在现阶段的应有作用。具体包括改善大型居住社区公共交通条件，尤为迫切的是改善大型居住社区的内部交通条件，同时需要结合规划改善外部交通条件；配置优质服务资源，尤其是医疗水平较高的综合医院和师资受教育程度较高的义务教育阶段学校等。

（二）消除特殊标签

大型居住社区一般是以保障房为主的特殊社区。但随着动迁房、经济适用房交易期限的放开，大部分住房可以进行交易，需要未雨绸缪，考虑将保障房社区转化为普通商品房社区的可能性。未来几年内逐步淡化大型居住社区作为特殊社区的标签，通过增加商品房比例、推动动迁房入市、开展第三方代理经租等将大型居住社区转化为普通商品房社区，引导规范大型居住社区的市场化、社会化发展,推动大型居住社区的正常化发展。

(三) 促进产城融合

大型居住社区的劳动就业问题较为突出,就业、居住分离现象严重,而产城融合是激发社区活力、推动区域发展最重要的支撑条件。在此方面,除了强化就业公共服务、积极推动居民创业之外,更需要结合产城融合方面的全局规划,积极对接新城区、新市镇、工业园区和科技园区建设,借助大型居住社区附近已有资源形成集聚效应,吸引开发区员工到大型居住社区居住,推动有需求的居民就近就业,最终改变社区单一的居住功能。

(四) 加强社区治理

一方面,需要按照上海市委、市政府《关于进一步创新社会治理加强基层建设的意见》,推动必要的行政执法资源下沉到大型居住社区;另一方面,充分发挥自治、共治的作用,推动社区邻里交往、发展社区社会组织,以多方协同治理的方式解决物业管理、社区治理的问题。此外,立足更长远的考虑,需要促进户籍居民与外来居民功能互补、有效互动、相互融合,形成良性的社区生态,从根本上避免因主体意识不强而带来的各种社会治理难题。

(五) 提供多元服务

大型居住社区存在大量的服务需求,既有公共服务需求,也有生活服务需求。要满足这些需求,需要政府、企业、社区、社会组织等多元主体协同合作,政府改善公建配套、提供公共服务,企业是培育和发展繁荣的需求市场的主力,社区和社会组织则在购买公共服务、提供志愿服务、服务弱势群体等方面发挥作用。如大型居住社区养老需求的满足,就需要多元主体提供多样化的服务,消费型社区也是大型居住社区发展的可能方向之一。

五 结语

本文基于2014年问卷调查的资料,对上海大型居住社区的性质、特征、问题体系、未来发展进行了整体性的分析。大型居住社区具有居住社区、保障社区、速成社区、弱势社区、问题社区、无根社区、镇管社区等特征，多方位反映了其所面临的不同层次的问题。总体上，区位偏远引发了交通不便、就业不足、资源欠缺与生活不便的问题，很大程度上导致了弱势群体为主的社区人口结构，而这样的人口结构既带来一系列的治理难题，也最终制约了社区活力与发展动力。与所有社区一样，大型居住社区的建设与发展目标是宜居的地域性生活共同体，更好地满足居民各方面的生活服务需求是这一目标实现的关键。人口是社区的核心要素，特定的社区人口结构既是各类社区问题的反映，也是社区未来发展的基础。本文分析了大型居住社区人口结构可能的变化趋势，进而从推动配套改善、消除特殊标签、促进产城融合、加强社区治理、提供多元服务的角度提出有关大型居住社区未来发展的思考。

本文仍是对大型居住社区发展的初步思考，不同层次问题之间的逻辑关系更应视为系列假设而非确定的结论。从学术研究的角度，图1中的系列逻辑关系仍有待验证，这需要更多研究的支持，包括更细致的问卷调查和历时性的跟踪观察。限于学科背景，部分内容尤其是社区发展部分的内在逻辑关系也可能需要商榷。此外，本文偏重于分析与大型居住社区发展有关的负面问题，有意忽略了正面的发展条件和积极的发展经验。实际上，无论是依据问卷调查还是实地观察，大型居住社区是存在一定的发展基础的，总体上也处于发展完善过程中，有些大型居住社区发展势头良好并积累了有益的经验，也值得进一步研究和借鉴。

参考文献

范志海、刘钢、李高业，2010，《大型居住社区治理模式初探——以上海三林世博家园社区为例》，《华东理工大学学报》（社会科学版）第5期。

方舒，2015，《保障房社区治理路径新探——以北京C社区的治理实践为例》，《甘肃社会科学》第1期。

方园，2013，《打造保障性安居工程——本市推进保障性住房大型居住社区建设纪略》，《上海人大月刊》第8期。

黄怡、周俭，2011，《大型社区的人口、住房、活力与公平：上海大型社区规划理念与策略的社会学思考》，《时代建筑》第4期。

伋晓光，2013，《新型城镇化背景下上海大型居住社区文化内涵的构建》，《上海文化》第5期。

李梦玄、周义、胡培，2013，《保障房社区居民居住-就业空间失配福利损失研究》，

《城市发展研究》第 10 期。

李志刚、任艳敏、李丽，2014，《保障房社区居民的日常生活实践研究——以广州金沙洲社区为例》，《建筑学报》第 2 期。

马倩、张龄、俞秉懿，2012，《转型背景下大型居住社区复合生活网络初探——以浦东铁路惠南站大型居住社区规划为例》，《上海城市规划》第 1 期。

马士江、许俭俭，2012，《大都市郊区大型居住社区交通支撑优化和提升思考——以上海市松江南站大型居住社区为例》，中国城市规划年会论文。

彭善民，2012，《新建大型居住社区管理的困境与创新》，《学术评论》第 1 期。

孙姗姗、杨东援、陈川，2013，《外围大型居住社区居民出行特征分析》，《上海城市规划》第 5 期。

汪慧婷，2013，《"镇管社区"：快速城市化进程中的社区管理模式创新——以浦东航头镇大型居住社区为例》，硕士学位论文，华东政法大学。

王方兵、吴瑞君，2014，《大型保障房社区建设对区域人口发展的影响——以上海市为例》，《人口与社会》第 3 期。

熊健，2011，《上海大型居住社区规划的实践和思考》，《上海城市规划》第 3 期。

尹维娜、徐靓，2012，《从大型居住社区到新市镇——上海金山北站大型住区规划思考》，《城市规划学刊》第 S1 期。

贠栋，2014，《上海大型居住社区治理研究——以泗泾大型居住社区为例》，硕士学位论文，华东政法大学。

张萍、李素艳、黄国洋、闫倩倩，2013，《上海郊区大型社区居民使用公共设施的出行行为及规划对策》，《规划师》第 5 期。

张翔，2013，《大型居住社区交通规划研究——以上海市嘉定黄渡大型居住社区交通规划为例》，《交通与运输》第 5 期。

周俭、黄怡，2011，《营造城市大型居住社区的多样性》，《上海城市规划》第 3 期。

周素红、程璐萍、吴志东，2010，《广州市保障性住房社区居民的居住－就业选择与空间匹配性》，《地理研究》第 10 期。

朱锡金，2011，《对大型居住社区的概念认知和上海住宅建设发展的断想》，《上海城市规划》第 3 期。

Brama, A. 2006. "'White flight?' The Production and Reproduction of Immigrant Concentration Areas in Swedish Cities, 1990 – 2000." *Urban Studies* 43（7）：1127 – 1146.

Marcuse, P. 1997. "The Enclave, the Citadel, and the Ghetto：What Has Changed in the Post-Fordist U. S. City." *Urban Affairs Review* 33（2）：228 – 264.

Painter, G, C. Y. Liu, and D. Zhuang. 2007. "Immigrants and the Spatial Mismatch Hypothesis：Employment Outcomes among Immigrant Youth in Los Angeles." *Urban Studies* 44（13）：2627 – 2649.

Veldhuisen, J, H. Timmermans, and L. Kapoen. 2000. "RAMBLS：A Regional Planning

Model Based on the Microsimulation of Daily Activity Travel Patterns." *Environment and Planning A* 32 (3): 427 – 443.

Wacquant, L. J. D. 2008. *Urban Outcasts: A Comparative Sociology of Advanced Marginality*. Cambridge, UK: Polity Press.

Whitehead, C. M. E. 2007. "Planning Policies and Affordable Housing: England as a Successful Case Study?" *Housing Studies* 22 (1): 25 – 44.

从负担到压力：理解居委会负担的微观视角[*]

白子仙[**]

一 问题的提出

问题来自 2014 年我们课题组对 S 市 T 社区 N 居委会的田野调查。[①] 考察初期，居民区党总支书记[②]也经常抱怨他们的工作负担很重，上边摊派的任务很多，需要做的台账也越来越多，这与我们所设想的情况完全一致。随着调查的进行，我们看到无论是书记还是社工，并不如他们所说的，也不如人们所想象的那般繁忙。我们每周一般去 2~3 次，不管有没有预约，他们总是有很多时间接受我们的访谈。书记后来告诉我：

> 现在工作量实事求是讲，不是很大。要认真做，是很忙很忙的，要混的话，也容易。
>
> 有的要解决一件事，有的是蛮快的，居民来找我的一般比较少，你们上午来下午来看到找我的人多吗？一般是不多的。甚至一天、两天、一个星期没有居民来找我。

同时我们也发现那些台账的数量也不能说明他们的工作负担有多重。有时换个名字、换个地点和故事就包装为新的台账了。随着与书记、社工

---

[*] 本文是山西省哲学社会科学规划办项目"新时代山西省城市社区社会组织服务能力提升的支持机制研究"（2020YY017）和山西省高等学校哲学社会科学研究项目"山西省城市社区社会组织发展困境与培育策略研究"（2020W017）的阶段性成果。

[**] 白子仙，山西大学政治与公共管理学院讲师，主要研究方向为组织研究、城乡社区研究。

[①] 基于研究伦理规范，本文对相关地名、人名、组织机构名称等都进行了匿名处理。

[②] 如无特别说明，下文中提及的"书记"均指"居民区党总支书记"。

交流的深入，书记也就直言不讳地说：

> 我这里报上去的东西也只做了五成，这是我可以跟任何人这么说的。这是个普遍现象。一般人家说三分做，七分写，七分是靠吹的。这是实事求是摊开来说，到处都是这样的。

过了一段时间，我们调查小组提出打算参与居委会的日常工作，像那些社工一样坐班考察的时候，书记起初面露难色，他说社工们整天在电脑前，没有什么可以挖掘的，建议我们去社区居民那里寻找有意思的故事。其实书记是担心我们发现那些与"负担过重"说辞相反的内部情况。由于我们的坚持，他最后略带尴尬地答应了我们的要求。同时他也给了我们一些提醒，告诫我们不要因为看到社工上网打游戏而去报告，甚至教我们如何与社工打成一片。

> 打牌不要紧，我都说了，打牌你去说这个能出那个不能出，哈哈，这样就能打成一片，千万不要别人上网你就出去了，别人以为你去向领导汇报什么的。唯一的要求是领导进来了，居民进来了，你们马上关掉，等走了再开。我们实事求是，实际上我最欣赏的就是实事求是。他们有的会说书记这么说是不是城府深，其实我真不是这样，该是什么就是什么。

接下来书记把社工叫来给我们安排具体工作的时候，担心该社工有别的想法，特意跟社工说：

> 我都跟他们讲了如何与你们打成一片，我说不要因为你们打牌就跑出去，而应该给你们出谋划策想这个牌应该怎么出才对，哈哈。

总之，无论是书记还是社工，他们需要处理的事务并没有想象的那么多，甚至他们完全有时间去打游戏、聊天。但是，我们确实能感觉到居委会工作并不轻松。书记常常说自己很累，压力很大，想换到社区别的岗位工作。在田野访谈材料中，书记和社工提及"压力"出现了78次（去除访谈者提及的次数），"减负"出现了18次（去除访谈者提及的次数），而"负担"竟然一次也没有（只有访谈者自己提到的22次）。

随着调查的深入，居委会越来越呈现这种看似矛盾的情况：一面是并非想象中那般繁重的工作与任务，另一面又有大量意料之外的焦虑和压力。而且这些焦虑和压力在居委会里并不是均匀分布的。对于书记来说很简单的任务交给社工去应付往往很困难。有些事情，比如像业委会换届选举，对于社工们来说比较轻松，而书记却经常压力重重。有的社工感到难做的任务，另外的社工做起来却丝毫不费劲。一面是越来越重的负担，另一面是无所事事的工作状态。我们怎样理解这些现象呢？上述事实让笔者对先前关于居委会负担的论述产生怀疑，开始从居委会内部考察负担所具有的真实意涵。对于居委会的负担，人们根据理论以及经验实践进行的讨论太多了，但却很少有文献从居委会的内部视角出发来理解负担，而这恰恰是理解居委会运作的重要视角。

二 文献回顾与研究思路

（一）文献回顾

既有文献主要从三个角度来理解居委会负担。

第一个角度是参照居委会作为自治组织的理想型来理解居委会负担，将负担视为居委会自治、基层民主建设的障碍，是需要行政干预或者社会纠正的对象。这一分析角度基于居委会是一个自治组织的判断，认为随着社会的发育，国家权力对于基层社会的影响将弱化，居委会可能会逐步从派出机构转变为自治性组织（林尚立，2003）。由于居委会承担着越来越繁重的行政性指派任务，其自治能力无法得到实现。居委会呈现越来越浓厚的行政化色彩，疲于应付政府指派的任务，而大大削弱了可支配的余力和自治空间（郭圣莉，2006；闵学勤，2009；姚华、王亚南，2010；耿敬、姚华，2011）。因此，居委会减负的关键就在于将行政性事务进行剥离。另有学者则认为社区建设中的居委会并未促进社区发育，反而起到了国家权力渗透的作用（桂勇、崔之余，2000；Read，2003）。这些论述内在互有差异，判断甚至大相径庭，但都认为居委会的负担不符合居委会自治的属性，只有将它减掉才能使居委会回归社会属性。

第二个角度是从居委会具有的"行动逻辑"角度来理解居委会负担，将负担视为其自身行政逻辑或者依附逻辑展开后的必然情况。金桥（2010）认为，居委会在基层的运作并不是依靠那种单纯的自上而下的科层逻辑，而是面对不同情况动用不同的行动逻辑，居委会是具有多重角色的集合体。从这一角度出发，负担被视为行政行动逻辑的必然结果。居委会依附于政府行政体系，因而必然被当作政府的"一条腿"，承担政府的各种行政职能。

第三个角度是从居委会具有的"行动策略"角度来理解居委会的负担。居委会不再是被动的执行者，也不是拥有几种逻辑的角色集，而是有行动策略在内的行动者（吴永红，2009；耿敬、姚华，2010）。负担也不再被视作障碍和排斥之物，而是被视为一种策略性资源，行动者可以借助它达成自身的目的，从而扩大自身的行动空间（吴永红，2009；耿敬、姚华，2011）。与第二个角度类似，它也表达了基层社区的主体性（伯兰德、朱健刚，2007；朱健刚，2010）。该模式认为这种主体性必须在行动中才能被分辨出来，并不存在任何先验的行动逻辑。

上述三个角度提供了对于居委会负担的不同理解。然而这些理解都未触及这样的问题：在那些居委会工作人员眼中，什么是负担，负担到底意味着什么。在将负担的具体意义揭示出来之前，直接讨论居委会减负的问题，就陷入以下两种简化论之中。一种是整体主义视角。在整体主义视角看来，居委会是一个单一的、匀质的组织。居委会内部的书记、委员以及社工没有任何差别，他们有着同样的工作能力、同样的理解水平，对事务有同样的认知，因而我们可以将单一属性赋予它，比如自治组织、行政化组织，也可以将多种逻辑赋予它，还可以将居委会整体视作一个行动者，好像居委会有它的思想、它的策略，从而冠之以"居委会在行动"。另一种是客观主义视角，这种视角将负担看作一个固定不变的、静态的客观存在，是居委会不该做而不得不做的所有事务的集合。上述三个角度都将负担看作一个常量，而非一个变量。如果没有将具体的条件约束、不同地位的个体、不同个体间的关系、不同个体的能力与认知水平考虑进去而谈论一个抽象意义上的"负担"，而去试图划清界限、做出分辨，分辨哪些是负担，哪些不是负担，哪些是居委会的职责，哪些不是居委会的职责，将无益于讨论的深入以及问题的改进。

（二）分析思路

事实上，人们对于负担的理解往往是含混的。先前文献（郭圣莉，2006；吴永红，2009；耿敬、姚华，2011）中或多或少都提及居委会干部抱怨负担过重的问题。对这些负担只要细加甄别，就会发现它们所论述的这些负担往往有很大的差别。有的负担指的是盖图章的工作量很大，有的负担则是指低保救助名单的确定。虽然盖图章、低保救助都被居委会干部视为负担，但是显而易见，一般性的盖图章与动辄有居民来"闹"的低保救助所承载的负担强度完全不在一个层次上。而有的社区事务，比如居委会直选工作，虽然不能称为负担（从外在界定来看），而是居委会的本职工作，但在居委会成员眼中其有比一般负担重得多的压力。另外，台账往往无法反映居委会的负担，很多真正让居委会头疼的事件往往无法放到台账中去。

认识到这些负担对于个体所代表的不同意义，我们就必须放弃那种将负担视作由行政命令规定好的、固定不变的事物的看法。负担总是相对于具体的人而言的，而人们对于负担总有不同认识。在人们对负担的含混理解中，可以辨认出两种截然不同的含义来。第一种是压力。压力是指那些让人们心中产生焦虑、紧张，感到困难或者心事重重，不确定能够完成的事务，而不管这些事务来自哪里，如政府、居民或者组织内部。第二种是负担。负担是指那些个体完全有把握、有能力完成只是需要占用时间、精力而不会有思想波动的事务，而不管这些事务来自哪里，如政府、居民或者组织内部。

与压力和负担相关的另一组概念就是行动和行事。行动是个人感受到压力后为了缓解、转移或者消除压力而采取的各种策略，而他自身是非常清楚这些策略所代表的意义的。行事是个人对于负担所采取的一些解决方法，这些方法都是一些不需要自己加以反思的常规性技术，他自身对于这些技术视为理所当然和脚本而无须加以特别关注。行事与负担联系在一起，对于个体来说行事是没有障碍，只需劳力的。

压力与负担、行动与行事的区分就使得那种由行政命令规定的单一客观的负担相对化了，也使我们放弃那种离开具体的环境、离开权力关系和人际关系而抽象地讨论居委会负担的分析方案，放弃那种整体主义的、客观主义的分析视角，放弃那种试图对负担以及对负担的解释和原因做出任何外在的、普遍性结论与规定的主张，转而通过决策分析来考察在特定的任务背景下，压力得以被建构的各种制约力量和具体环境，以及为了缓解压力所采取的各种行动与解决方案，而这些行动与方案、这些减负的措施并没有统一的标准和规范是可以得到推广和固定的。

本文的讨论建立在2014年对S市T社区的田野工作基础上。调查方法是参与观察法以及深度访谈。重点关注居委会台账、减负以及居委会同业委会、物业公司之间的关系,并选择 N 居委会作为我们的田野点。这个选择基于两点考虑:首先,不同于一般居委会,该居委会在其管辖区域内有医院,有大型超市,有公司,具备了一个满足基本吃穿住行的社区雏形,也就是它有足够的空间和体量去讨论社区层面的各个组织之间的关系;其次,该居委会是 T 社区最大的居委会,居民人口在 1 万人左右,有 10 个居民小区 9 个业委会,而居民区之间又各有差别。居委会需要处理的事务、需要考虑的关系也相对比较复杂。这为我们考察居委会的负担和压力提供了理想的环境。

三 居委会的负担与压力

(一) 居委会人员的基本情况

N 居委会是 T 社区最大的一个居委会。区域内有居民小区 10 个,其中 8 个为中档商品房小区(含 1 个全日式居住小区),2 个售后公房多层小区,现有 9 个业委会、5 个物业公司对小区进行物业管理。目前居民区有 3000 户以上的住户,居住人口有 9000 多人。为了便于管理,当地街道部门给 N 居委会安排了 15 个社工,再加上 9 个非坐班的居委会委员和 1 个书记,共有 24 人(其中 1 人既是社工又是居委会委员)参与到对小区的管理与服务中来。但这 24 人并不是以同样的身份加入居委会的,按照来源不同可以分为六类:社区工作者(10 人)、社区外来人口管理员(2 人)、社区综治协管员(1 人)、社区就业援助员(1 人)、社区助残员(1 人)、居委会委员(9 人)。其中 8 个居委会委员因为是非坐班委员,基本没有参与到居委会的日常管理中来;另外,社区外来人口管理员、社区综治协管员、社区就业援助员、社区助残员由于来自其他条线招聘,他们的职务比较专一,主要是条线上的业务对接,他们更多听命于街道的各个主管科室,而不是书记。所以真正日常的运作靠的是由街道组织科招聘进来的这 10 名社工(见表 1)。我们的讨论也将以书记和这 10 名社工为主。

表 1 10 名社区工作者情况说明

姓名	性别	学历	政治面貌	职务	担任条线	编制	聘用时间	管辖区域	户数	委员
范大军	男	大专	党员	社工	党务	派遣	2005 年 11 月	日清花苑	484	—
杨丽琴	女	高中	群众	社工	老龄、妇代	聘用	2001 年 6 月	久阳公寓	239	—

续表

姓名	性别	学历	政治面貌	职务	担任条线	编制	聘用时间	管辖区域	户数	委员
王泽敏	女	高中	党员	社工	宣教	聘用	2003年5月	心怡北路100弄	396	是
谢灵荣	女	高中	群众	社工	民政	聘用	2007年4月	小塔花苑	312	—
夏凤琼	女	高中	群众	社工	老干部、计生	聘用	2007年6月	中远大厦	87	—
张 芳	女	高中	党员	社工	卫生	聘用	2008年1月	心怡北路210弄	309	—
沈同明	男	大专	党员	社工	治保、调解	聘用	2009年3月	小塔花苑	237	—
吴义琦	男	大专	党员	社工	工会、青保	聘用	2009年12月	小塔花苑	223	—
钱小军	男	大专	党员	社工	党务	聘用	2011年6月	西纬华庭	428	—
王慧香	女	大专	群众	社工	—	聘用	2013年5月	红叶、盛鑫	321	—

（二）书记与社工

为了让组织能够正常运转，书记和他的社工们要做的事情往往比规则所规定的多，书记不仅是居民区党总支组织的领导，事实上也是社工的业务性领导，还兼顾居委会主任的行政性领导。相应地，他要处理的事务很多，有来自上级的指派，有来自社工间的微妙关系和矛盾，有来自业主们的很多事务。作为书记，他需要跟各种各样的组织和社区人员打交道来协商解决问题。[①] 对于这些事务，书记并不一味地排斥和否定，而是会进行分类、排序、整合以及选择性处理，有些事务交移社工去做，有些事务不了了之，有些事务必须自己处理，甚至有时会垄断这些事务，以凸显自身的重要性。无论如何，书记需要保持自己的权力不受动摇。首先，为了保证和维持这样的效果，书记需要在整个社工层面建立意义框架，进行灌输和说明，让他的社工们认同领导权威的适当性；其次，书记试图通过对实际事务的分配和处理树立起自己的优势地位，也就是树立他所说的"威信"。

一般来说，根据难易程度，这些事务可以分为负担性事务和压力性事务两类。负担性事务在社工眼里并不算"事"，因为他们处理这些事务的技术非常娴熟，熟练到不用思考、自然而然的地步。这就意味着在他们眼中，处理这些事务只是遵照既有的模式和惯例行事而已。对社工们来说，

---

① 包括社会组织、党组织（街道党工委、党总支、党支部、党代表、党员理事会等）、街道职能部门、物业/旅游/建筑工程/水电/清洁/生物等公司、居民自组织、社区组织、环保城管、业委会、辖区单位部队、业主、居民委员及社区代表以及媒体、特殊居民（重点防控对象）、学术专家、社工等来自社会、市场、政府、党政各个方面的组织和个人。

这些事务只是数量上的差异，他们或许感到疲倦，但那只是生理上的反应。相反，那些被社工们视为压力的事务即便只有一件，也算是"大事"。由于处理这些事务完全无章可循，这些事务在他们眼中就意味着一种行动，而不是一种套路。

由于书记和这些社工的文化水平、个人能力、社会经验各有差异，不同的社工对于任务的理解各有不同，有的社工将任务视作负担，有的社工则将任务视作压力，无论这个压力是来自技能的缺乏还是信息的不足。而这个压力就成为书记让下属服从自己的关键。因为对于社工是压力的事务，对他来说往往只是负担。在书记与社工的关系中，书记能够控制、制造、分配乃至解决社工的压力，通过控制技术、控制信息、控制规则、控制环境等方式，使自己处于极为有利的地位。

案例一　控制技术：无纸化办公

"无纸化办公"初衷是加速部门之间的信息化、快速化以及节约环保，减轻居委会负担，提高整体办公效率。为了达到这个目的，需要在办公层面为每个社工配备一台电脑，将信息登录到电脑里边。然而由于年龄、文化层次不同，社工们对于新技术的吸收速度也不同。居委会里有一些年龄较大的社工，不能久坐，眼睛不能长时间盯着屏幕，打字熟练度不高，先前能够胜任的工作现在难以为继。因而在"无纸化办公"推行过程中，那些快速掌握电脑操作知识，能够马上上手的社工就占有有利地位。对于那些难以按时完成任务的社工来说，原来视作负担的工作现在越来越有压力，他们不得不求助于书记。因而，"无纸化办公"很大程度上也增加了书记"说话"的可能。

另外，"无纸化办公"也意味着每名社工都需要配备电脑以完成条线下达的任务。电脑除了办公，还可以娱乐和游戏。然而，书记对于社工上班时间玩游戏、看电影娱乐这些"越轨"行为并不制止，相反会以各种方式庇护社工，提醒社工如何降低风险免受外界的指责。事实证明，保护和对下属的容忍是一种可以强化自己地位的必要手段。社工们很快就回应了这种默许："书记平易近人，容易与我们打成一片。对我们社工很尊重，我们也很支持他的工作。"

案例二　控制信息：写故事

"写故事"对于社区各个层级的人来说都是很重要甚至是最为重要的事情。工作报告、项目申请与陈述、成果总结、案例分析以及名目繁多的台账本质上都是在写故事。在某种意义上，街道给居委会下发的条线任务很大程度上就是如何写好故事的任务。每年街道会向居委会派发"物业党建联建案例"的收集任务，它要求居委会在很短的时间内将这一年做过的"物业党建联建案例"进行说明和汇报，这既是街道的日常条线任务，又是一种考核居委会、检验居委会成果的方式。对书记来说，他考虑的是两个问题：一个是上报的数量；另一个是选择哪些社工的文章。由于书记本职是处理居委会党务的工作，党建方面的信息本来就多，他可以控制信息，有选择地将党建信息提供给他的社工。总体来说，学历高的写作能力较强，上报的数量也较多。但是，书记也会特意帮助一些写得不太好或者干脆不写的社工，帮助他们修改或者提交论文，通过人情、互惠的方式，提高自己的威信。

案例三　控制规则：条线津贴的分配

献血也是居委会每年既定的条线任务，由街道市政科那边的红十字会布置下来。由于S市本地人很少会去献血，为了完成这一工作，居委会里负责市政和外来人口管理的社工们一般会去联系物业，动员物业公司组织内部的外地保安人员完成这一指标。每动员一人参加献血，社工都会得到相应的奖励。但是具体如何分配呢？因为这个奖励金额是公开的，如果只是公布金额大小的话，有的社工看到别的社工比自己拿的多，就会怀疑分配是否公平，是否有猫腻。书记就将献血分解为三个指标，分别是组织、落实和实施。奖励的总金额就是这三项相加。通过制定正式规则，将津贴以"公正、公平、透明的形式"分配下去。

案例四　控制环境：博爱社区创建

为了增加自己在社工中的权威权重，书记不仅可以通过控制技术、信息、规则，而且也可以通过控制环境来达到这个目的。书记由于身兼多职，往往处于这一关键地位，他通过"压力－负担"转换性策略逐渐构筑了自身的领导地位。

T街道准备打造"博爱社区"品牌，它要求街道辖区23个居委会全部创建"博爱家园"。这是红十字会的一个项目，实行会员制，需要每个居委会30%的居民能够参与进来，更准确地说，就是要30%的居民每人交20块钱的会费，居委会的任务就是把这些钱收集起来。对于老的居委会委员来说，这只是负担。但对于年轻社工来说，这几乎是不可能完成的任务。书记完全预料到这样的困难情形。他知道年轻社工很难做到，他之所以要求年轻社工做，除了锻炼社工外，还有一个重要意图就是需要社工主动求助于他，这样不仅能够解决问题，而且能提高他的威信。总之，书记需要社工的压力。

书记能够同更多的部门打交道，因而他为解决问题所能利用的潜在资源很多。如果挨家挨户去居民楼里边动员居民捐钱，劳心劳力，效率又不高。书记的办法很简单，他从居委会辖区里的单位那里拿钱。通过从组织外部获取资源，控制外部环境，书记处理事务的能力大大高于社工。对于社工而言的"压力"，对于书记来说只是"负担"而已。如果书记能够很好地认识到自己的优势，就能既为社工减压，又能完成街道指派的任务。

在有限的四个案例中，我们看到了围绕着负担与压力，书记不断调整策略以用更大的空间去施加权力。分别通过控制技术、控制信息、控制规则、控制环境的方式来达到目的，让自己在居委会的权力关系中能始终占据有利地位。

（三）居委会与街道

一般情况下，居委会依照街道各个条线下达的说明、指示和法令执行任务。这是我们所能想象到的最普遍的情况。然而实际的情形并非那么简单。这种印象中的"最普遍的情况"恰恰是极其少见的，为此我们必须增加很多的约束条件。事实上，居委会与实务专家的关系充满着动态复杂性，往往同样一种指示、同样一个说明，由于按照不同的方式工作，会有相当不同的结果（见案例五）。另外，我们一方面会看到那种普遍运用于组织中的层级处理方式依旧在运转，另一方面这种层级处理方式也使得居委会获得某种特权来"要挟"街道。很难想象有这样的情形，街道实务专家将所有压力强加给居委会，而自身却能全身而退。围绕着处理压力、分担、消灭压力，层级之间的组织一种行动意义上的平衡正在达成（见案例六）。

案例五　垃圾分类任务中的负担与压力

2011年5月，T街道下发了4号文件《关于印发〈T街道实事工程项目管理办法〉的通知》。"垃圾分类"就属于实事工程项目之一。街道首先依照上级政府精神，对这一项目进行了规划。这个规划乍看起来深思熟虑，计划周详，有着明确的目标、职责说明和指示，但对于出勤率以及津贴的分配这类不容易进行量化的具体事项则交由居委会处理。不同的居委会对于出勤率和津贴分配的处理方式完全不同，导致出现了两种完全不同的局面。在D居委会那里，志愿者对于津贴分配和出勤率提出很大异议，甚至将这事闹到街道去，给D居委会的书记带来了很大压力，造成自身与街道以及居民的关系紧张，完全将自己置于不利的境地。相反在N居委会那里，压力反而成为巩固自身地位，与街道、居民打交道的利器。

案例六　马红娣上访事件中的压力

T社区居民马红娣2012年查出胰腺癌，为了有更好的治疗效果，医生建议她采用进口化疗和加强型CT来控制病情。这些进口治疗手段无法按照大病医保或者城镇居民普通医保进行报销，所有费用需要病人自费。居委会理解她的困难，发动居民为她捐款，募捐金额总共有8000元左右，但这部分钱对于治疗来讲杯水车薪，于是她选择去街道"闹"的方式让政府给她解决医疗费用。情况紧急，街道领导只能请求居委会的帮助。书记与街道领导之间存在微妙关系。一方面，书记一定要服从甚至迎合街道领导的要求和命令，这是他们之间关系展开的基础；另一方面，书记也会尽可能抓住机会让街道领导知道自己的重要性和不可替代性，让他知道基层工作的困难：虽然我工资低，待遇差，但是我做的事不比你们少，不比你们容易，不比你们轻松。有些事情我如果处理不了，你们也同样无法处理。这就是说书记与街道领导之间不仅仅是看起来的上下级关系，还充满着各种协商与妥协。

正是由于这种关系，所以我们才会看到街道领导不止一次在公开场合"夸奖"范书记，说"只有范书记才有能力把这件事情搞定"。我们也必须将这种"夸奖"放置于具体的情境中去译解，与其说那是领导对范书记实际工作与努力的赞赏，不如将它视为既是各种协商、妥协、交换后的结果，又是对未来工作的提前部署：以后这事还是由你来管。对于这样一层意思，范书记已经心领神会。

这个是什么呢？领导这么说是希望我继续把她的问题给摆平，所以就给我带个帽子。这也是工作的需要。我能理解。激励嘛。某种意义上是一种事实，但这里更多的是一种鼓励。当然工作是要下面做的，上面是给政策。

马红娣这样的事是不走"台账"的，但不管是对街道领导还是对书记来说，压力的威胁始终存在。街道部门只有与马红娣保持距离，拒绝那种面对面的对峙，才能保持权威性以及减少压力。书记既可以通过马红娣给街道施压，也需要小心与马红娣保持距离，防止压力都集中于自己身上。在居委会与街道的关系中，双方围绕着压力的分配，逐渐形成互相依赖的平衡关系。

(四) 居委会与社区居民

在现实中，居委会必须与居民打交道。作为"群众组织"，无论是从字面上理解还是在实际事务中，都表明居委会与社区居民是无法分开的。他们的联系甚至比他们各自所认识到的还要多，一方缺少另一方的参与是不行的。居委会如果没有生活专家的参与，他们的任务中如果没有"居民"二字，他们的工作正当性将不复存在。如果生活专家的集体生活中没有居委会，他们的行动空间也将变得极为狭窄，老的、旧的居民小区自不必说，他们对于居委会的需要不仅是现实的，而且也基于价值的认同。对于新的、高档的小区，也许他们仅仅是从工具的角度来看待居委会，因为如果没有居委会的参与，他们的业委会是无法合法建立的。但是这种工具并非中立的，他们需要居委会的帮忙，居委会也必须依靠他们的配合，他们需要彼此间的长期合作，从而同时改变了那种工具性赖以存在的条件，生产并发展了各种关系。在同社区居民打交道时，居委会害怕居民来"闹"，害怕居民之间冲突导致居民区的不稳定，书记对此压力很大。

案例七　居委会通过盖章缓解压力

居委会图章的滥用被认为是居委会负担的重要表现。"上面千条线，下面一根针"，大量事务都需要居委会的章。居委会干部对于出具各种证明的诉苦，对于各种事务敲章办事的厌烦在众多的文献里都能找到。那种要求厘清居委会的自治属性，减少居委会图章使用的减负措施并没有考虑图章对于居委会以及居民的重要意义。对于居委会来说，盖章事实上是减轻压力的重要措施。对于居委会来说，那种居民闹事的不确定因素的存在使得章一定得盖。盖章最多只是负担，而不盖章则意味着压力。

在 N 居委会管辖范围内，一个老太太和一个中年妇女因为一些小事引致了无谓的争吵，最后老太太将对方告上法院，诉诸法律来解决。法院要求原告去居委会开具一个证明，证明原告所言属实。按道理，居委会根本不在现场，无法开具证明，但在法院和原告要求下，居委会只好为原告出具证明盖了章。过了两周，被告也来找居委会，质问居委会为什么给原告盖章，然后把自己的理由也给居委会说了一遍，要求也为自己开具证明，证明这个老太太推她骂她在先。书记只好跟被告说，让居委会盖章也可以，但你要在后面写上"上述情况完全属实，如果存在任何虚假信息，我个人负全部法律责任"之类的话。被告同意了，然后居委会就在上边也盖了章。书记其实当时也有些担心，他认为毕竟居委会做了违心的事，自己对原告和被告都不清楚实际状况但又都开具了证明。然后他万万想不到，过了两个星期，法院打电话给居委会，对居委会表示感谢。由于双方都开具了证明，反倒使法院处理起来容易很多。

这里所描述的案例又对行政改革的计划提出了挑战与难题，即便将所有的非居委会职责剥离出来，居委会要盖的章还是要盖，它无法提出抗议，也没有不盖的理由。因为它的压力都来自不盖章的后果，居民可以来骂、来闹、来抗争，条线部门也可以向街道反映，如果大家将问题反映到街道，最终街道还是会硬性要求居委会给居民盖章，给各部门盖章，事情又回到了原点。

案例八　业委会筹建与选举

在业委会筹建与选举中，居委会希望尽力把关，使得业委会委员和主任能够合自己心意，至少不要与自己唱对台戏。但这一过程往往充满着不确定性，因为业委会涉及很大一笔维修基金，围绕这笔钱的监督与争夺，总会有与居委会意图不符但又"很搞事"的业主进入业委会，担任业委会主任，这就给居委会带来了很大的压力，更为重要的是，这种压力往往是持续的，无法分散与转移。书记失去了与社工、街道打交道时的主动与有利位置，他与民众的"斗争"似乎总是处于下风。在西纬华庭业委会筹建过程中，虽然书记有意推选居委会委员做业委会主任，但老板派通过援引正式条例来向居委会和上级施压阻止该委员的当选，后来书记又想让居委会委员进入阳光小组，但老板派最后主动拉票又让情势逆转，甚至到了业委会主任选举最后关头，老板派出其不意自己投自己一票而意外当选，让书记感到压力和沮丧。从他给街道主任写的信件中我们可以想象到书记当时所承担的压力。这些真正让居委会倍感压力的事件根本无法在台账上边体现出来。

四　小结与讨论

既有的文献过多地纠缠在居委会的负担与减负、自治动力与行政命令之间而无法自拔。即便依照某种简单辩证法否定那种非此即彼的界限划分，又会陷入两者之间而摇摆不定。它们纠结于居委会减负还是没有减负，也会提出"居委会还是自治组织吗"这样的问题，按照这种思路所得出的结论往往就是居委会负担很重、居委会还不是真正意义上的自治组织、居委会空转等。一些文献会走得稍远一些，它们将居委会视作混合的成分组织，于是便归结出居委会的一些做事方式，将几种"行动逻辑"强行加到居委会身上，将多重角色赋予居委会，看起来似乎居委会显得与现实更为接近。居委会的任何行为里都可以找到几种逻辑与之相匹配。还有一些文献会在此基础上走得更远一点，它们正确地看到了某种"主动"与"行动"的因素，正确地去寻找那些与理想逻辑相悖或者与表象不符的"反常现象"或者"案例"，但是转而又将居委会整体视作一个行动者，好像居委会有它的思想、它的策略，从而冠之以"居委会在行动"。总之，这些文献依旧陷入我们已经分析过的那种整体主义与客观主义视角。

然而，我们始终要注意到这样的事实，居委会确实存在统一的、整体性的、客观性的因素，但从来不是同质的。抛开居委会中的书记与社工，抛开他们之间的权力关系，抛开他们合作处理的具体事项而去抽象讨论居委会的负担和任务，那是我们自己为自己的观察和思考所设下的最大障碍。因而重要的不是讨论居委会负担有哪些，不是去区分60多年来居委会不同时期的不同任务，不是去分清楚居委会该做什么不该做什么，总之不应该去为居委会划定抽象的、无用的种种界限。如果能将推论走得更远，我们甚至可以说，这60多年来居委会做的事情并没有发生什么变化，无非在一个框架内要求做这个与要求做那个之间的区别，无非不同时期面对不同情况和要求分发的任务不同而已，除此之外，我们还能得出什么更为有用的信息？

一旦拒绝上述的抽象思考，我们就要放弃对负担做出先验规定的任何企图，负担从来就不是自然而然的，它的意义也不是单一的，而是要放在具体的环境中、具体的权力关系中、具体的事件中来进行分析和辨认。总之，这就要求我们重新做出推论，试着从这样的问题出发：普通居委会成员眼中，负担和压力到底意味着什么？不仅如此，我们还要接着追问：谁有能力将自己或者他人的压力变为普通的负担，谁有能力让别人感到压力，谁有能力将压力转移到他人或者他处？这就意味着负担与压力不仅不是固定的，而且是可以流动与转换的，而负担的流动与转换过程就是权力关系的产生与再造过程。那些从外部看来是压力的事务甚至成为一个人向别人施展权力、扩大自主性的来源，通过尽可能多地制造"负担"从而转移压力。

在N居委会这个个案中，居委会对负担的认知呈现异质性与选择性，对负担的处理具备了高度的适应性与灵活性。书记由于能够控制、制造、分配乃至解决社工的压力，使自己在与社工关系中处于极为有利的地位；在居委会与街道关系中，双方围绕着压力的分配，逐渐形成互相依赖的平衡关系；而在居委会与社区居民关系中，书记和社工往往处于下风，是承受压力的一方。然而这三种关系并不是稳定的，在不同的居委会中，这三种关系并非固定不变的。书记的个人能力在这种关系格局中占有极为重要的地位。不同领导转移、分散、控制负担的能力相差很大，导致对于负担的理解并不相同。从居委会内部视角看待负担，就不难发现，负担并非消极否定的行政累赘，而是具有构建局部秩序的意义，更是维持居委会动力的重要来源，在这个意义上，负担更应被视作维系居委会内在动力的结构性力量以及基层治理体系中的常态化要素。本文只是初步展示了这层意义，对居委会负担的研究仍然需要更为深入详细的考察。

参考文献

伯兰德，阿兰纳、朱健刚，2007，《公众参与与社区公共空间的生产——对绿色社区建设的个案研究》，《社会学研究》第 4 期。

耿敬、姚华，2011，《行政权力的生产与再生产——以上海市 J 居委会直选过程为个案》，《社会学研究》第 3 期。

桂勇、崔之余，2000，《行政化进程中的城市居委会体制变迁——对上海市的个案研究》，《华中理工大学学报》（社会科学版）第 3 期。

郭圣莉，2006，《居民委员会的创建与变革：上海市个案研究》，中国社会出版社。

金桥，2010，《基层权力运作的逻辑：上海社区实地研究》，《社会》第 3 期。

林尚立，2003，《社区民主与治理：案例研究》，社会科学文献出版社。

闵学勤，2009，《转型时期居委会的社区权力及声望研究》，《社会》第 6 期。

吴永红，2009，《非对称性依赖结构下的居委会及其行动策略——上海市 L 街道居委会减负的个案研究》，博士学位论文，上海大学。

姚华、王亚南，2010，《社区自治：自主性空间的缺失与居民参与的困境——以上海市 J 居委会"议行分设"的实践过程为个案》，《社会科学战线》第 8 期。

朱健刚，2010，《社区组织化参与中的公民性养成——以上海一个社区为个案》，《思想战线》第 2 期。

Read, Benjamin. 2003. "Democratizing the Neighborhood? New Private Housing and Homeowner Self-organization in Urban China." *The China Journal* (49): 31–59.

社会组织篇

城市居民社会组织参与度及其影响因素的分析

——基于社会质量的视角[*]

杨城晨[**]

改革开放四十多年以来，中国的经济社会发生了翻天覆地的变化。随着改革开放的不断深入，我国现阶段已经进入了重要战略机遇期和社会矛盾凸显期，加强社会组织建设和社会管理创新具有重要意义。随着社会组织建设和社会管理创新的发展，单纯由政府提供社区公共物品已经远远不能满足社区居民的需求。在社会发展的过程中，社会组织更具有集中社会资源、发动社会公众等方面的优势。

党的十八大报告提出"在改善民生和创新管理中加强社会建设""加快推进社会体制改革""加快形成政社分开、权责明确、依法自治的现代社会组织体制"等一系列思想，党的十八届三中全会后国务院又推出放开城乡服务类等的四类社会组织登记的重要举措，说明当前政府和社会已经充分认识到社会组织对社会的稳定与发展起到非常重要的作用。必须指出的是，社会组织的壮大离不开广大居民的参与，没有居民的投身参与，社会组织的发展就如同无源之水、无本之木，失去其存在、发展和壮大的土壤，也就失去了其对社会发展的重要意义。在社会转型时期，人们对于公共事务的关注度也越来越高，人们想表达、想参与，却处于一种流沙般的无序状态，不同于过去的计划经济时期，现在"单位人"转变成了社会人，社会形态也正在从紧密型和高度组织化迅速走向松散型和非组织化，公众与居民参与社会组织逐渐成为社会发展与公众参与的一项重要议题（侯非，2013）。因此，笔者认为，运用社会质量理论的视角，研究城市居民

---

[*] 原文发表于《社会学》2015年第3期。
[**] 杨城晨，华东政法大学社会发展学院讲师，研究方向为社会分层与社会不平等。

社会组织的参与程度，探讨影响其参与度的相关因素，从而促进公民积极投入发展社会组织的进程，具有重要的理论价值和紧迫的现实指导意义。

一 文献综述

长期以来，国内外学者对于社会组织与居民参与的研究集中在政治学和管理学等领域，理论性研究较多，经验性研究较少，在环保、扶贫、行业管理、社区建设等领域出现了较多的成果。笔者认为，当前的研究主要有以下几个特征。一是从总体上看，社会组织、民间组织、第三部门、非政府部门越来越受到学术界的关注，例如，周澜（2013）从当前中国社会的现实条件出发，分析了"第三部门"在中国兴起所具备的初步基础和必要条件。周澜认为"总体性社会"的解体为第三部门发展提供了"自由活动空间""自由流动资源"；"个人权利"意识的觉醒和不同利益群体的分化，为其发展提供了"主体性要素"和群众基础；公共"智识群体"在行为上的示范、引导和理论上的论证、宣传，推动了其发展，因此"第三部门"在中国现实语境下兴起是一种必然的趋势（周澜，2013）。二是从管理角度探讨了社会组织的功能与作用，孙立平等（1999）从动员的参与角度进行了第三部门募捐机制的个案研究，探讨了第三部门对帮扶济困、减少社会矛盾和促进社会参与的巨大作用，还有学者分别从政治参与、公民参与、民主管理和民主监督等方面做了论述，认为社会组织对现代民主政治的实现有巨大的推动作用，是实现治理与善治的有效途径，是构建市民社会的重要力量。

随着社会组织自身的发展，西方国家对社会组织的研究也逐渐系统化。目前，西方国家对社会组织在社会生活中的作用和公民参与都已经做了较为深入细致的研究。有学者从社会组织的功能上论证了其存在的必要性，认为政府的产生要比社会组织晚，政府是"志愿失灵"滞后的衍生制度，是在社会组织提供的服务不能满足公众需要的情况下介入的，公民参与社会组织是满足自身需要的必然举措。韦斯布罗德（Weisbrod，1975）最早从政府失灵和市场失灵的角度来解释社会组织存在的原因，他运用剩余分析的方法来论证社会组织存在的必要性。他认为政府、市场和非营利部门三者在满足个人物品的需求（包括公共物品和私人物品）方面存在互补性，社会组织的发展和公民的积极参与有助于满足社会需求，提升公共服务的质量。

笔者认为，以往对社会组织的研究都偏重于组织的产生、功能及发展，而对公民参与的研究较少，更多的是关注社会组织这一客体，而忽视了人的主体性作用。社会组织的主体是人，社会组织的行动是人的参与性行动，社会组织的功能和目标指向人的需求和发展。因此，在笔者看来，起源于欧洲的社会质量理论可以为我们提供一种全新的视角来研究公民对社会组织的参与性。

根据欧洲学者的定义，社会质量（social quality）是指"人们能够在多大程度上参与其共同体的社会与经济生活，并且这种生活能够提升其福利和潜能"（Beck et al., 2001）。按照欧洲社会质量理论家们的观点，这些福祉和潜能都源自社会交往和社会参与，因此，他们关注的焦点是社会关系的质量对促进参与社会发展以及个人进步和发展的程度，没有社会关系将不会有个人的福祉与发展（张海东、丛玉飞，2011）。

在社会质量学者看来，社会质量的本体论奠基于人在本质上是社会的存在，而不是原子化的经济人的假定观点之上。这种观点认为人的自我实现有赖于社会认可，也就是说，人的自我实现源于他们在广泛的集体认同中与他人的互动（张海东、石海波、毕婧千，2012）。因此，为了参与这些过程，人们必须具有自我反应能力，并且与之互动的集体认同必须是开放的。"社会性"就根植在这些相互依赖的过程中。另外，社会质量理论关注的是生活在发展变化的社会中的行动者，其出发点是消解社会发展与个体发展的矛盾，解决系统世界与生活世界的冲突，从而改善社会状况，提升个人的幸福感和发展潜力，说到底，就是要解决人的能力和福祉问题，也就是社会如何为个体提供制度性保障以利于人的自主发展（张海东，2010）。所以，笔者认为运用社会质量理论的视角，公民参与社会组织这一行为就能深刻体现人在社会机构中与他人的互动和形成的集体认同与自我认同，能够充分体现人的"社会性"这一视角，凸显了在社会组织参与中人的主体地位，指向人的需求和发展。

社会质量的概念包含四个条件性因素，也就是其维度。一是社会经济安全，指人们获取可用来提升个人作为社会人进行互动所必需的物质资源和环境资源的可能性。社会经济安全指向的是社会正义，以抗拒社会给个人造成的风险。二是社会凝聚，指以团结为基础的集体认同，揭示的是共享的价值和规范基础上的社会关系的本质，考察一个社会的社会关系在何种程度上能保有整体性和维系基本价值规范。三是社会包容，指人们接近那些构成日常生活的多样化制度和社会关系的可能性，人们在何种程度上可以获得来自制度和社会关系的支持。社会包容关乎个体平等的权利和价值，以减少社会排斥。四是社会赋权，指个人的力量和能力在何种程度上通过社会结构发挥出来，社会关系能在何种程度上提高个人的行动能力。社会赋权关注的是社会为个人发挥自身能力而提供的生活机会是否公平，它指向人的尊严（张海东，2011）。社会质量测量在每个领域下又区分了不同的子领域，并为每个子领域设定了具体的指标。许多学者在社会质量理论和指标体系下取得了许多开创性的研究成果，如林卡等（2010）在浙江进行的社会信任和社会质量的经验性调查，金桥（2012）基于社会质量数据进行的上海居民文化资本与政治参与的研究，以及孙秀林等（2012）对上海外来白领生存压力与社会信心的调查等，都对本研究产生了一定借鉴和参考作用。

但不可否认的是，国内关于社会质量的经验性研究仍然处于起步阶段，许多研究领域仍是一片空白，对一些理论和概念的把握和理解仍有争议。例如，在社会组织参与这一指标上，袁浩、马丹（2011）对于上海市民主观幸福感的研究中，将居民是否参加了体育或娱乐团体，艺术、音乐、教育或文化团体，工会、职业协会、非政府组织、业主委员会等社会组织的因素归入社会包容领域，在这里，研究者强调的是社会组织能够使居民获得尊重和支持，使其融入更广阔的外部社会空间。另有一部分学者将社会组织参与纳入社会赋权领域，因为社会赋权意味着增能，包括通过社会关系的增进来推动人们社会行动能力的提高，在参与社会、经济、政治和文化活动中，个体所具有的能力以及个人对自己行动能力的认知程度（徐延辉、兰林火，2014）。在本研究中，笔者将从社会质量理论的视角，研究当前中国城市居民参与社会组织的状况，从社会经济安全、社会凝聚、社会包容和社会赋权四个维度着重探讨影响居民社会组织参与度的相关因素，并试图给出促进居民参与社会组织的相关建议。

二 数据来源和研究发现

本研究采用的数据是上海大学上海社会科学调查中心于2012年度在上海、广东、吉林、河南、甘肃、云南6省市进行的社会发展和社会建设的入户问卷调查，共获得5745个样本。考虑到当前社会组织发展不平衡的状况，农村地区社会组织正处于萌芽阶段，农村居民社会组织参与度较低且同质性较高，笔者在本研究中仅研究城市居民的社会组织参与情况，删除了样本中居住在农村的居民，共获得3271个样本。其中，男性占49.3%，女性占50.7%；民族分布方面，汉族占93.1%，少数民族占6.8%；平均年龄为42.50岁，极小值为17岁，极大值为70岁。在受教育程度方面，以初中学历的人数最多，占26.8%，其次分别为普通高中、大学本科和大学专科。其人口统计指标与公布的数据吻合度极高，说明此次调查获得的数据具有较强的代表性。

（一）居民参与社会组织的基本情况

诸多研究表明，中国社会中单位/企业是社会组织依托发展的主要地点。在工作网络仍在居民社会网络中占据重要地位的当前，参加工作单位的社会组织是居民参与社会组织的一个主要途径。在本研究中，笔者考察了单位/企业中工会类组织、互助类组织、公益类组织、娱乐性组织/兴趣团体和专业性组织是否存在，受访者是否为其成员以及参与的频率。具体情况见表1。

表1 单位/企业中城市居民参与社会组织的情况

单位：人，%

	组织存在	是其成员	参与情况			
			基本不	偶尔	有时	经常
工会类组织	1455（44.5）	874（26.7）	537（16.4）	362（11.1）	211（6.5）	362（11.1）
互助类组织	486（14.9）	212（6.5）	322（9.8）	131（4.0）	74（2.3）	84（2.6）
公益类组织	439（13.4）	160（4.9）	309（9.4）	131（4.0）	56（1.7）	77（2.4）
娱乐性组织/兴趣团体	548（16.8）	219（6.7）	332（10.1）	147（4.5）	68（2.1）	109（3.3）
专业性组织	371（11.3）	130（4.0）	309（9.4）	90（2.8）	36（1.1）	68（2.1）
	$N=3271$		$p=0.000$			

从表1中可以看出，目前在单位/企业中社会组织的分布较不平衡，工会类组织分布较多（占44.5%）而其余社会组织分布较少。不容乐观的是，城市居民参与社会组织的程度普遍较低，分布最多的工会类组织，是组织成员的受访者仅有874人，占样本的26.7%。其中，表示经常参与的仅占11.1%，为362人。此外，城市居民在单位中对于互助类组织、公益类组织、娱乐性组织/兴趣团体和专业性组织参与度极低，在这四类组织

中，参与度最高的娱乐性组织/兴趣团体，是其成员的仅为6.7%，而经常参与该类组织的受访者仅占样本数的3.3%。卡方检验的结果表明，居民对不同社会组织之间的参与度有着显著的区别（$p=0.000$）。

社会质量的社会包容领域指向的是人们在何种程度上可以获得来自制度和社会关系的支持，关注的是个体平等的权利和价值，以减少社会排斥。在这次问卷调查中，受访者需要回答是否通过上述组织向单位和政府机关提出以下意见：个人或家庭生活困难、单位管理中存在问题、单位中的人事安排、社会公共事务中的问题以及政府政策问题。频次分析的结果表明，当前居民参与的社会组织并不能有效地发挥社会支持的作用，只有极少数的受访者通过社会组织反映个人生活或者社会事务的问题，且多集中在单位事务方面，而对于社会公共事务和政府事务方面的意见更少（见表2），另外有部分居民选择了"有意见，没提"，充分说明了居民参与社会组织的效用性以及社会组织对居民的支持作用亟须加强。

表2 城市居民向社会组织反映意见的情况

单位：人，%

	没有意见	提过意见	有意见，没提
个人或家庭生活困难	1393（79.4）	123（7.0）	238（7.3）
单位管理中存在问题	1277（72.8）	231（13.2）	246（14.0）
单位中的人事安排	1351（77.0）	156（8.9）	247（14.1）
社会公共事务中的问题	1446（82.4）	88（5.0）	220（12.5）
政府政策问题	1464（83.5）	55（3.1）	235（13.4）

此外，在工作单位以外和社区中，居民参与社会组织的程度更低，仅有123名受访者回答在单位之外参加了社会组织，占样本数的3.8%，参与其他社会组织数量的均值仅为0.06个，标准差为0.358。另有99名受访者回答在其居住的社区中参与了社会组织，占3.0%，均值为0.04个，标准差为0.232（见表3）。这些统计数据无不说明着当前我国社会组织发展仍处在起步阶段，居民参与社会组织的程度非常低，社会需要给社会组织的成长与发展以一片合适的土壤，广大城市居民也亟须增强自身参与社会组织的意识。

表 3 城市居民参与其他社会组织和社区组织的情况

单位：个，%

	其他社会组织		社区组织	
	个案数	有效百分比	个案数	有效百分比
0	3148	96.2	3172	97.0
1	85	2.6	82	2.5
2	20	0.6	11	0.3
3	13	0.4	6	0.2
4 个及以上	5	0.2	0	0
其他社会组织	$N=3271$	$M=0.06$	$SD=0.358$	
社区组织	$N=3271$	$M=0.04$	$SD=0.232$	

为了有效研究城市居民的社会组织参与度，并探讨影响居民社会组织参与度的相关因素，笔者对问卷中涉及居民参与社会组织的问题进行了定距化处理。受访者回答是某一社会组织成员赋值为 1，否则为 0，并与其参加工作单位以外的社会组织数量和参加的社区组织数量相加，得到的结果为社会组织参与度。结果显示，在 3271 个样本中，社会组织参与度的极小值为 0，极大值为 12，均值为 0.583，标准差为 1.11。

（二）影响居民社会组织参与度的相关因素

1. 社会经济安全

社会经济安全反映的是人们所掌握的经济资源的多寡，其指向的是社会正义，用以对抗社会造成的风险。以往的某些研究结果显示，人们的许多社会行动都与自身的社会经济保障水平相关。在本研究中，笔者运用个人收入以及住房保障两个指标来测量社会经济安全是否对居民的社会组织参与度产生了显著影响。由于样本中个人收入的取值范围过大，为了消除其可能对 OLS 回归模型产生的偏差，笔者将其转化为以 e 为底的对数纳入模型。另外，在住房保障方面，笔者将受访者的自有住房设定为 1，租房与其他情况设定为 0，回归分析结果见表 4。

表 4 社会组织参与度与社会经济安全的回归分析（模型 1）

	非标准化系数		Sig.
	B	标准误	
常量	−1.311	0.256	0.000

续表

	非标准化系数		Sig.
	B	标准误	
收入对数	0.174	0.025	0.000
自有住房[a]	0.345	0.050	0.000
F = 49.203	p = 0.000	调整后 R^2 = 0.040	

注：a. 参考类别为租房。

从表4中可以看出，社会经济安全的两项指标确实会对城市居民的社会组织参与度产生影响。从非标准化系数来看，收入越高的居民和拥有自有住房的居民，较收入低和租房的居民的社会组织参与度高，这个趋势在统计上是显著的（p = 0.000）。也就是说，居民的社会组织参与度与社会经济安全呈正相关。然而必须注意的是，此模型调整后的 R^2 仅有0.040，只能解释总体方差的4.0%，这意味着社会经济安全这一领域并不是影响居民社会组织参与度的主要因素。

2. 社会凝聚

社会凝聚指的是一个社会在何种程度上可以看作一个有着共同规范和价值观的实体。社会凝聚的一个重要方面就是社会信任。较高的社会信任通常与较少的社会冲突、较高的社会安全感和较强的非正式社会网络紧密联系在一起。社会团结可以通过社会信任的要素来反映，例如，林卡认为在社会质量的国别研究中，需要考察各社会中人们所具有的社会信任的类型、程度以及人际信任与制度性信任之间的联系（林卡，2011）。而对于社会组织，由于组织中的参与者存在异质性，人们的信任度就显得尤为重要。在本研究中，笔者应用社会质量理论，将信任区分为一般信任、亲密信任、特殊信任和机构信任，并以此分析其对社会组织参与度的影响。

一般信任是指受访者总体上认为社会上的大部分人是值得信任的还是需要小心。笔者将"值得信任的"赋值为1，"需要小心的"赋值为0。亲密信任反映的是对亲密关系联系者的信任程度，如家人、邻居、老乡和朋友。特殊信任反映了对某些特定人群的信任程度，如医生、警察、教师和政府官员。机构信任是指对政府机关和社会机构的信任程度，如政府、军队、司法机关、慈善团体等。在问卷中采用李克特量表来测量受访者对这四类人的信任程度，为了统计方便，笔者将"完全信任"赋值为5，"比较信任"赋值为4，"一般"赋值为3，"不太信任"赋值为2，"完全不信任"赋值为1，分别计算各类信任的总分。

另外，社会凝聚的另一重要子域就是社会契约。在此，社会质量指标反映了社会成员对待贫困的认识是个人的还是结构因素导致的，指向了社会整合的规范和价值规范对社会弱势群体的支持。在问卷中，受访者通过回答是否愿意从收入中扣除10%去改善失业者、残疾人等7类人的生活状况来反映他们的态度。由于受访者可能对7类人存在不同的支持态度，笔者运用主成分分析法进行了因子分析。经过最大方差法旋转后，发现有两个主要因子，受访者对孤儿、灾民、残疾人和老年人的支持态度相近，将其归为一类因子并命名为先赋弱势支持因子，而失业者、乞丐和穷人的支持度为另一类因子，将其命名为后致弱势支持因子（见表5）。因子分析的KMO度量为0.869，Bartlett's球形检验为0.000，因子分析适合建立。

表5　社会支持因素的因子分析

	因子负载		共量
	先赋弱势支持因子	后致弱势支持因子	
孤儿	0.871	0.165	0.744
灾民	0.848	0.148	0.749
残疾人	0.806	0.316	0.693
老年人	0.740	0.382	0.745
失业者	0.244	0.827	0.785
乞丐	0.127	0.821	0.742
穷人	0.350	0.789	0.690
特征值	3.994	1.155	5.149
已解方差（%）	57.053	16.495	80.622

为了探讨社会凝聚因素对居民社会组织参与度的影响，笔者将一般信任、亲密信任、特殊信任、机构信任的得分以及对弱势群体社会支持的两个因子纳入OLS回归模型，统计结果见表6。

表6　社会组织参与度与社会凝聚的回归分析（模型2）

	非标准化系数		Sig.
	B	标准误	
常量	−0.214	0.204	0.294
一般信任	0.067	0.041	0.100
亲密信任	0.042	0.013	0.002

续表

	非标准化系数		Sig.
	B	标准误	
特殊信任	-0.001	0.010	0.915
机构信任	0.005	0.005	0.375
先赋弱势支持因子	0.081	0.020	0.000
后致弱势支持因子	-0.029	0.020	0.141

$F = 7.651$，$p = 0.000$，调整后 $R^2 = 0.012$

根据表6的结果，笔者发现城市居民的社会组织参与度在统计上与特殊信任和机构信任没有显著相关性，与一般信任的相关性只在0.1的置信水平上显著，而与亲密信任显著相关。对家人、朋友等亲密关系越信任的居民，其社会组织参与度越高。另外，居民对孤儿、灾民、残疾人等由于先赋性因素而成为弱势群体的群体表达的社会支持越强烈，其社会组织参与度就越高。必须指出的是，此模型调整后的 R^2 系数较低，解释比较有限。

3. 社会包容

社会包容主要反映人们在何种程度上可以获得来自制度和社会关系的支持，社会成员如何通过各种制度融入社会生活中。社会包容也称社会融入，是指个体融入社会关系当中，免于社会排斥。有研究成果发现家庭和朋友给予过高的社会支持有时会限制人们融入更广阔的外部社会（袁浩、马丹，2011），因此，社会包容程度的高低，会直接影响居民的社会组织参与度。

社会包容的对立面就是社会排斥，人们必须体验到社会包容性，或者让人们感受到来自如劳动力市场等方面的关键性社会和经济生活中的社会排斥被限定在最低限度内。在本研究中，笔者用"以下人群类别中，您不希望与哪些人做邻居"来测量社会排斥，选项中有吸毒者、外地劳工/移民、同性恋者等7类人。回答"不希望"的赋值为1，"无所谓"的赋值为2。由于这7类人中有着显著的异质性，笔者同样运用主成分分析法进行了因子分析，经过最大方差法旋转后，发现有两个主要因子，外地劳工/移民和穷人为一类因子，将其命名为普通排斥因子，而吸毒者、同性恋者、有犯罪记录者、精神病患者和性工作者为另一类因子，将其命名为特殊排斥因子。因子分析的KMO度量为0.793，Bartlett's球形检验为0.000，因子分析适合建立（见表7）。

表7　社会排斥因素的因子分析

	因子负载		共量
	特殊排斥因子	普通排斥因子	
精神病患者	0.756	0.016	0.521
性工作者	0.733	0.128	0.664
吸毒者	0.720	-0.055	0.440
有犯罪记录者	0.678	0.181	0.492
同性恋者	0.585	0.312	0.571
穷人	-0.008	0.827	0.554
外地劳工/移民	0.198	0.791	0.684
特征值	2.689	1.238	3.927
已解方差（%）	38.412	17.682	56.095

此外，社会包容还包括社会联系强度和社会歧视程度。在问卷中，受访者通过回答与亲属、朋友和同事三类人员的直接或间接保持私人联系的频率来测量社会联系强度。笔者将"一年多次"赋值为4，"至少一周一次"赋值为3，"至少每月1次"赋值为2，"一年几次"赋值为1，"从不"赋值为0。将受访者与这三类人联系频率得分相加得到社会联系强度，分值越高，社会联系越强。在社会歧视程度方面，问卷询问受访者在过去12个月中是否出于以下几种原因而受到过歧视：社会地位低、身体残疾、出生地、学历、疾病和户籍。回答"有"为1，"没有"为0，累积相加为社会歧视程度。笔者将社会排斥因子、社会联系强度和社会歧视程度纳入OLS回归模型（见表8），统计结果表明，居民的社会组织参与度和社会歧视程度有着显著性关系，社会歧视程度越低，社会组织参与度越高；另外，笔者的研究显示社会组织参与度与社会联系强度呈现一种正相关的关系，这与某些研究得出了相左的结论。该回归模型调整后的R^2达到了0.140，能够解释总体14.0%的方差，模型解释力较强。

表8　社会组织参与度与社会包容的回归分析（模型3）

	非标准化系数		Sig.
	B	标准误	
常量	0.299	0.067	0.000
特殊排斥因子	-0.012	0.019	0.546
普通排斥因子	0.025	0.019	0.199

	非标准化系数		Sig.
	B	标准误	
社会联系强度	0.040	0.008	0.000
社会歧视程度	-0.060	0.028	0.030
$F = 7.594$	$p = 0.000$	调整后 $R^2 = 0.140$	

4. 社会赋权

社会赋权即增能，主要是指通过给予个体培训和选举等各种机会，使个体能够利用这些机会参与到社会生活中。社会赋权关注的是社会为个人发挥自身能力而提供的生活机会是否公平，它指向人的尊严。另外，社会赋权主要包含民众获得政治资讯、信息的容易程度以及民众参政议政的权利等指标，考察人们参与社会事务的能力、意愿与积极性（林卡，2011）。因此，在本研究中，笔者运用自致成功性、自主表达意见和政治参与来测量社会赋权因素对社会组织参与度的影响。

问卷设计中通过一个人认为是否有可能通过自己的努力获得更高的社会或经济地位来测量，笔者将"非常有可能"赋分为5，"非常不可能"为1。同理，在自主表达意见方面，由"完全能自主表达"的5分渐减到"完全不能自主表达"的1分。在政治参与方面，笔者用过去是否参与过在请愿书上签名、参与抵制行动、参与游行等6类政治性行动来测量受访者的政治参与。回答"参与过"的赋值为1，否则为0，并计算其总分。最后，笔者将三类变量纳入OLS模型（见表9）。

表9 社会组织参与度与社会赋权的回归分析（模型4）

	非标准化系数		Sig.
	B	标准误	
常量	0.440	0.108	0.000
自致成功性	-0.041	0.023	0.076
自主表达意见	0.047	0.024	0.045
政治参与	0.222	0.023	0.000
$F = 31.781$	$p = 0.000$	调整后 $R^2 = 0.165$	

从表9中可以看出，在社会赋权领域中，居民社会组织参与度与居民自主表达意见和政治参与呈正相关关系。居民感受到自身表达意见的自由

度越大,其以往参与的政治性活动越多,社会组织参与度就越高。该模型调整后的 R^2 为 0.165,可以解释总体 16.5% 的方差,说明社会赋权领域与社会组织参与度是高度相关的。社会赋权的一个方面就是指通过社会关系的增进来推动人们社会行动能力的提高,居民认识到个体所具有的社会行动能力,对其参与社会、经济、政治和文化活动是大有帮助的。

5. 综合因素

根据勒温(1997)的场论思想,个体行为是个体与环境二者的函数。个体的行为既与个体本身的特点有关,又与个体当时所处的社会环境有关。因此,居民的社会组织参与度,不仅跟当前的社会经济安全、社会凝聚、社会包容和社会赋权等社会环境因素相关,也和他们的个体特征相关。为了测量个体特征对居民社会组织参与度的影响以及个体特征和社会质量因素的综合影响,笔者将个体特征因素作为自变量和控制变量分别纳入 OLS 模型。

由于性别、年龄、婚姻状况、受教育程度、地区等个体特征因素多是定类变量,笔者对其进行了虚拟变量处理。性别中以女性作为参考类别,婚姻状况以未婚、丧偶和其他作为参考类别,将受教育程度近似转化为受教育年限这一定距变量,"没有受过任何教育"赋值为 0,"私塾和小学"赋值为 6,"初中"赋值为 9,"普通高中、职业高中、技校"赋值为 12,"大学专科"赋值为 15,"大学本科"赋值为 16,"研究生"赋值为 19。在政治面貌方面,以非党员为参考类别,考察党员因素是否对居民社会组织参与度造成了影响。地区因素中,以吉林省的样本为参考类别。为了统计方便,笔者将职业类别简化为机关企事业单位领导及管理人员、专业技术人员、一般办事人员、工人和个体户五类,并以机关企事业单位领导及管理人员为参考类别。统计结果见表 10。

表 10 影响城市居民社会组织参与度的多元回归分析

	模型 5	模型 6
常量	-1.218*** (0.203)	-2.784*** (0.498)
男性[a]	-0.094** (0.036)	-0.102* (0.049)
年龄	0.023* (0.010)	0.028* (0.014)
年龄的平方	-6.470E-5 (0.000)	0.000 (0.000)
已婚[b]	0.010 (0.067)	0.023 (0.079)

续表

	模型 5	模型 6
党员	0.500*** (0.054)	0.532*** (0.066)
地区[c]		
甘肃省	0.176* (0.070)	0.022 (0.087)
云南省	0.165* (0.069)	0.064 (0.094)
广东省	-0.014 (0.058)	-0.133 (0.079)
上海市	0.336*** (0.055)	0.234** (0.076)
河南省	0.126 (0.067)	0.073 (0.090)
受教育程度	0.058*** (0.006)	0.051*** (0.008)
职业[d]		
专业技术人员	0.170*** (0.023)	0.128*** (0.030)
一般办事人员	0.122** (0.046)	0.073 (0.059)
工人	0.144** (0.049)	0.137* (0.063)
个体户	-0.174** (0.064)	-0.206* (0.080)
社会经济安全		
收入对数		0.071* (0.028)
自有住房[e]	0.053 (0.050)	
社会凝聚		
一般信任		0.007 (0.048)
亲密信任		0.030 (0.016)
特殊信任		0.010 (0.011)
机构信任		0.005 (0.006)
先赋弱势支持因子		0.071** (0.024)
后致弱势支持因子		0.001 (0.024)
社会包容		
特殊排斥因子		-0.009 (0.024)
普通排斥因子		0.055 (0.024)
社会联系强度		0.037*** (0.011)
社会歧视程度		-0.093* (0.018)
社会赋权		
自致成功性		0.044*** (0.028)
自主表达意见		0.152 (0.028)
政治参与		0.188*** (0.029)

续表

	模型 5	模型 6
调整后 R^2	0.159	0.203
N	3271	3271

注：系数为非标准化系数，括号内为标准误。$^{***} p<0.001$；$^{**} p<0.01$；$^{*} p<0.05$。a. 参考类别为女性；b. 参考类别为未婚、丧偶和其他；c. 参考类别为吉林省；d. 参考类别为机关企事业单位领导及管理人员；e. 参考类别为租房。

模型5反映了受访者的个体特征对社会组织参与度的影响。研究结果显示，男性较女性社会组织参与度更低，党员较非党员的社会组织参与度更高。而在地区差异方面，相较于吉林省，上海市居民社会组织参与度明显较高。这可能意味着在更为现代的地区，社会组织的数量较多，居民对社会组织的参与意愿也较高。另外，受教育程度对居民社会组织参与度起着显著正向作用，职业在影响社会组织参与度方面也起着显著作用，相较于机关企事业单位领导及管理人员，专业技术人员、一般办事人员和工人的社会组织参与度都较高，而个体户的社会组织参与度较低。这可能与其职业特点有着较为密切的亲和性关系。

模型6将个体特征因素作为控制变量，考察了社会质量四个维度的指标对社会组织参与度的综合影响。结果发现，居民的社会组织参与度与收入、先赋弱势支持因子、社会联系强度、自致成功性和政治参与显著相关。模型调整后的 R^2 达到了0.203，具有极高的解释力。研究证明了居民的社会组织参与度，并不是仅受到社会质量一个或两个领域的影响，而是受到社会质量整体的影响，提高社会组织参与度，必须从提高社会质量本身来考虑。

三　结论与对策

基于2012年社会质量与社会发展的调查数据，笔者考察了社会质量的各个维度对社会组织参与度的影响。结果显示，社会经济安全、社会凝聚、社会包容和社会赋权四个领域都在不同程度上影响着居民的社会组织参与度。

在社会经济安全方面，收入因素是决定居民是否参与社会组织和参与程度的重要因素。马斯洛关于人的需要层次理论认为，人的最低层次需要是生理的需要，然后是安全的需要，之后才能去追求情感和归属的需要、尊重的需要和自我实现的需要。因此，居民只有确保收入水平能够维持自我和家庭体面的生活，才会有意愿去参与各种社会组织，去维护自身利益，追寻人的发展。

在社会凝聚方面，影响居民社会组织参与度的一个重要因素，是那些更愿意帮助残疾人、老年人、孤儿和灾民等先赋因素造成的弱势群体的居民，其社会组织参与度较高。一种可能的解释是，这种社会支持的意愿促使他们参与社会组织去帮助社会中的弱势群体，社会组织的社会性和公益性在此得以体现。

在社会包容方面，社会联系强度反映了个人的社会融入程度。与理论相符合的是，个人的社会联系越强，表现出的"社会性"越强，其社会组织参与度就越高。而社会歧视作为一种社会失范，会提升居民对社会的不认同感，不利于增强其参与社会组织的意愿。

在社会赋权方面，社会赋权在本研究中分别对应着自致成功的可能性、政治参与性和公开表达意见的能力。从社会赋权的意义上说，社会为个人发挥自身能力而提供的生活机会是否公平，指向人的尊严。在一个高质量社会，人们理应享有较高的表达自由和政治参与度，这些是与社会组织参与度紧密相关的。没有政治赋权，也就没有"公民参与"的社会组织。

社会质量理论的出发点是消解社会发展与个体发展的矛盾，从而改善社会状况，继而提升个人的福利和潜力。因此，社会质量的理论框架和实证结果也有助于相关政府部门制定促进社会和谐发展的社会政策（袁浩、马丹，2011）。在笔者看来，要提高居民社会组织参与度，其一是要继续关注居民的收入水平和生活状况，提升居民的社会保障水平，同时促进收入公平分配，使其不必为生计而奔波，使全体人民享受到经济发展的成果，"老有所养"、"病有所医"、安居乐业，沐浴在体面生活的阳光之下。其二是要构建稳固有效的社会支持网络和社会包容体系，加强居民的包容和理解，努力营造反对歧视、关爱弱势群体的社会氛围，加强对社会组织在促进社会公平、消解社会隔阂中的重要作用的宣传，使居民认识到社会组织在社会中发挥的巨大作用，增强其参与的意愿和信心。其三是政府要有效地加强社会政治职能，大力鼓励、促进社会组织的培育和成长，破除影响社会组织发展的种种障碍，使社会组织成为民众与政府、社区与社会之间沟通互动的有效桥梁，为民众的话语提供平台。相信在不久的将来，社会组织会迎来属于自己发展成长的温暖的春天！

参考文献

陈洪涛、王名，2009，《社会组织在建设城市社区服务体系中的作用——基于居民参与型社区社会组织的视角》，《行政论坛》第 1 期。

侯非，2013，《社会组织参与社会治理路径研究》，硕士学位论文，西南大学。

金桥，2012，《上海居民文化资本与政治参与——基于上海社会质量调查数据的分析》，《社会学研究》第 4 期。

勒温，库尔特，1997，《拓扑心理性原理》，竺培梁译，浙江教育出版社。

林卡，2011，《社会政策创新与社会质量研究》，《国际学术动态》第 3 期。

林卡、柳晓清、茅慧，2010，《社会信任和社会质量：浙江社会质量调查的数据分析与评估》，《江苏行政学院学报》第 4 期。

刘杰、田毅鹏，2010，《本土情境下中国第三部门发展困境及道路选择》，《社会科学研究》第 5 期。

罗帅，2013，《社区治理理论视角下城市社区居民参与研究——以杭州市城厢街道为例》，硕士学位论文，浙江工商大学。

潘超，2012，《我国社会组织参与社会管理研究》，硕士学位论文，苏州大学。

孙立平、晋军、何江穗、毕向阳，1999，《动员与参与——第三部门募捐机制个案研究》，浙江人民出版社。

孙秀林、陈群民、李显波，2012，《上海外来白领生存压力与社会信心调查》，《科学发展》第 8 期。

沃克，艾伦，2010，《社会质量取向：连接亚洲与欧洲的桥梁》，张海东译，《江海学刊》第 4 期。

徐延辉、兰林火，2014，《社会质量视域下城市居民创新意识研究》，《山东社会科学》第 2 期。

袁浩、马丹，2011，《社会质量视野下的主观幸福感一基于上海的经验研究》，《吉林大学社会科学学报》第 7 期。

张海东，2010，《从发展道路到社会质量：社会发展研究的范式转换》，《江海学刊》第 3 期。

张海东、丛玉飞，2011，《社会质量与社会公正——社会发展研究的重要议题》，《吉林大学社会科学学报》第 4 期。

张海东，2011，《从社会质量看国民幸福》，《文汇报》4 月 4 日，第 4 版。

张海东、石海波、毕婧千，2012，《社会质量研究及其新进展》，《社会学研究》第 3 期。

赵怀娟，2011，《"社会质量"的多维解读及政策启示》，《江淮论坛》第 1 期。

周澜，2013，《"第三部门"在中国兴起的必然性分析》，《新西部》（理论版）第 11 期。

Beck, Wolfgang, Laurent J. G. vander Maesen, Fleur Thomese, and Alan Walker (eds). 2001. *Social Quality: A Vision for Europe*. The Hague/London/Boston: Kluwer Law International.

Weisbrod, B. A. 1975. "Toward a Theory of the Voluntary Nonprofit Sector in a Three-Sector Economy." In *Altruism, Morality and Economic Theory*, edited by E. S. Phelps. New York: Russell Sage Foundation.

项目制与悬浮式社会组织

虞锦美　叶　珩[*]

一　问题的提出

已有研究普遍认同，当前中国社会组织的发展特征与其所处的制度环境密切关联。经过近二十年的讨论，在社会学、政治学等相关学科已经形成一种较为普遍的学理判断，即当前的宏观政策既在引导社会组织有序发展上发挥着积极作用，又导致后者遭遇诸多发展瓶颈。例如，"宏观鼓励、微观约束"（俞可平，2006）、"分类控制"（康晓光、韩恒，2005）都明确指出政府通过注册限制、双重管理、资源控制等方式对社会组织进行管理，并依据政府自身的利益对不同类型的社会组织采取不同的管理方式。

上述判断在很大程度上都立基于1998年国务院通过的《社会团体登记管理条例》和《民办非企业单位登记管理暂行条例》。然而，近年来政府对社会组织的态度已经出现了更为积极的转变，不断释放出鼓励社会组织发展的信号，[①] 社会组织成为创新社会管理体制、"社会协同"的重要主体。在这些更为宽松的政策影响下，当前社会组织所遇到的制度约束、激励和传统上已经有了较大的区别，传统研究所关注的"登记难""资源获取难"等问题都已有较大缓解，地方政府也把发展社会组织作为治理创新的手段和重要突破点。由此，社会组织面对的制度环境已经发生了很大的

---

[*] 虞锦美，上海大学社会学院博士生，主要研究方向为组织社会学、社会组织研究和城市基层治理；叶珩，上海大学社会学院研究生，主要研究方向为组织社会学和社会组织研究。

[①] 党的十六届四中全会提出"加强社会建设和管理，推进社会管理体制创新"；党的十八大提出要"加快形成党委领导、政府负责、社会协同、公众参与、法治保障的社会管理体制"；党的十八届三中全会强调要"创新社会治理体制""激发社会组织活力"，提出"重点培育和优先发展行业协会商会类、科技类、公益慈善类、城乡社区服务类社会组织，成立时直接依法申请登记"。

变化，其所面对的传统制度约束已经有所消解，仅仅关注"登记难"等问题已经不能完整勾勒现今社会组织发展的制度环境。

近年来，以项目的形式购买社会组织服务逐渐成为基层政府发展社会组织的重要制度安排。随着政府职能转变的深化推进，经营性的政府行为转变为以公共服务为本的治理体系，而这一治理理念在财政政策上体现为向基层社会提供公共服务的各类项目措施（渠敬东等，2009；渠敬东，2012）。项目化购买服务的方式为社会组织提供了生存合法性和资源，逐渐成为基层政府与社会组织之间重要的关系纽带。[①] 与此同时，项目制对社会组织发展的影响也越来越凸显，公共服务实质上正在变成以项目评估和项目管理为中心的治理体制（渠敬东等，2009）。在这个意义上，项目制已经成为理解社会组织实际制度环境的重要切入点。质言之，离开了项目制，我们很难理解当前社会组织在实际运行中受到的制度影响。因此，我们要进一步追问，在项目制获得较快发展的当下，社会组织发展究竟会受到怎样的影响？

二 文献与视角

在中国政府治理研究领域，项目制已经成为国家治理体系与政府行为研究的重要线索。既有研究发现，项目制不仅通过自上而下的财政转移支付路径发挥着资源再分配的功能，而且是勾连各层级政府乃至国家与社会的运转机制和治理模式（折晓叶、陈婴婴，2011；周飞舟，2012；渠敬东，2012）。从既有研究来看，项目制本身及其运行过程、运行结果呈现许多与常规科层制不同的特征，对政府行为产生了重要影响。

从项目制本身的构成形态来看，其项目形式天然带有"事本主义"的特征，遵循"一事一议"的设计原则，在资金、内容、流通运转、时间等方面都有严格约束。"事本主义"意在提高效率和可控性，然而在实际运

[①] 例如，S市从2006年开始探索购买社会组织服务，计划在街镇层面进行试点。2007年，S市P区印发《关于进一步转变政府职能　充分发挥街道办事处社会管理综合协调作用的若干意见》的文件，提出街道要注重培育社会组织，通过购买服务、项目管理等契约方式，委托社会组织承接社区公共服务，并率先在两个街道试点社会组织自主管理模式。2011年，S市印发《关于进一步加强本市社会组织建设的指导意见》，提出建立购买服务的机制，逐步扩大购买服务的比例。2012年，S市财政局印发《S市市级政府购买公共服务项目预算管理暂行办法》和《S市市级政府购买公共服务项目目录（2013年度）》，在全市形成政府购买公共服务的制度化机制。

作中往往演变为工具主义，其实质是政府治理理性化进程中所崇尚的绩效思维和技术治理理念的辐射（渠敬东等，2009；周飞舟，2012；李祖佩，2015）。

从项目制的运行过程来看，项目制依托原有的科层制架构运行，委托 - 代理关系贯穿其分级运作模式，蕴含着一统治理与灵活治理的张力（折晓叶、陈婴婴，2011；渠敬东，2012；周雪光，2015）。一方面，在项目制的运作框架内，委托方可以通过项目对管理方或承包方进行统筹和调控，有利于政府内部动员（陈家建，2013；周雪光，2015）；另一方面，项目层层转包的过程反而为管理方、承包方生产和纳入自我利益提供了可能性，因而项目的实践结果与制度预期往往出现背离。例如，研究者发现项目制在基层实践中沦为对利益的追逐和分割（李祖佩，2015），脱离基层实际需求甚至吞噬基层民主（折晓叶、陈婴婴，2011），加剧了基层政府悬浮的趋势（周飞舟，2012）。对于项目制运行过程中呈现的种种问题及其负面效果，研究者达成共识：项目制需要其他配套制度以及相应的价值约束，项目的类型及其所处的环境差异影响项目的运行过程和运行效果（黄宗智等，2014；周雪光，2015；尹利民，2015）。

上述研究主要关注项目制在政府内部的运转过程和运行效果，各层级政府是项目制框架下的行动主体。近年来，已有一些研究注意到政府购买服务过程中的项目现象，社会组织成为项目制框架下的另一类行动主体。研究者发现，项目制在政府购买服务过程中同样遵循"事本主义"的逻辑，发挥着资源配置的功能。政府通过购买社会组织服务项目提高公共服务供给效率，社会组织通过承接项目获得资源和组织发展的空间。与此同时，项目成为政府管理社会组织的新渠道。在以项目为导向的公共服务供给体系中，社会组织类型失衡、彼此分割的趋势进一步加大（陈为雷，2013；王向民，2014）。

已有研究对我们的启示是：项目制已嵌入既有的治理结构从而深受既有治理逻辑的影响，尤其是深受当前政府治理结构和治理逻辑的影响。当我们将项目制放置在政府职能转变背景下观察时，会发现项目制能够赋予各个行动主体更多的资源，但同时也带来了更多隐蔽的约束。例如，从"事本主义"特征来看，项目制天然带有资源约束，如资金、时间和技术约束，不同的项目内容具有不同配置的资源约束诉求。资源约束加强了委托方直接管控的能力，即使这种管控能力在项目制实际运作的过程中常常表现为"弱能力"。从项目制运行过程中的委托 - 代理关系来看，项目制带有排他性的关系约束,委托人与代理人共同构成一个封闭和制度化的关系网络。从项目制引发的种种非预期后果来看,项目制需要其他配套机制的约束,例如价值约束或外部监督机制。制度化的外部约束可以降低项目制背离制度预期的程度,进而增强项目制的正效应。

当带有上述约束特征的项目制成为基层政府与社会组织之间最重要的联系制度时,社会组织会受到怎样的影响? 本文尝试通过描述和分析政府职能转变背景下 A 街道购买社会组织服务的项目化运作过程来回答上述问题。本文的研究资料来源于笔者在 2013～2014 年对 A 街道购买社会组织服务实践的参与式观察。

三 A 街道购买社会组织服务的项目化运作考察

A 街道是 S 市率先开展社会组织自主管理模式的试点街道之一,是 S 市社会组织培育和发展模式的标杆。A 街道除了积极引进初具影响力的社会组织之外,还培育了大量本辖区内的社会组织,并通过购买服务的方式扶持这些社会组织,通过购买社会组织服务推进政府职能转变。[①] 2009 年,A 街道向辖区内社会组织提供公益项目基金;2013 年,A 街道发布《政府职能转移目录和购买社会组织服务目录》,计划由社会组织来承接 122 个政府职能转移项目。研究发现,A 街道购买社会组织服务的项目化运作具有以下三个特征。

(一) 项目制定:强委托－弱代理

在 A 街道,政府购买社会组织服务项目的运作过程按照"科室设计—财务科经费审核—街道项目办立项—街道党工委审批—街道科室或社会组织服务中心进行招投标—签订合同—报备民政科—科室过程管理—监察审计科绩效评估"的流程运行。在上述项目流通环节中,街道科室是项目生产者和提供者,也是项目执行过程的监督者,还是项目绩效的评估者。经过科室设计后,资金、服务内容、服务要求等一并打包以项目化管理的方式委托给社会组织。在整个过程中,承接项目的社会组织只在签订购买服务合同的时候作为"被委托者"出现,社会组织的自由裁量权较少。例如,X 组织的项目由街道 K 科室直接提供,K 科室工作人员直接电话联系

[①] 《A 街道办事处关于购买社会组织服务的实施意见(试行)》,2013 年。

X组织，告知时间、项目内容、参与人数、目标等要求。收到 K 科室的项目要求后，X 组织负责项目执行方案的撰写以及活动的执行。在项目实施周期内，即使社会组织可以与街道科室针对项目内容、资金进行协商，主导方仍然是街道科室，社会组织需要围绕街道科室的要求进行妥协。

A 街道受访者如此总结项目制定依据：

> 根据我们科室一整年的工作安排，比如说我们需要负责社区服务、社会保障、老龄、残联、敬老院等一些工作，我们就根据这些工作来看看哪些是可以交给社会组织来做的，而且把这些工作交给社会组织做，可以做得更好更细致，我们就把这些划出来，列成一些单独的项目。（A 街道访谈资料，2014）

X 组织受访者如此总结项目承接过程：

> K 科室先给我们一个预算价格，之后我们根据这个给定的价格做项目预算，列出我们能做的一些具体的服务，比如服务人次、活动次数等。完成后，我们就把项目策划和详细的预算上交给 K 科室。街道觉得这个价格提供的服务可以接受，我们就签订合同。如果街道觉得这个服务不行，和价格不符合，我们就再协商，比如增加一些服务人次，活动的次数也加几次。（X 组织访谈资料，2014）

可见，街道科室和承接服务的社会组织之间形成了"强委托－弱代理"的关系。街道科室的"强委托"体现在其贯穿项目全过程的主导权上。社会组织的"弱代理"则体现为其在整个项目设计过程中掌握较少的自由裁量权，往往只能向街道科室妥协，其工作步调与街道科室工作节奏也趋于同步。X 组织如此表述"强委托－弱代理"关系带来的困扰：

> 现在街道项目是非常不固定、不稳定的，常常是临时多出一个工作，叫我们接这个工作项目，根据科室工作的需要来安排。项目的持续时间也是不一样的，有时是三周，有时是一个月，有时可能就是几天，还有一些项目可能要持续半年或者一年。项目开展时间长短都是由街道决定的，在一开始设计活动的时候告诉我们，我们自己是不能够决定的。这意味着我们可能在一段时间里面同时要做几个项目，有

一些项目是持续了很久了，要收尾了；有些项目却是刚开始。这样工作起来就不顺手，比较忙乱，不好安排。（X 组织访谈资料，2014）

这就带来一个什么问题呢？就是我们组织没有办法做自己的年度工作计划，按理说我们也应该有我们自己的工作计划。我们每年应该对自己的工作目标、工作节点、组织目标等做一些详细的规划，然后根据工作任务，配备一些人员。如果任务多，还要看看是不是需要招聘新的工作人员。一个正常发展的社会组织都是需要这些规划的。但是实际上这一块我们现在是没有办法做的。因为街道那边给我们的项目是非常随机的，完全是跟着他们自己的工作走，我们有时候也被搞得措手不及啊。（X 组织访谈资料，2014）

可见，在"强委托－弱代理"的关系中，承接项目的社会组织只能与街道形成一种共振的频率，这导致社会组织难以形成稳定的组织发展预期。

（二）项目发放：就"近"选择

A 街道购买社会组织服务项目的资金来源于科室经费或民生基金中的公益项目基金，后者来源于街道集体资产投资管理中心每年度收益的 50% 和社会各界的专项资助。自 2010 年开始，公益项目由街道科室设立，交给社会组织服务中心进行招投标。观察发现，A 街道在项目发放时具有就"近"选择的特征。

在 A 街道辖区范围内，已形成了以街道为中心的社会组织网络，这个网络的形态类似涟漪状的差序格局（见图 1）。与街道关系最紧密的首先是被称为"老资格"的社会组织，这些社会组织遍布全国基层，已是街道组织体系中的一部分，比如工青妇组织、红十字会、老年协会、计生协会等。其次是街道科室培育的社会组织，这些社会组织被称为街道"自己的孩子"。截至 2014 年，A 街道各科室共培育了 27 家社会组织，这些社会组织每年都能优先承接街道科室的购买服务项目。在第一批 A 街道政府职能转移承接资质目录中，街道科室培育的社会组织全部在列。最后是街道引进或只是在街道落地项目的社会组织，这些社会组织一般是承接市级或区级项目但需要在 A 街道落地的已具有高知名度的社会组织。

2013 年，A 街道 9 个科室申报了 31 个项目，共计 595.8 万元的项目预

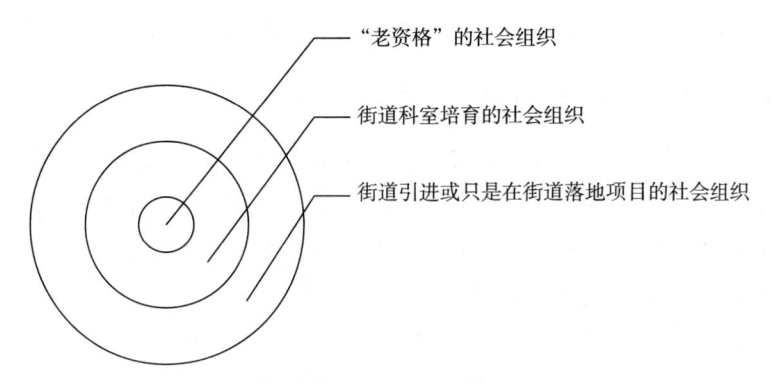

图 1　以街道为中心的社会组织差序网络

算经费，分别交给"老资格"的社会组织和街道科室培育的社会组织承接，其中街道科室培育的社会组织占 89%。以 X 组织为例：A 街道将党建培训类项目全部交给 X 组织承接；加上预算项目和临时下发的项目，X 组织 2013 年度共承接 A 街道项目 19 个，累计项目金额约 120 万元；在 A 街道辖区内，也没有其他社会组织与 X 组织竞争。

在基层政府购买社会组织服务实践中，就"近"选择的项目发放方式普遍存在。A 街道受访者如此说道：

> 一般来说，我们比较倾向于选择自己培育和发展的社会组织，因为购买服务的经费是街道自己出，这些社会组织也是我们扶持起来的。一般情况下，我们是不太会去找外面的社会组织来做的，除非我们自己没有。毕竟现在资源也有限，我们肯定是先紧着自己培育的社会组织嘛，这个是肯定的。自己的孩子要先喂饱，给他们提供经费场地，给他们项目，其他街道多数也是这么做的。（A 街道访谈资料，2014）

通过项目化运作的方式，社会组织成为街道职能工作延伸的新载体，一些社会组织甚至是依托项目才得以成立。项目不仅成为延伸政府治理逻辑的载体，也逐渐成为社会组织之间的隐形边界。其间的悖论在于：政府购买社会组织服务的项目化运作在某种程度上是运用市场化机制提供公共服务的新尝试，然而在基层实践中，就"近"选择的项目发放方式在某种程度上消解了市场化机制，将项目运作重新纳入原有的行政科层网络。在街道层面，政府购买社会组织服务中运行的项目制并没有突破原有的行政架构,反而成为原有行政科层架构向外延伸的支架。

(三) 项目监管和评估: 弱约束

虽然 A 街道制定了一系列项目监管和评估的方案,但在实践中,街道并没有对购买服务项目进行全程跟踪和监督,而主要以检查项目台账的方式来完成监管和评估流程,对项目整体过程的监管和评估是较弱的。

在 X 组织与 A 街道签订的项目合同书中,"项目绩效评估"的要求是:"乙方(X 组织)承接服务项目以后,由甲方(A 街道)对项目实施情况进行全程跟踪和监督。项目完成后,甲方(或组织社会评估机构)对项目的工作绩效、服务对象受益情况、公众满足等进行评估并对资金使用情况进行审计。"但实际上 A 街道不能做到全程跟踪和监督,而只是通过检查台账(如项目总结报告)来获取项目实施情况及资金使用情况。2011～2014 年,X 组织只要向街道提交项目总结报告便可完成评估流程。出于规范自身运作的考虑,X 组织在 2012 年自费委托 Z 中心作为第三方评估机构对项目进行评估。但第三方评估机构的依据仍然是项目总结报告等台账,Z 中心通过查看项目总结报告中被服务者评估问卷、活动照片、活动记录等内容给出评估结果。Z 中心评估总结报告显示:"X 组织财务未能提供实施项目专项资金支出明细表,截至评估报告撰写日,财务不能提供实施项目费用单独核算的财务数据(主要指费用明细:业务活动成本、管理费用、其他费用、税金支出等分类及明细汇总数据),本项目评估报告对财务状况无法做出项目成本预算额与实际支出额的比较分析。"这意味着以结果为导向、以台账为主的监管和评估对项目实施过程的约束是较弱的。

项目监管和评估的弱约束特征与以下三个因素有关:一是用于监管和评估的资金有限,街道也没有足够的人力来开展全过程跟踪监管;二是受科层化思维模式影响,街道更加青睐社会组织用台账的形式展现项目执行过程和结果;三是社会服务类项目的绩效评估模式仍处于模糊化、难以标准化的困境。如 F 组织受访者认为,目前考核社会组织服务的两个标准主要是"服务达标"和"财务过关",而这两个考核标准都需要用台账的形式呈现。

比如说服务到 1000 人次或者 2000 人次,签收单都有,财务报表里面都写得干干净净的,就过关了。换句话说,购买方实际上只按照当时跟你签的协议来考核你。归根到底，最要紧的其实还是最后你呈现的那本东西，你要对着当初的协议一条一条地写出来，其他就是说你用什么方式去干，到底干到什么程度了，具体细化的东西，（购买方）没办法去考核。（F组织访谈资料，2013）

由上可知，街道对项目的监管和评估以结果为导向，以台账考核为主，呈现形式上"强约束"、实质上"弱约束"的特征。尤其是对项目执行过程及资金使用情况的监管和评估更为薄弱。即使将服务对象的满意度纳入评估体系（比如以问卷形式呈现在项目总结报告中），项目评估结果仍然是"向上负责"，即街道购买科室满意即可。质言之，监管和评估过程仍处于体制内的"内循环"流程中（黄晓春、张东苏，2015：67）。

四 以项目为导向的社会组织发展特征

围绕政府职能转移的项目生产，成为连接政府与社会组织的重要纽带。这些项目不仅给社会组织带来许多可视资源，也带来了许多隐蔽的约束。这些约束隐藏于项目制本身的特征之中，渗透在基层政府的治理逻辑中，贯穿于项目运作的每个环节。作为一种资源再分配机制的项目制，其意义不仅在于重塑政府各层级之间的权威关系（周雪光，2015），而且正在对其他治理领域产生影响。就此而言，项目制对社会组织的影响，实质上是政府治理模式对社会领域的影响。从A街道购买社会组织服务的项目化运作实践来看，以项目为导向的社会组织发展特征包括社会组织高度嵌入原有的行政科层架构并悬浮式发展。

（一）社会组织高度嵌入原有的行政科层架构

在街道层面，通过项目的连接，社会组织被纳入原有的行政科层架构中，受到基层政府治理逻辑的影响。这种影响体现为两个方面。首先，围绕科室工作展开的项目生产具有高度不稳定性，导致承接这些项目的社会组织无法形成长期稳定的组织发展预期。其次，社会组织在某种程度上成为街道向外延伸的触角，就"近"选择的项目发放方式使部分社会组织与街道之间的关系更加紧密，政社之间的边界较模糊。研究者在政府治理研究中发现的项目制的负效应，在此处仍然适用。不同的是，项目制在政府购买社会组织服务领域的盛行，不仅分割了社区公共空间（黄晓春、张东苏，2015：98），而且吞噬了公共性生产的主体，在社会组织内部也形成各自分割的格局。项目制与原有的行政科层制相互嵌套，增强了行政科层制自我扩张的能力。在社会组织尚未形成能够自我支持的生态系统之前，社会组织的主体性建设仍然任重道远。

（二）社会组织的悬浮式发展

围绕政府职能转移进行的项目化运作，其项目需求首先代表政府购买方的需求而不是公众需求。当大量以政府需求为导向的项目成为社会组织项目类资源的主要构成部分时，社会组织对公众需求的注意力随之下降，其提取公众需求的志趣和能力也逐渐被淡化。在各级政府项目设计的聚光圈外，社会组织自主挖掘社会需求的能力仍相对较弱。另外，以政府需求为导向的项目往往只着眼于技术化地解决问题、执行工作和完成任务，这种"事本主义"和"工具主义"会削弱社会组织的"社会性"。由此导致的后果是，尽管社会组织的数量与日俱增，其与社会需求之间的联系却并没有比以往更加紧密，其自主性和参与社会治理的能力并没有随之提高。

与其说社会组织是提供公共服务的主体，不如说社会组织更像是"做项目"的主体，"事本主义"已经深深融入社会组织的行为模式甚至思维方式。在项目制日益盛行的过程中，社会组织早已熟练掌握获取项目、运作项目的技术方法，能够主动利用项目进行自我发展和自我保护，如已有研究者注意到社会组织"找项目""多行政区域注册"的发展策略（黄晓春、嵇欣，2014）。在项目落地过程中，社会组织也已经发展出依托居委会动员居民参与的活动方式。以台账考核为主的评估模式进一步加剧了社会组织工具主义的行为，许多社会组织在制作台账上投放了大量的精力，出现"重台账、轻服务""干得漂亮不如写得漂亮"的行为取向。

当"事本主义""工具主义"逻辑成为社会组织发展的主导逻辑时，社会组织与社会需求渐行渐远，产业化的经营逻辑（渠敬东等，2009）在社会组织自我建设和发展的过程中凸显。通过承接购买服务项目，社会组织并没有更加贴近社会诉求，而是悬浮于社会诉求之上，成为认认真真围绕政府职能转移的项目执行者，难以充分发挥回应公众需求、提升公共服务质量、提高社会治理效能的理想功能。

五　结语

很长一段时间里，国内学术界对社会组织的分析，基本上是在市民社会的理论关怀下展开的。由于中国的社会组织与西方有着截然不同的社会基础，其发展并不能完全脱离官方的影响，所以在"市民社会"之下也出现了许多修正性的概念，如"准市民社会"（He，1997）、"国家领导的市民社会"（Frolic，1997）。这些既有研究更强调国家与社会力量在结构层次上的此消彼长关系。

但本研究表明，当前社会组织的发展，同时还是在政府职能转变的背景下发生的。政府职能转变的需要，促使发展和吸纳各类社会组织提供公共服务成为一种常见的方式。在"职能转变"的逻辑之下，基层政府直接设计一连串的项目。这些脱胎于体制内的项目逐渐勾连起社会组织和基层政府，对社会组织的行为取向产生了重要影响。因而近年来在政府体系内日趋盛行的"项目制"逐渐成为影响社会组织发展的重要制度要素。

在当前政府职能转变的背景下看待社会组织的发展，我们将会有一些更为独特的视角。比如，当前中国政府渐进式的体制内变革以及技术治理的改革方向，将对社会组织产生何种影响？

正如本文所观察到的，管理部门日趋注重在技术主义的层面解决各类社会治理难题，其后果是：很多项目仅仅在表层上解决了问题，深层次问题却一直缺乏整体性的应对思路（黄晓春、嵇欣，2014）。在缺乏一个更为系统的治理体系改革作为支撑的背景下，社会组织的社会属性并不会随着其承接项目数量的增加而提升。项目制的技术主义运作，最终会导致社会组织"社会"属性的衰减，即它与公共空间、公众间的密切关联，被各种技术化的项目制运作要素所割裂，最终成为"悬浮"于社会之上的另一种组织形态。

站在一个中观的角度来观察当前社会组织领域内的项目制，我们不难发现，实际上，项目制对于社会组织的发展而言是中性的。当前项目制背景下所呈现的种种弊端是由社会组织与基层民主、社会利益表达机制等割裂所造成的。这种脱离了社会和公众的"悬浮式"社会组织必定会与理论上寄望的社会组织应该具有的自主性、独立性南辕北辙。

对于当前这种变革所造成的更多后果，我们需要更为深刻、系统和长期的观察。我们认为，作为国家治理体系有效构成部分的社会组织，其健康、有序发展，显然需要更多条件的支持。社会组织的发展离不开社会和公众，社会组织不仅需要具备自下而上提取公众需求的能力，还需要建立与社会、公众沟通和联系的桥梁。完全脱胎于体制内的"悬浮式"社会组织难以满足社会发展的需求。

参考文献

陈家建，2013，《项目制与基层政府动员——对社会管理项目化运作的社会学考察》，《中国社会科学》第2期。

陈为雷，2013，《社会服务项目制的建构及效应分析》，博士学位论文，南开大学。

黄晓春、嵇欣，2014，《非协同治理与策略性应对——社会组织自主性研究的一个理论框架》，《社会学研究》第6期。

黄晓春、张东苏，2015，《十字路口的中国社会组织：政策选择与发展路径》，上海人民出版社。

黄宗智、龚为纲、高原，2014，《"项目制"的运作机制和效果是"合理化"吗？》，《开放时代》第5期。

康晓光、韩恒，2005，《分类控制：当前中国大陆国家与社会关系研究》，《社会学研究》第6期。

李祖佩，2015，《项目制的基层解构及其研究拓展——基于某县涉农项目运作的实证分析》，《开放时代》第2期。

渠敬东，2012，《项目制：一种新的国家治理体制》，《中国社会科学》第5期。

渠敬东、周飞舟、应星，2009，《从总体支配到技术治理——基于中国30年改革经验的社会学分析》，《中国社会科学》第6期。

王向民，2014，《中国社会组织的项目制治理》，《经济社会体制比较》第5期。

尹利民，2015，《也论项目制的运作与效果——兼与黄宗智等先生商榷》，《开放时代》第2期。

俞可平，2006，《中国公民社会：概念、分类与制度环境》，《中国社会科学》第1期。

折晓叶、陈婴婴，2011，《项目制的分级运作机制和治理逻辑——对"项目进村"案例的社会学分析》，《中国社会科学》第4期。

周飞舟，2012，《财政资金的专项化及其问题：兼论"项目治国"》，《社会》第1期。

周雪光，2015，《项目制：一个"控制权"理论视角》，《开放时代》第2期。

Frolic, B. Michael. 1997. "State-Led Civil Society." In *Civil Society in China*, edited by Timothy Brook and B. Michael Frolic, pp. 46 – 67. New York：M. E. Sharp.

He, Baogang. 1997. *The Democratic Implications of Civil Society in China*. New York：St. Martin's Press.

图书在版编目(CIP)数据

特大城市社会治理：理论与实践/黄晓春主编. --北京：社会科学文献出版社, 2022.10
(城市发展与治理创新)
ISBN 978-7-5228-0605-1

Ⅰ.①特… Ⅱ.①黄… Ⅲ.①特大城市-社会治理-中国-文集 Ⅳ.C912.81-53

中国版本图书馆CIP数据核字（2022）第156108号

城市发展与治理创新
特大城市社会治理：理论与实践

主　　编／黄晓春
副 主 编／金　桥　庞保庆　项　军

出 版 人／王利民
责任编辑／杨桂凤
文稿编辑／张真真
责任印制／王京美

出　　版／社会科学文献出版社·群学出版分社（010）59366453
　　　　　地址：北京市北三环中路甲29号院华龙大厦　邮编：100029
　　　　　网址：www.ssap.com.cn

发　　行／社会科学文献出版社（010）59367028
印　　装／三河市龙林印务有限公司

规　　格／开　本：787mm×1092mm　1/16
　　　　　印　张：15.5　字　数：262千字
版　　次／2022年10月第1版　2022年10月第1次印刷
书　　号／ISBN 978-7-5228-0605-1
定　　价／98.00元

读者服务电话：4008918866

版权所有 翻印必究